대한민국은

왜

?

대한민국은
왜
?

1945
2020

김동춘 지음

『대한민국은 왜』가 출간된 지 5년이 지났다. 이 책을 처음 쓸 당시는 박근혜 정권의 파행이 극심할 때였다. 세월호의 충격과 더불어 청와대의 전횡과 독단, 정권에 비판적인 인사에 대한 사찰, 역사 국정교과서 강행 시도 등 그동안 한국이 성취했다고 생각했던 민주주의의 모든 절차가 원점으로 돌아가는 양상이 나타났다. 결국 드러난 비선 실세의 권력 농단에 분노한 국민이 2016년 10월부터 거리로 쏟아져 나왔다. 무려 5개월 이상 주말 도심에서 촛불 시위를 벌인 결과 박근혜 대통령이 탄핵되고 문재인 정부가 탄생했다.

촛불 정부를 자임한 문재인 정부가 들어선 지 벌써 4년째다. 문재인 대통령은 촛불 시민의 여망을 받들어 남북 관계 개선에 나섰고 검찰 개혁을 밀어붙였으며, 여러 분야에서 개혁에 드라이브를 걸었다. 그래서 역대 어느 대통령보다 높은 국민적 지지를 얻었다. 나아가 2020년 초에 발생한 코로나 19 팬데믹 사태를 맞아 세계 어느 나라보다도 성공적으로 대처했다. 그 결과 집권 더불어민주당은 2020년 4월 15일 21대 국회의원 선거에서 역대 최대의 의석을 획득하며 마음만 먹으면 모든 개혁 조치를 밀고 나갈 수 있는 정치적 자본을 얻기에 이르렀다.

그러나 시민들이 피부로 느끼는 행복감이나 정치에 대한 만족감은 크지 않다. 천정부지로 솟아오른 서울의 아파트 값, 더욱 심화되는 청년 실업과 사회적 차별, 반복되는 중대 산업 재해 등 삶의 질을 가리키는 지표는 그다지 나아진 것이 없다. 최근에는 한국기독교총연합회 등 개신교 지도자들의 8·15 광화문 집회와 그로 인한 코로나의 재확산, 의사들의 파업 시위 등이 연달아 이어지며 국민을 지치게 만들고 있다. 촛불 정부를 자임한 문재인 정부와 여당은 이 산적한 갈등을 시원하게 처리하지 못하는 것은 물론, 기대한 만큼의 경제 개혁이나 사회 개혁도 추진하지 못하고 있다.

박근혜 정부의 실정으로 심각한 타격을 받은 야당인 '국민의 힘'(전 미래통합당, 새누리당, 신한국당, 민자당)이 아직 문재인 정부에 실망한 대중을 끌어당기지는 못하고 있지만, 지금 한국 사회는 '조국 사태' 이후 심각한 내부 분열 상태에 놓여 있다. 이 상황을 개혁에 맞선 수구 세력의 저항으로 해석하는 사람도 있지만, 문제는 그렇게 단순하지 않다. 권력자들의 성폭력 사태로 야기된 '미투' 운동, 시험에 의한 '공정'을 유일한 '공정'으로 보는 청년들의 인식이 드러난 인천국제공항공사 사태와 전문의 파업, 그리고 젊은 의사들의 능력주의 등은 과거의 민주화 세력이 자랑해온 진보의 개념에 근본적인 의문을 던진다.

지금 대한민국에는 분단과 전쟁이 낳은 오래된 과제, '반半만의 민주화'가 남겨놓은 검찰·언론·사법 개혁의 과제, 재벌의 과도한 사회·정치적 지배와 심화된 불평등, 젠더 불평등, 그리고 환경 위기와 전염병 같은 재난에 맞서서 새로운 사회·경제 시스템을 구축하는 문제 등

20세기적 과제와 21세기의 과제가 켜켜이 쌓여 있다. 우리는 어디로 가야 하고 무엇을 먼저 해야 할지 사회적 합의를 찾지 못하고 있다. 그리고 촛불 정부를 자임한 문재인 정부도 이 과제를 해결하기에는 역부족이다.

이 책은 박근혜 정부의 한국을 비판하기 위해 쓴 것이었지만 촛불 정부가 들어선 지금도 이 책이 적시하고 비판한 문제들 중 근본적으로 달라진 것은 거의 없다. 그 까닭은 오늘의 한국이 안고 있는 문제는 역사 구조적인 것이기 때문이다. 따라서 정권이 바뀌어 과거보다는 좀 더 낙관적이 되었고, 정부에 대한 신뢰도 커졌지만 한두 번의 정권 교체로 이 책이 말하는 문제들을 다 고칠 수는 없다. 2020년의 개정판은 현재의 시점에서 집권 여당과 문재인 정부의 개혁은 왜 이리 지지부진한가라는 질문을 시작하는 책으로 읽는다면 좋을 것이다.

올해 초 『대한민국은 왜』의 일본어판을 출간하며 『반일 종족주의』(이영훈 외 지음, 미래사, 2019)의 보론을 추가했다. 그것을 다시 가공하여 한국어판 개정판의 15장 '일본에서의 『반일 종족주의』 선풍을 보면서'에 담았다. 더불어 초판을 주석과 참고문헌도 없이 너무 압축적으로 썼기에 독자의 이해를 돕기 위해 주석을 달고 보충 설명과 참고문헌을 추가했다. 수정한 것은 많지 않지만 처음 한국 현대사 공부를 시작한 학생들과 한참 공부하고 있는 선후배 동료 연구자들에게 더욱 도움이 될 수 있을 것이다.

초판의 많은 오류를 지적해주고 좋은 사진들을 찾아서 추가해준 사계절출판사 인문팀의 이진, 이창연 편집자에게 감사드린다.

2020년 10월, 김동춘

70세는 참회록懺悔錄을 쓰는 나이다. 해방 70년을 맞은 우리나라의 현재가 바로 그러한 때이다. 이 책이 바로 대한민국 70년의 참회록이다. 자신을 변명하고 분식하는 입지전의 다른 이름으로서의 참회록이 아니라 글자 그대로 잘못을 고백하고 참회하는 진정한 참회록이다. 과거 70년 동안 어떤 사람들이 권력을 장악하고, 어떤 사람들을 억압하면서, 어떤 길로 국가를 이끌어왔는지를 참회한다. 오늘의 대한민국은 과연 독립자주국가인가? 민주적이고 평등한 사회인가? 인간적 진실이 강물처럼 흐르는 사회인가? 한마디로 대한민국의 정체성 자체를 파헤침으로써 우리들을 불편한 진실 앞에 맞세운다. 한 개인의 경우와는 달리 한 국가의 참회록은 과거에 대한 참회이면서 동시에 그 참회를 딛고 새로운 미래를 개척하기 위한 결의이기도 하다. 이 책은 이러한 참회와 결의가 교차하는 해방 70년을 맞이하여 그동안 한국 현대사의 진실을 누구보다도 끈기 있게 천착해온 김동춘 교수만이 해낼 수 있는 역저이다. 참회와 결의에 가슴 열고자 하는 모든 사람들의 필독서이다.

신영복

2015년 광복절을 앞두고 한국 사회는 조금 소란스러웠다. 정부는 '광복 70년'을 기념하자면서 하루 전인 14일을 임시공휴일로 지정했고, 극장가에는 1930년대 독립군의 활동을 다룬 영화를 보기 위해 1000만 명의 관객이 줄을 섰다. 동시에 일각에서는 '광복 70주년'이 아닌 '건국 67주년'을 기념하자는 주장이 제기되기도 했다. 아직도 대한민국이 어떤 나라인가를 둘러싸고 한국 사회는 심각한 내홍을 겪고 있다.

'광복 70년'을 맞아 학인學人의 한 사람으로서 무언가 발언을 해야 할 것 같아서 올 초에 이 책의 집필을 시작했다. 이 책에서 나는 현재 한국이 안고 있는 문제를 출발점으로 8·15 이후의 역사를 되돌아보고 싶었다. 그동안 우리는 과연 자주독립국가를 건설했는가? 지금 우리가 사는 대한민국은 국민주권이 보장되는 민주공화국인가? 일제의 비인간적 노예 상태에서 한국인들은 과연 어느 정도 '해방'되었는가? 대한민국이라는 나라는 어떤 나라인가? 이와 같은 질문들에 답하려 했다.

이 책은 한국 현대사 개설서는 아니지만, 공식화된 한국 현대사에 대한 비판적 시각과 재해석을 담으려 했다. 현재 대한민국 정치·사회의 제반 문제, 특히 보통의 국민들이 지금 겪는 고통은 어디서 왔으며 어떤 역사적 배경, 국제 정치적 맥락과 조건에서 비롯되었는지를 묻고 답하고 있다. 특히 세월호 사고 이후 많은 사람들이 던지는 질문들, "이게 과연 나라인가? 우리에게 국가가 있는가? 국가는 왜 존재해야 하는가?"에 대한 답이기도 하다. 세월호 참사가 없었다면, 이명박·박근혜 정부의 퇴행이 없었다면 나는 이런 작업을 시도할 생각을 하지 않았을 것이다.

내가 이 책에서 하려는 이야기는 세 가지다. 첫째는 한국 근현대사의 기본 과제다. 나는 8·15 이후 한반도는 통일된 국민국가 건설과 근대화, 사회 정의 수립, 인간화의 세 길을 갔어야 했고, 그것은 구한말과 일제강점기의 선각자들이 제기했던 개화·독립·민권이라는 세 과제를 동시에 완수하는 길이었다고 본다. 일제에 의한 식민지화는 독립과 민권을 이루지 못한 채 개화, 즉 식민지 근대화를 강요당한 것이었다. 8·15 이후 분단으로 우리는 독립(당시에는 통일된 민족국가 건설을 의미했다)을 유보하고 또 다른 신개화·근대화의 길로 가게 되었다. 여기에서 한반도는 국제적인 냉전 질서의 소용돌이에 들어가 분단, 반공국가 건설, 6·25한국전쟁을 연이어 겪었다. 구한말 이래 일본을 배우자던 사람들이 이제 "미국 따라 배우자"며 노선을 갈아탔고, 그들이 지금까지 한국의 독립과 민권 보장을 유보한 채 개화, 즉 근대화·서구화의 길을 주도했다.

두 번째 쟁점은 대한민국의 국가 이념이다. 나는 6·25한국전쟁 당시 황해도 신천학살 등에서 드러났던 기독교와 공산주의의 대결을 통해 대한민국의 정체성이 거꾸로 규정되었다고 본다. 다시 말해 6·25 한국전쟁 당시 학살의 가해자이기도 하고 피해자이기도 한 사람들이 월남하여 대한민국의 주역이 되었고 정신적 기반을 만들었다. 대한민국의 국가 이념, 가치와 철학은 한국 문화의 전통 혹은 서구의 자유·평등·민주·공화 등의 가치를 나름대로 소화하고 비판적으로 재해석한 토대 위에 만들어진 것이 아니라, 조선 말 이후 근대화를 위해 조선인들이 받아들인 두 외래 사상, 기독교와 공산주의의 대립 과정에서 만들어진 것이다. 즉 미소 대립이라는 국제 정치의 압력에 의해 한반도는 분단되었고, 반쪽인 남한은 공산주의를 적대시하며 미국의 종교인 기독교(반공주의)를 택했다. 헌법 위에 군림하는 「국가보안법」과 대한민국의 존립을 책임진 주한미군, 그리고 국가 종교 반열에 오른 반공주의가 사실상 대한민국의 헌법 가치인 민주주의와 공화주의를 압도했다. 여기에 좌익 혹은 북한 공산주의에 의한 피해의 기억이 국가의 기억으로 공식화되면서 대한민국의 주류가 지금까지 기득권을 누려왔다.

1945년 이후 냉전의 최전선에 서게 된 한국은 식민지 질서 청산, 자주독립국가 건설, 그리고 민권 보장이라는 역사적 과제를 유보 혹은 억제하고 냉전 논리를 철저하게 내면화하였다. 반공과 반북이 거의 현대판 종교가 되면서 일제 말의 전체주의나 극우 파시즘이 '자유'의 이름으로 변형되어 지속될 여지가 생긴 것이다.

한국은 과거사 청산을 통한 일본과의 화해 작업을 포기하고 미국이 주도하는 동아시아 질서로 편입됐다. 남한의 집권층은 역설적으로 북한과의 적대 구도를 먹고 산다. 분명히 새 민주주의 국가는 건설했으나 그 국가에서 통일(독립)·민권 세력이 탄압받고, 사회주의자들은 물론 민족주의자들까지 모두 제거되었다. 이후 다수 국민의 의사가 기존의 정치 질서나 정당에 거의 반영되지 않고, 일제에 협력했던 엘리트와 반공을 신앙고백한 사람만이 정치 지도자가 될 수 있었다. 이런 반쪽 국가에서 정의는 실종되고 국민주권은 '반의반'만 보장될 수밖에 없었다.

세 번째는 앞의 두 쟁점과 연관되기도 하지만, 한국 '근대'의 성격에 관한 문제다. 서구가 들어오기 전인 18, 19세기에 맹아적으로 생겨났던 조선의 자생적 근대화, 즉 동학농민운동의 신분 철폐와 토지 균등 분배·민권·정의·평등·인간화 요구가 좌절되면서, 이후 일본과 서구의 침략과 압박으로 '따라잡기 근대화'의 길로 들어섰다. 이 과정에서 주류 세력은 정치·문화적 주체성을 가질 수 없었고, 국가의 이상을 민족 내부의 논의를 거쳐서 결정하기보다는, 외세와 분단의 압박 속에서 결정했다. 국가주의와 성장지상주의는 바로 이러한 '압박 근대'의 산물이었다.

그동안 남한이 이룬 성과는 괄목할 만하고 자랑스러워할 점도 많다. 그러나 나는 앞에서 든 배경과 구조적인 이유 때문에 오늘의 남북한이 각각 다른 이유로 심각한 내부 위기에 처했다고 본다. 즉 남북한이 각각 안고 있는 문제는 양국이 별개의 '국가'로서 발전 전망을 세워서는 해결되지 않을 것이라고 생각한다. 통일 그 자체가 최종 목표는 아닐지 모른다. 그러나 현재 남한의 '반半국가' 상태, 남한의 국민이 누리고 있는 '반의반'의 주권 상태를 극복하고 온전하게 민권과 정의가 보장되는 국가를 만들기 위해서는 남북한의 평화 체제 수립과 통일, 주변 강대국과 지혜로운 관계 정립이 필요하다. 또한 구한말에 제기되었던 개화·독립·민권의 과제를 동시에 해결하기 위한 내부 개혁이 필요하고, 동아시아 전체는 물론 오늘날 세계가 안고 있는 고통에 대한 대안 제시자로서의 시야나 담론도 갖추어야 한다.

나는 이 책에서 대한민국의 주류 세력이 어떻게 형성되었고, 어떻게 국가를 이끌어왔는가를 주로 다루었기 때문에 이 흐름에서 탄압받고 배제된 세력들, 일제하 무장투쟁과 사회주의운동, 그리고 1960년대 이후 민주화운동과 민중의 저항에 대해서는 거의 언급하지 않았다. 그것은 별도의 작업을 요하는 일이다.

몇 년 전부터 주변 사람들이 '한국이라는 나라'를 주제로 책을 한번 써보라고 권유했는데, 올해가 그런 책을 쓰기에 적절한 시점이었다. 애초에 학술서가 아닌 일반인, 특히 청년들이 쉽게 읽을 수 있는 작은 책을 쓰려고 했지만 매우 복잡하게 얽혀 있는 과거와 현재의 쟁점을 하나의 흐름 속에 쉬운 용어로 배치하는 일은 쉽지 않았다. 결국 분량이 늘어나고 내용도 조금 딱딱해졌다.

이 책을 쓰는 데 수많은 1차 자료와 연구서, 수백 편의 관련 논문을 참고했지만, 주석은 생략하고 독자들이 읽어볼 만한 단행본만 참고용으로 달았다. 1950년대 이후 부분은 나의 이전 학술논문에서 많이 다루었지만, 그보다 앞선 시기의 역사나 구체적인 쟁점 등에 대해서는 내가 전문 연구자가 아니기 때문에 사실 착오나 해석상의 문제가 있을 수도 있다. 역사학자 혹은 독자들의 비판을 겸허히 받아들이겠다.

이 책의 주요 논지를 형성하는 데 큰 도움을 주고 이 책을 쓰도록 격려해준 선후배 동료 연구자들에게 깊은 감사의 마음을 전한다. 초고를 읽고 좋은 논평을 해준 성공회대 사회학과 석사과정 신나라, NGO학과 졸업생 정하나에게 감사를 드린다. 아내와 아들도 독자 입장에서 원고를 읽고 날카로운 논평을 해주었기 때문에 계속 궤도 수정을 할 수 있었다. 가족은 이 작업의 최대의 후원자이지만, 동시에 매일 일에 치여 사는 내 입장에서 보면 최대의 희생자이기도 하다. 어려운 출판 환경에도 불구하고 선뜻 책 출간 의사를 보여준 사계절출판사의 강맑실 사장님께 감사드린다. 제자이자 사계절출판사의 전前 인문팀장인 조건형은 출판 섭외 과정에서 도움을 주었고, 편집자 이진, 이창연이 책의 구성과 방향을 잡는 데 계속 조언과 채찍질을 해주었기 때문에 현재의 상태까지 올 수 있었다. 사계절출판사 편집부의 노고에 깊이 감사드린다.

2015년 10월, 김동춘

2부
'자유세계'의 최전선
-국가 종교가 된 반공·친미

3부
싸우면서 일하고,
일하면서 싸워라
-근대화의 그늘

1부

백성은 나라를 잃고, 나라는 주인을 잃고

—식민지와 분단

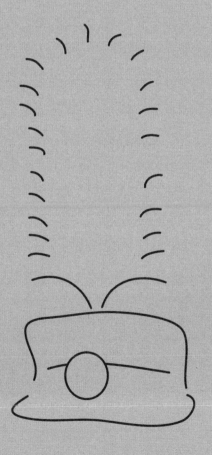

1장
독립과
개화의

딜레마

100년도 더 전에 세계에서는 서양 열강들을 중심으로 한
나라들의 식민지 경쟁이 확대되고 있었습니다. 압도적인 기술
우위를 배경으로, 식민 지배의 파도는 19세기 아시아에도
들이닥쳤습니다. 그 위기감이 일본 근대화의 원동력이 되었던
것은 틀림이 없습니다. 일본은 아시아에서 최초로 입헌정치를
세우고, 독립을 지켜냈습니다. 러일전쟁은 식민지 지배
아래서 고통받던 많은 아시아와 아프리카 사람들에게 용기를
북돋웠습니다.

• 아베 신조, 전후 70년 담화, 2015년 8월 15일.

) 러일전쟁 1904~1905, 굴곡의 서막 (

대한민국 국민 가운데 안중근을 모르는 이는 없다. 1909년 식민지 조선의 초대 통감 이토 히로부미伊藤博文를 저격한 안중근은 민족의 영웅이자 항일 독립투쟁의 아이콘이다. 그런데 안중근이 상당한 경제력을 가졌던 아버지 안태훈과 함께 동학농민군 토벌에서 큰 공을 세웠으며,[1] 1905년 러일전쟁에서 일본의 승리를 크게 기뻐하고, 일본을 선두로 동양 3국이 힘을 합쳐 조선을 문명국가로 만들자고 말했던 사실은 잘 알려져 있지 않다.[2]

"동해물과 백두산이 마르고 닳도록"으로 시작하는 애국가를 모르는 한국인도 없다. 그런데 애국가의 작사가로 알려진 윤치호는 초기에는 독립협회 활동과 민권운동도 활발히 했던 개화파 인사였다가 강제병합 이후 돌아서서 일제 말기에는 최고의 작위를 받은 대표적인 친일파가 되었다. 흔히 친일파라고 하면 자신의 부귀영화를 위해 나라를 팔아먹은 패륜적 인간이라는 이미지가 있지만, 조선의 자주적 독립 가능성을 매우 비관적으로 생각했던 윤치호의 발자국을 따라가다 보면 여러 가지 생각할 거리들이 떠오른다.

일제가 조선의 식민 지배를 시작할 때부터 패망할 때까지 편한 삶을 살았던 윤치호는 해방 직후인 1945년 10월에 사망했고, 안중근은 1909년 이토 히로부미 저격 현장에서 체포된 뒤 이듬해 32세의 짧은 일기를 끝으로 처형당했다. 윤치호는 일찍이 개신교로 개종했고, 안중근은 천주교에 귀의해서 토마스(흔히 안중근의 호처럼 알려진 '도마'는 세례명 '토마스'를 음차한 표기이다)라는 세례명을 갖고 있었다. 서양 종교인 기독교에 입문해서 조선을 문명개화시키려 했고, 한 발 앞선 일본을 보고 배우자고 생각했던 두 사람이 다른 길을 가게 된 이유는 무엇일까? 그들의 생각과 행동은 100년 후 대한민국의 여러 정치 세력이나 사회 집단의 행동에 어떻게 스며들어 있을까? 조선 말, 일제 침략 전후의 선각자들이 개화와 독립이라는 당대의 과제를 받아들인 방식은 오늘 우리가 처한 현실을 이해하는 단초를 제공한다.

안중근과 윤치호의 길을 가른 가장 중요한 사건은 러일전쟁 (1904~1905)이다. 이 전쟁은 동아시아의 패권을 놓고 러시아와 일본이 겨룬 전쟁으로 알려져 있지만, 사실상 제국주의 패권 경쟁이었다. 실로 20세기 한반도의 운명을 좌우한 가장 결정적인 역사적 사건이요, 그 주요 전투 현장 또한 한반도와 그 주변이었다. 러일전쟁 당시 일본의 배후에는 미국과 영국이 있었다. 전쟁 발발 직전 일본은 "조선을 다른 강국에 빼앗겼을 경우 일본의 방위가 성립하지 않으며",[3] "조선의 존망에 제국(일본)의 안위가 달렸으므로 결코 조선을 다른 나라가 간섭하도록 내버려둘 수 없다"고 이 전쟁의 목적을 밝혔다.[4] 제국의 길로 나선 일본에게 러일전쟁에서 승리하는 것은 곧 조선 지배를 거쳐 대륙으로 진출하는 것을 의미했다. 그래서 일본은 겉으로는 러시아에 선전포고를 했지만, 실제로는 총성이 울리자마자 조선 전역에 군대를 주둔시켰고 조선의 내정에 간섭하였으며 저항하는 조선인들에게 총을 겨누었다.

그런데 윤치호뿐 아니라 안중근도 처음에는 백인에 대항하는 '황인종의 승리'라는 일본의 선전을 의심하지 않았다. 아시아의 후발국 일본이 거대한 제국 러시아와 싸워 승리했다는 사실은 세계를 놀라게 했

포츠머스 강화회담
이 회담에서 미국의 중재로 러일전쟁의 전후
처리 문제를 논의했다. 그 결과 1905년 9월 2일
「포츠머스강화조약」이 체결됐다. 이로써 한반도에
대한 지배권을 일본이 독점하게 됐고, 2개월 뒤
일본과 대한제국 사이에 '을사조약」이 맺어졌다.

다. 특히 서구 열강들의 틈바구니에서 신음하던 아시아는 일본의 승전보를 듣고 열렬히 환호했다. 인도의 시성詩聖 타고르가 대표적이다. 그는 우리에게 조선을 '동방의 등불'로 찬양한 시인으로 알려져 있지만, 실제로는 일본에 매우 우호적이었던 인물이다. 그는 일본이 러일전쟁에서 승리하자 "바다 기슭에 밤은 밝고/ 핏빛 구름의 새벽에/ 동녘의 작은 새/ 소리 높이 명예로운 개선을 노래한다"고 감격해 마지않았다.

20세기 초반, 개화와 문명의 길에 올라탄 일본은 늙은 제국 러시아를 꺾고 그 배후에 버티고 있던 영국, 미국과 함께 시시각각 조선의 목을 옭아매고 있었다. 그럼에도 조선의 주류 노론계 지식인들과 황실은 늙고 쇠망해가는 중국만 바라보면서 개화·독립이라는 시대의 흐름을 읽지 못했다. 결국 조선은 식민지가 되어 일본이 주도하는 문명개화의 길에 강제로 편입됐다. 이런 상황은 이후 100년간 이어질 굴곡의 역사를 예고하는 것이었다.

) 자생적 근대화의 좌절 (

19세기 후반 들어 '노랑머리 코쟁이'들이 고요한 아침의 나라 조선의 문을 두드렸다. 서양 문명이 중국을 비롯한 동양을 점령하는 '서세동점西勢東漸'의 시대가 열린 것이다. 세상의 중심을 자처했던 중국은 아편전쟁(1840~1842)에서 서양의 작은 섬나라 영국에 여지없이 패배했다. 그 뒤로 수많은 서양의 선교사와 여행가, 학자들이 조선을 방문했고, 미국과 프랑스는 군대를 보내 '미개한 나라' 조선에 통상을 요구했다. 서양으로부터 신문화와 기술, 제도를 배워 새로운 나라를 건설한

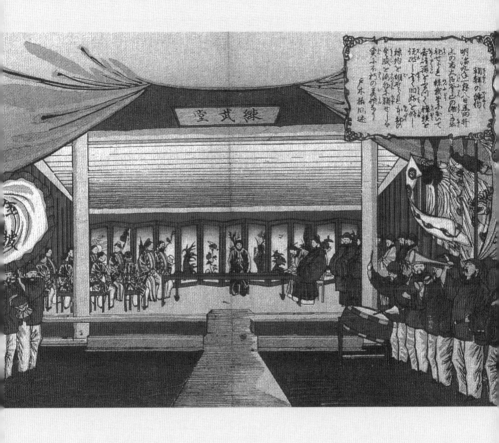

「강화도조약」

1876년 2월 27일(고종 13년 음력 2월 3일)
조선과 일본제국 사이에 체결된 조약이다. 조선이
근대 국제법의 토대 위에서 맺은 최초의 조약이며,
일본의 강압적 위협으로 맺어진 불평등 조약이다.
성식 병칭은 「조일수호조규朝日修好條規」이다.

일본은 중국의 품에서 나와 가난을 벗어던지고 개화와 문명의 길로 함께 나가자며 조선을 압박했다. 결국 조선은 1876년 일본과 수교(「강화도조약」)를 했다.

그러나 여전히 '세력 있는 사람들의 무법천지'였던 조선은 전제군주제, 고루한 신분 질서와 중국 중심의 '천하' 질서에 안주하고 있었다. 그런 조선을 개화시키고 백성이 참여하는 독립된 근대국가를 만들고자 김옥균 등이 일으킨 1884년의 갑신정변은 청나라 군대의 출동으로 3일 만에 진압됐다. 기독교 선교를 위해 조선에 온 서양인들은 "독립할 힘이 없는 이 가련한 나라는 결국 주변 강대국의 먹잇감이 될 것"이라고 예상했다. 당시 양반 노인과 젊은이의 대화에서 한반도의 정세를 짐작해볼 수 있다.

이 양반 어른은 독립관(현 서대문 독립문)을 내려다보면서 나라의 꼴이 아니라고 개탄을 했다. 명나라, 청나라를 통해서 우리는 사대를 하여 아이가 부모를 우러러보듯이 했는데 독립이니 개화니 하면서 이처럼 소란하고 성인의 말씀을 어기고 있지 않는가 하니 소년이 답하기를 (…) 모든 나라가 개화를 하는데 우리만 미개하면 남에게 지게 되고 독립을 못 하면 남의 노예가 될 터인즉 어찌하오리까. 옛날에는 중국이 문을 굳이 닫고 자신을 높이고 오랑캐라고 멸시했는데 지금 문이 열려 (…) 외인의 능욕을 자초하고 있습니다. (…) 우리나라가 어느 나라의 속방이 되면 내정에는 자주가 있을 수 없고 토지세와 인구세가 가중해지고 노예가 되어 박탈을 그들의 뜻대로 하리니 우리가 독립국이 못 되면 군신상하가 어디에 몸을 두겠습니까? 제가 듣건대 남북의 촌에서는 독립과 개화라는 네 글자를 원수로 여기고 신문물을 문 안에 들이지 못하게 하고 다만 양반 기세를 행한다고 하옵는데 나라가 있어야 양반 이름을 유지하고 학문이 있어야 양반의 명맥을 계속할 것이 아니겠습니까.[5]

당시 조선의 뜻있는 젊은이들은 일본처럼 문호를 개방하고 서양 문물을 받아들여 부강한 나라를 이루자는 개화파의 주장에 환호했다. 미국과 유럽을 여행한 유길준도 『서유견문』에서 조선이 문명의 길로 가기 위해서는 우선 개화를 해야 한다고 주장했다. 이들은 조선의 부국강병을 위해서는 청나라의 속방에서 벗어나 독립국이 되어야 하고, 문명개화의 길로 나아가야 한다고 호소했다. 갑신정변 이후 서재필 등이 세운 독립협회나 최초의 시민운동인 만민공동회는 백성의 각성과 정치 참여, 그리고 자주와 독립이라는 당시의 시대적 과제를 집약하였다.

그러나 지위와 권세를 누려온 조선의 고관대작들과 고루한 양반 지식인들은 시대의 요구에 귀를 닫았다. 그들은 일본이나 서양 사람들이 말하는 주권과 민권의 개념을 이해하지 못했다.[6] 한편 유교 정신을 강하게 간직하면서 의병전쟁에 나섰던 지방의 선비들도 개화파가 의리와 도덕을 숭상하는 군자의 정신을 버리고, 오직 경제적 욕망과 힘만을 추구하는 서양 문명을 배워 소인의 길을 가려 한다고 비판했다.[7] 그들은 서양인은 오직 재물 욕심과 이권에만 급급하고 서로 공박하고 싸우는 것만 일삼는다고 비판할 뿐이었다. 그들은 중국에 대한 사대주의와 반상班常을 엄격히 구분하는 신분 질서의 관습에 젖어서 나라의 경제·문화·군사를 키우는 일에는 관심이 없었다.

엘리트층이 개화와 독립의 길을 둘러싸고 다투는 동안 백성들의 처지는 비참하기 이를 데 없었다. 대다수가 학정에 시달려 삶의 의욕을 잃어버린 가운데 일부 지역의 농민들은 관리들의 횡포와 과중한 세금, 그리고 심각한 신분 차별을 없애자고 요구하기에 이르렀다. 결국 1894년 전라도 고부에서 전봉준이 이끄는 동학군이 봉기하여 관아를 접수하고 세력을 확대했다. 그러자 고종은 왕조의 권력을 지키기 위해서 청나라에 동학군 진압을 요청했다. 「강화도조약」을 체결한 뒤 "조선은 중국의 속국인지 아니면 스스로 외교권을 가진 독립국인지 명백히 밝히라"고 압박하던 일본도 이에 맞서 '조선의 독립을 지지한다'는 명목으로 군대를 파병했다. 그러고는 곧바로 경복궁을 점령하고 조선 군대를 무장해제시켰다. 흔히 청일전쟁으로 알려진 이 전쟁의 첫 장면은 일본군의 조선군 제압이었다.

청일전쟁은 실제로는 국가 개혁, 신분 차별 철폐와 민권 보장을 요구했던 동학농민군의 반란을 진압한다는 구실로 청과 일본이 조선의 지배권을 놓고 조선 땅에서 벌인 전쟁이다.[8] 이 무렵의 조선은 처음에는 일본과 청나라 사이에서, 그다음에는 "일본의 나가사키와 러시아의 블라디보스토크 사이에 끼어서 어느 쪽이든지 함부로 찰 수 있는 축구공 신세가 됐다."[9]

청나라와의 전쟁에서 승리한 일본은 조선에 대한 종주권을 확보했다. 고종은 왕권을 위협하는 독립협회와 만민공동회를 해산시켰고 일본군은 동학군 수십만 명을 무참하게 살해했다. 독립협회의 해산과 동학농민군의 패배로 백성의 힘으로 개화와 독립을 추진하려는 시도는 좌절되었다. 군주의 권위는 지켰지만, 조선왕조는 곧 일본에 의해 사라질 운명에 처했다.

) 어떤 나라를 따를 것인가? (

윤치호는 1896년 이후 서재필과 함께 독립협회를 이끈 인물로, 독립신문사 사장을 지내고 만민공동회도 주도했다. 그는 일찍이 일본에 유학을 가서 일본이 서양 문물을 배워 부강한 나라로 발전하는 모습에 크게 감명을 받았다. 일본에서 일본어와 영어를 배운 뒤 평생 영어로 일기를 썼으며, 미국으로 가서 밴더빌트대학교와 에모리대학교에서 신학·영어·자연과학 등을 공부했다. 미국에서는 개신교로 개종하고 민주주의·자유주의 사상과 제도에 감명을 받았으나 심각한 인종 차별에는 크게 실망했다.

미국과 일본에서 거대한 물질문명의 힘을 몸소 체험한 윤치호는 낡고 무기력한 청나라는 아예 논외로 두었다. 미국과 일본 중에서는 인종 차별을 자행하는 미국이 아니라, 같은 황인종 가운데 이미 서양 문명을 받아들인 일본에 친밀감을 느꼈다. 그가 본 일본 국민은 애국심이 있고, 기사도적인 명예감과 순발력 있는 지력, 과감한 용기도 있었다.[10]

그는 러일전쟁이 시작되자 "일본의 성공은 조선의 구원과 중국의 개혁을 의미할 것이다. (…) 모든 동양의 선을 위해 일본이 승리하기를" 빌었다.[11] 조선이 일본과 같은 황인종이라는 이유로 일본의 승리에 자부심을 느꼈으며, 조선을 개화시킬 수만 있다면 일본의 지배도 받아들일 수 있다고 생각했다. 부패하고 타락한 조선왕조의 지배를 받으며 살기보다는 인종적으로 같은 부류에 속한 일본에 예속되는 것이 더 낫다고 생각하면서 다음과 같이 말했다.

나는 조선의 독립 문제에는 관심이 없습니다. 현재와 같은 정부를 두고는 독립해도 민족에게 아무런 희망을 주지 못할 것입니다. 반대로 애족적이고 인민의 복지에 호의적인 관심을 가진 더 나은 정부를 가진다면 다른 나라에 종속됐다 해도 재앙은 아닙니다.[12]

윤치호는 문인과 적자가 우대받던 조선에서 무인이자 서자인 아버지를 두었다. 그래서 과거에 응시하거나 관리로 나갈 수 없는 등 차별과 불이익을 겪었다. 이런 배경 탓에 그는 성리학을 버리고 일찌감치 서양 문명을 받아들였다. 당시 윤치호와 더불어 하층 신분 출신의 일부 야심가들은 조선에서 차별받으면서 사느니 일본 편에 서서 대우받고 사는 것이 낫다고 생각했다. 예를 들어, 아전의 서자로 태어난 송병준과 극빈 농민 출신인 이용구 등은 동학당 잔류파와 실업자들을 규합하여 일진회를 만들었다.[13] 동학군 잔류파들이 일진회에 가담했다는 것은 한국인이 받아들이기 어려운 매우 불편한 진실이지만, 조선의 신분제에 강하게 반발했던 이들의 이전 행적과 모순되는 것은 아니었다.

일진회는 1905년 「을사조약」을 지지하고, 고종 퇴위를 요구하더니 결국 일본의 조선 합병을 지지하는 대중운동을 벌였다. 양반 지배층에게 벌벌 떨며 살아온 사람들은 이인직의 소설 『귀의 성』의 표현대로 "어린아이 젖꼭지 따르듯이 돈을 따르려"[14]고 덤벼들기 시작했다. 일본이 가져온 문명개화가 어떤 이들에게는 구원이요 기회였다.

개화기의 또 하나 두드러진 현상은 기독교 신자의 증가다. 구한말 이후 성리학과 신분 차별에서 벗어나려는 열망을 가진 사람, 노비나 서자라는 이유로 차별을 받던 사람들이 대거 기독교로 귀의했다.

노론이 주도한 세도정치에서 오랫동안 소외되었던 경기 지방의 남인과 중앙 진출이 좌절된 서북 지방 사람들도 같은 처지였다. 조선 사회의 유교적 지배 질서와 농민 수탈에 신음하던 상민 출신도 19세기 후반에는 민란에 가담하는 등의 방식으로 저항했지만, 점차 사람 간의 차별을 두지 않는 개신교와 천주교에 귀의했다. 이들 중 지식인층은 나라를 걱정하며, 조선을 부강한 나라로 만들기 위해서는 서양 문명의 핵심인 기독교를 배워야 한다고 생각했다. 윤치호나 이승만이 개신교로 개종한 이유도 마찬가지다.

신분 차별과 더불어, 구한말 조선을 여행한 이사벨라 비숍Isabella B. Bishop 여사가 "민중의 피를 빠는 흡혈귀"라고까지 불렀던 관리들의 혹독한 착취가 기독교를 이렇게 확산시킨 토양이 되었다.[15] 1801년 신유박해 이후 조선 정부는 천주교가 "폐족, 서얼 등 뜻을 잃고 국가를 원망하는 무리를 규합하여 (⋯) 시정의 거간꾼과 농사꾼, 여자까지 불러모았다"고 진단했다.[16] 당시 조선의 천주교 공동체에서는 중인이나 백정도 양반과 함께 방을 쓰고 때로는 총회장에 선출되기도 했다. 이들은 신분이나 정치 노선의 차이를 넘어서 평등 의식을 기반으로 강한 유대 의식을 형성했다. 예를 들어 신유박해 때 순교한 이순이는 남편 유중출과 빈민을 구제하려는 계획을 세웠다. 가족·씨족 중심적인 조선 사회에서 부자가 가난한 이웃을 위해서 재산을 내놓는 일은 일찍이 볼수 없던 드문 모습이었다. 신유박해 이후에도 천주교 신자들은 자신도 굶주리면서 과부와 고아를 받아들이고 가진 것을 나누었다. 천주교로 개종한 조선인들이 새롭게 생각하고 만들어낸 공동체는 조선의 전통적 가족·씨족 유대와는 진히 다른 형태였다. 그들은 평등한 사회

조직을 만들어서 기존의 가족·씨족 질서 체제를 바꾸려고 했다. 이후 결성된 독립협회나 일진회 등의 근대적 사회·정치 단체의 결성도 기독교의 영향과 무관하지 않다. 물론 일본에도 기독교가 유입되고 그에 대한 탄압이 거셌지만, 조선처럼 신자가 급격히 늘어나지는 않았다. 캐나다 선교사 제임스 스카스 게일James Scarth Gale은 천주교와 개신교가 조선에서 급속히 퍼진 이유를, 한국에는 중국이나 일본과 달리 유일신 개념과 유사한 '하나님'의 관념이 있었기 때문이라고 보았다.[17]

한편 안중근의 부친 안태훈처럼 진사 출신의 전통적 지식인이 천주교나 개신교로 개종하기도 했다. 부친의 영향으로 천주교로 개종한 안중근도 서양 문명을 받아들여야 조선을 구제할 수 있다고 보았다.

우리 대한의 모든 동포 형제자매들은 크게 깨닫고 용기를 내어 지난날의 허물을 깊이 참회함으로써 천주님의 양자가 되어 현세를 도덕 시대로 만들어 다 같이 태평을 누리다가 죽은 뒤에 천당에 올라가 상을 받아 무궁한 영복을 함께 누리기를 천만 번 바라오. 지금 세계 문명국 박사, 신사들도 천주 예수 그리스도를 믿지 않는 사람이 없소.[18]

1905년경 안중근은 나라의 독립과 백성의 각성을 위해 애국계몽운동에 앞장섰다. 그리고 돈을 모아 일본에게 진 빚을 갚고 독립을 이루자는 국채보상운동에 나섰다. 그는 자신이 운영하는 삼흥학교의 교원과 학생들에게 이 운동에 참여하라고 독려했으며 평양 명륜당에 선비 1000여 명을 모아놓고 독립의 필요성을 웅변하기도 했다.

앞서 말한 것처럼 안중근도 러일전쟁에서 일본이 승리한 것을 보고 크게 환호했다. 그러나 곧바로 일본이 조선의 개화를 이끌어주는 친구가 아니라 "자기가 주리고 있다고 남을 먹이로 하여 합심을 방해"하는 나라이며,[19] 동양 3국을 대표해서 서구의 침략에 맞서는 나라가 아니라 백인의 앞잡이가 되어 조선을 집어먹으려 한다는 사실을 깨달았다.

〉 실패한 근대, 개화론은 친일의 길로 〈

러일전쟁 직후 안중근은 윤치호와 다른 생각을 갖게 되었다. 윤치호 같은 급진개화파는 조선은 힘이 없어서 독립이 어려우니 일본을 따라 문명개화의 길을 가는 것이 대안이라고 생각했다. 당시 일본의 지배층은 조선은 그대로 둔다면 어차피 멸망할 나라이므로 일본의 보호를 받을 수밖에 없다고 보았다.[20] 그러나 안중근은 일본이 조선인을 보호한 적이 없는 것은 물론이요, 수만 명의 조선인을 학살하고 조선의 인재를 다 죽였으므로 자신이 그 죄를 묻겠다고 결심했다. 그 역시 처음에는 무능한 조선을 좋은 나라로 바꾸기는 어렵다고 생각해서 천주교 신부들에게 도움을 청하고 프랑스어를 배우기도 했다. 그러나 곧 일본은 물론 선교사를 비롯한 서양인들도 결국 조선을 노예로 부리려는 새로운 상전에 불과하다는 사실을 뼈저리게 깨달았다.

> 일본어를 배우는 사람은 일본의 노예가 되고 영어를 배우는 사람은 영국의 노예가 된다. 내가 만일 프랑스어를 배우면 프랑스의 노예가 되지 않을 수 없을 것이다. 때문에 그만둔 것이다.[21]

안중근은 1907년 연해주沿海州로 가서 의병운동에 참가하였다. 이 시기 한반도의 조선 의병들은 일제의 침략에 무력으로 저항했지만, 첨단 무기로 무장한 일본군에게 맞서기는 역부족이었다. 일본은 저항하는 조선 의병을 '폭도'라고 불렀으며, 문명개화라는 시대의 흐름을 읽지 못하고 근시안적 맹신과 잘못된 애국심으로 헛된 일을 한다고 공격했다. 안중근은 1908년 7월 전제덕의 휘하에서 대한의군참모중장大韓義軍參謀中將 겸 특파독립대장特派獨立大將 및 아령지구俄領地區 사령관의 자격으로 엄인섭과 함께 100여 명의 부하를 이끌고 두만강을 건너 경흥군 노면에 주둔하던 일본군 수비대를 기습 공격하여 전멸시키기도 했다.

안중근은 이토 히로부미가 하얼빈에 온다는 소식을 접하고, 이토 암살을 자원했다. 결국 1909년 10월 26일, 독립을 위해 몸을 바친 의병의 한 사람을 자처하며 하얼빈 역에서 이토 히로부미를 저격했다.

그 직후 1910년 이완용 등 조선의 대신들은 "상호 행복을 증진하여 동아시아의 평화를 영구히 확보하자"는 일본 측의 한일합병 요구에 "나라는 망해도 나는 부귀하고 편안하다"라며 도장을 찍고 식민 통치에 적극적으로 협력했다.[22] 8월 4일 병합을 위한 비밀협상 자리에서 이완용의 비서이자 신소설 작가인 이인직은 "역사적 사실에서 보면 일한병합이라는 것은 결국 종주국이었던 중국으로부터 일전하여 일본으로 옮기는 것"이라고 설명했다.

이로써 1392년에 세워져 1897년에 '대한제국'으로 이름을 바꾼 '조선'은 지구상에서 사라졌다. 서구식 개화보다는 자주독립을 우선시했던 애국지사와 의병장들은 한일병합 후 만주로 망명했고, 붕당의

순종 서북순행 사진

1909년 2월 4일 창덕궁 인정전 앞에서 촬영한 '순종 황제 서북순행
기념사진'이다. 가운데에 순종이 앉아 있고 왼쪽에 통감 이토
히로부미가 보인다. 앞줄 왼쪽 끝부터 고희경(추정), 권중현(추정),
박제순, 송병준, 고영희, 임선준, 이완용, 이토 히로부미, 순종,
이재각, 민병석, 이재곤, 조중응, 김윤식, 이지용, 조민희, 고의성.
이 중 내각총리대신 이완용, 궁내부대신 민병석, 탁지부대신 고영희,
내부대신 박제순, 농상공부대신 조중응, 승녕부총관 조민희 등은
이듬해 8월 한일병합에 찬성, 협조한 공을 인정받아 일제로부터 귀족
작위를 받았다.

(본 저작물은 국립고궁박물관에서 공공누리 제1유형으로 개방한 '순종 서북순행
사진(유물번호: 고궁2902-60)'을 이용하였으며, 해당 저작물은 국립고궁박물관
https://url.kr/YDTLhw에서 무료로 다운받을 수 있습니다.)

폐해를 지적하면서 척양척왜斥洋斥倭를 주장한 일부 선비들,[23] 중화 문명과 유교 사상을 철석같이 믿었던 소수의 선비들은 자결을 하거나 은둔했다. 백성의 참정권 보장 등 서구식 개화와 민권 보장은 필요하지만 일본의 지배는 거부했던 이승만 등은 미국으로 망명했다.

안중근은 목숨을 버리는 대신 영원히 이름을 남기는 길을 선택했다. 서울 효창공원에 있는 안중근 가의 묘소에 남은 유방백세流芳百世, 즉 '꽃다운 이름이 후세에 길이 남다'라는 문구가 그의 생을 말해준다.

구한말 조선을 여행한 영국의 지리학자 이사벨라 비숍 여사는 조선을 "관리들의 악행만 없어진다면 길이 행복하고 번영할 민족, 생업에서 생긴 이익을 보호해줄 수 있다면 행복하게 근면하게 될 민족, 행정적인 계기만 보여주면 무서운 자발성을 발휘할 민족, 미개발된 자원을 개발하면 가난을 벗어날 수 있는 민족, 그러나 잠재된 에너지를 전혀 사용하지 못한 민족"으로 기록했다. 같은 시기에 조선을 여행한 프랑스인 샤를 바라Charles Varat와 샤이에 롱Charles Chaillé-Long은 "조선인은 재치 있고 호기심 많으며, 서로 필요할 때는 언제나 팔을 걷어붙이고 상부상조하는 전통을 갖고 있다"고 칭찬했다.[24] 하지만 조선의 지배 세력과 주류 지식인들은 시대의 흐름에 합류하지 못했고, 결국 조선은 일제의 식민지로 전락했다.

지금까지 논의한 조선 말 조선인들의 대응을 간단히 정리해보자. 첫째, 개화를 시대적 대세로 인식하고 일본 등 외세의 지배를 받더라도 개화의 길을 통해 나라의 살길을 찾자던 윤치호와 일진회 등은 이후 일제의 식민 지배 체제를 적극적 혹은 소극적으로 받아들였다. 호남 사회에서는 각 지역의 양반 사족, 지방 토호, 향리 등이 동학농민전쟁

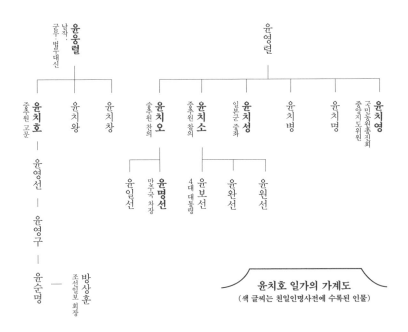

윤치호 일가의 가계도
(색 글씨는 친일인명사전에 수록된 인물)

당시 농민군의 공격에 대비해 민보군民堡軍을 조직하였는데, 이들은 현지 사정을 잘 알고 있다는 이유로 일본군이 지휘하는 농민군 토벌에서 중요한 역할을 담당하였다. 이후 이들은 대체로 친일파가 되었다.[25]

둘째, 개화나 개혁이 필요하다고 보았지만, 그것은 자주독립을 통해 성취되어야 한다고 생각했던 자주파, 혹은 민족주의자들이 있다. 이 중 개화와 항일을 동일시한 집단 중 안중근 같은 급진론자는 계몽운동 등에 가담하고 이후 적극적인 저항을 하다 죽음을 맞았고, 온건론자는 일본의 지배를 피해 해외로 망명했다.

셋째, 개화 자체에 반대하며 중국 중심의 세계관과 유교적 전통과 신분 질서를 지키려던 양반 출신 의병과 유교적 세계관을 철저히 간직했던 유생이 있다. 이들 중에는 지신외 출신 배경의 한계 때문에 동하

농민군을 진압해야 한다고 생각한 사람도 있다. 하지만 다수는 의병운동에 나서서 강제병합 전후 저항을 하거나 만주로 이주하여 저항을 계속하기도 했고, 개인적으로 은둔 혹은 자결의 길을 택하기도 했다.[26]

물론 신분 차별 극복이나 지대 인하 등 조선 사회 자체의 개혁과 일본의 침략에 맞선 국권 회복을 동시에 추진해야 한다고 생각한(내수양이론內修洋夷論) 유생들도 있었다. 백성의 권리 보장(민권)과 외세의 배격을 추구했던 일부 지방의 양반층은 국채보상운동이나 계몽운동에 나서기도 했고, 여기에 중하층민이 참가하기도 했다.[27]

출신 신분, 계급과 세계관이나 사상의 차이, 그리고 조선 말 사회 개혁의 방법론적 차이가 이들을 정치적으로 갈라놓았다. 고종과 조선 왕조의 핵심 구성원, 양반 지주 계급은 대체로 일본의 지배에 협력하였다. 물론 상당수의 조선 백성은 일본의 지배에 대해 거부감은 있었으나 저항을 하지 못하고 주어진 현실을 받아들였을 것이다.

개화, 즉 근대 국민국가의 수립과 민권의 보장, 그리고 물질문명의 발전도 자주독립 없이는 무의미하다. 백성이 차별받으며 국가의 주권자로서 힘을 발휘하지 못한다면, 즉 자유와 민권이 보장되지 않는다면 근대적 독립국가의 수립은 불가능할뿐더러 무의미할 것이다. 1910년 8월 29일 「한일병합조약」이 발효되면서 한반도는 일본의 완전한 식민지가 되었다. 이로써 민권 보장의 정신을 바탕으로 하는 조선의 독립국가 건설은 좌절되었고, 결국 일제에 의한 개화와 신분 해방, 제한된 개인적 권리 보장과 근대 서구식 법과 제도가 도입되는 길만 열리고 말았다. 조선은 식민지 근대화의 길로 들어섰고, 세계자본주의라는 거대한 톱니바퀴에 운명을 맡기게 되었다.

2장
조선 근대화와
해방의

두 갈래 길

'일제 식민지 지배가 하나님의 뜻'이라는 문창극 국무총리
후보자의 발언 외에도 그가 했던 교회 강연에는 조선 민족과
강토에 대한 비하와 자학이 가득 차 있는 것으로 나타났다.
(…) 문창극 후보자가 지난 2011년 6월 15일 온누리교회
강연(수요여성예배)에서 '식민지 지배가 하나님의 뜻'이며
'우리가 이조 500년을 허송세월을 보낸 민족이니 시련과
고난이 필요하다'고 말한 것 외에도 문 후보자의 핵심적인
주장은 조선 민족의 게으름이었다. 그는 일제 시대 때 기독교가
게으름을 깨우쳐줬다는 해괴한 논리를 폈다.

• 문창극 "게으른 조선 민족 체질엔 공산주의가 딱 맞아",
  미디어오늘, 2014년 6월 18일,

) 나라가 망해도 슬퍼하지 않는 백성들 (

1910년 8월 22일 일본군 헌병이 서울 거리를 채운 가운데 대한제국 어전회의에서 이완용 내각이 결의한 「한일병합조약」이 조인되었다. 조약은 "상호 행복"과 "동양 평화"라는 목적을 달성하기 위해서는 "한국을 일본에 병합하는 것이 우선 방법이라고 확신"했다는 내용으로 시작한다.

한일 강제병합으로 사라진 것은 단지 조선이라는 500년 내려온 왕조국가만이 아니다. 그 전 수 세기 동안 국가를 지탱해온 성리학도 함께 무너졌다. 유교 문명의 적자임을 자랑한 조선이 그간 변방이라고 무시했으나 서양 문명을 이식받아 먼저 개화한 일본 제국주의 앞에 무너진 것이다.

대다수 조선 백성은 나라가 없어졌는데도 저항하지 않았다. 앞서 저항하던 의병은 거의 진압되었고, 일본 군대와 행정기구가 모든 집단 저항을 차단했기 때문일 것이다. 한편으로 강제병합 조약이 1905년의 「을사늑약」을 확인하는 절차에 불과했기 때문일지도 모른다. 일부 선비들은 비분강개하여 자결하였으나 양반 관리들의 횡포에 신음하던 다수의 백성은 통곡하거나 분노하지 않았다. 한일병합 14년 전 유길준이 『서유견문』에서 "국민들이 권리의 중대함을 모르면 다른 나라의 침범을 보고도 분하게 여기지 않는다"라고 말했던 우려가 현실이 됐다.[1] 오히려 조선 백성에게는 나라 잃은 슬픔보다 학정과 차별에서 벗어날 수 있으리라는 기대가 컸을지도 모른다. 일본이 지배하는 '개화 세상'에서는 돈만 있으면 양반처럼 살 수 있다는 기대를 가졌을 수도 있다.

1909년에 일본의 사주를 받아 2대 조선통감 소네 아라스케曾禰荒助에게 「합방청원서」를 제출한 일진회는 동학농민군에 가담했던 하층민과 중인 등 소외받던 세력을 중심으로 10만 명 이상의 회원을 거느린 단체였다. 이들은 조선의 독립을 포기하는 대신 일본이 열어줄 개화 세상에 희망을 걸었다. 그들은 "어릴 때부터 유교 사상과 중국 고전을 달달 외면서 공부했다는 관리들이 다스리는 나라보다는 차라리 개화의 깃발을 든 일본인의 세상이 되는 것이 더 좋을 것"이라고 생각했다.[2] 일본 제국주의가 당시 시대적 요구의 하나였던 신분 철폐를 단행했고, 교육의 기회도 넓히고 도로와 철도도 건설했기 때문이다. 이 모습을 보며 윤치호 같은 급진개화파뿐만 아니라 신분 해방과 교육 기회를 열망했던 다수의 중인, 그리고 '쌍놈'으로 천대받던 평민의 일부도 각자 다른 이유로 일제의 지배를 환영했다.[3]

백성들이 일제의 지배를 순순히 받아들이는 정도를 넘어서 그들의 앞잡이 노릇까지 하는 것을 본 유학자 김창숙은 한탄했다.

우리나라는 유교의 나라였다. 실로 나라가 망한 원인을 따져보면 유교가 먼저 망하자 나라도 따라서 망한 것이다. 지금 광복운동을 선도하는데 3교의 대표자가 주동을 하면 소위 유교는 한 사람도 참여하지 않는다. (…) 백성들이 외국인들의 앞잡이 노릇을 하는 것은 (…) 관리들이 탐욕을 부리고 포악하게 굴어 민심을 잃었기 때문에 백성들이 본성을 잃고 이 지경에 이르렀다.[4]

'조선이 망하기 전에 유교가 먼저 망했다'는 김창숙의 지적이 이미

심장하다. 그의 말처럼 조선 후기의 성리학은 백성들을 이끄는 사상이나 가치로 더 이상 역할을 하지 못했다. 모든 학문이나 사상을 배격하고, 오로지 성리학만 금과옥조로 여긴 지배층의 경직성과 폐쇄성도 심각한 문제였거니와, 합리적 사고와 판단, 과학적 분석력, 인간의 자유와 잠재력을 인정하지 못하는 유교 자체의 한계도 있었다.

얼레인 아일런드Alleyne Ireland라는 미국 연구자는 일본의 식민지 지배와 조선왕조의 지배를 비교하면서, 일제가 전문적인 행정 기술과 신식 교육을 통해 조선을 보다 효과적으로 통치했다고 분석했다. 그는 일본이 도적의 피해를 줄이고, 인명과 재산을 보호하고, 도로를 건설하고, 교육 시설을 확충하고, 산업을 발전시키는 등 오히려 조선의 문화적 발전에 기여했다고 보았다.[5]

그러나 일본의 조선 지배는 서양의 제국주의 국가들이 자국에서 멀리 떨어진 아시아나 아프리카에서 경영했던 식민지와는 전혀 다른 경우다. 중국 중심의 질서 체제에서 일본은 조선과 같은 문화권에 속해 있었을 뿐 아니라, 작은 중국小中華을 자임했던 조선 지식인의 입장에서는 일본보다 조선이 다소 우위에 있다고 여겼다. 그런데 몇십 년 앞서 문호를 개방하고 위로부터의 개혁을 단행한 힘으로 일본은 이웃한 조선을 무력으로 지배했다. 일본 제국주의의 침략을 청원한 일진회 등을 제외하면 생각 있는 조선인, 특히 지식인들에게 일본의 지배는 참을 수 없는 굴욕이었다. 이를 잘 알고 있던 일본은 조선인의 자발적 충성과 복종을 포기하고 일체의 자치도 허용하지 않는 강압적인 무단통치를 구사하는 한편, 순종적인 백성臣民으로 길들이는 우민화 정책을 폈다. 조선을 병탄한 후 일제는 "표창에 적당하다고 인정된 자에 대하여 영작榮爵을 수여하였으며", 이전에 관리를 지낸 양반들과 고령자들에게 은사금을 나누어주었다. 은사금을 받은 일부 양반은 일본이 자신을 우대한다는 생각에 고무되었다.[6]

초기 타이완에서도 그러했지만, 조선총독은 군인 출신으로 입법·사법·행정권을 포함하여 육해공군의 통수권까지 장악한 사실상의 전제군주였다. 일본은 헌병경찰을 모든 행정구역에 배치해서 조선인의 일거수일투족을 감시하고 통제했다. 군인을 경찰로 동원한 것은 다른 어떤 제국주의 국가에서도 찾기 어려운 강압적인 통치 방식이다. 항일투사 신채호는 1923년 1월에 쓴 「조선혁명선언」에서 3·1운동 이후 일제의 폭력적인 지배를 다음과 같이 묘사했다.

> 삼천리가 하나의 큰 감옥이 되어 우리 민족은 아주 인류의 자각을 잃을 뿐 아니라 자동적 본능까지 잃어 노예부터 기계가 되어 강도 수중의 사용품이 되고 말 뿐이며 (…) 주민을 죽인다, 촌락을 불태운다, 재산을 약탈한다, 부녀를 욕보인다, 목을 끊는다, 산 채로 묻는다, 불에 사른다, 혹 몸을 두 동강이 내어 죽인다, 아동을 악형한다, 부녀의 생식기를 파괴한다 하여 할 수 있는 데까지 참혹한 수단을 써서 공포와 전율로 우리 민족을 압박하여 인간 산송장을 만들려 하노라.[7]

영국은 본국에서 멀리 떨어진 인도를 통치하면서 어느 정도의 자치를 허용했다. 넓은 식민지를 유지하기 위해서는 현지인을 고용해서 통치할 수밖에 없었다. 그러나 가까운 조선과 타이완을 지배한 일본은 자국민을 식민지로 이주시키고, 관료를 파견하고, 군대와 경찰을 동원해서 원주민의 저항을 진압하는 등 '직접통치'를 했다.[8] 군이나 면 단위까지 경찰이 주둔하며 거의 작은 총독처럼 군림했다.[9] 그 결과 조선반도 내에서는 무력 저항이 불가능하다고 판단한 지식인, 양반 출신 지도자들이 가산을 정리하고 만주로 이주하여 독립군 기지를 건설하고 본격적인 항일 무장투쟁을 전개했다.

〉 조선에 온 두 손님, 기독교와 공산주의 〈

한편 이 시기에 식민지 조선의 기독교 인구가 크게 증가했다. 서북 지역에서 어린 시절을 보내고 3·1운동에 참가했다가 제국주의 열강이 패권을 다투던 중국으로 건너가 항일투쟁에 투신한 『아리랑』의 주인공 김산의 말을 통해서 나라 잃은 백성들이 기독교에 빠져든 이유를 짐작해볼 수 있다.

> 혁명가에게 있어서 나라를 넷이나 가졌다는 것은 나라를 하나도 갖지 못한 것보다 훨씬 비참하다. 각국에서 받는 것이라곤 오직 천국행 차표 한 장뿐이다. 우리 조선인들은 일본인, 중국인, 상하이의 영국인과 프랑스인, 조선 경찰에 의해 합법적으로 체포된다. 그래서 한국인은 동양에서 가장 믿음이 깊은 기독교 민족이 된 것이다.[10]

성리학과 양반 관료들이 더 이상 나라를 이끌 수 없고 백성의 지지를 얻을 수 없다면 새로운 사상으로 무장한 새 지도자들이 시대를 주도해야 했다. 그런 측면에서 3·1운동은 유교 지식인을 제외한 천도교의 손병희와 다수의 기독교 지도자들이 주도하여 함께 일으킨 전 민족적 항거였다. 이 시기에는 고종 황제의 의문의 죽음에 대한 분노와 애도의 감정이 깔려 있기도 했으나, 오히려 "자유와 공화 정치는 세계의 대세", "공화 만세"라는 구호가 공공연하게 등장할 정도로 왕조의 기억은 저편으로 사라지고[11] 새로운 자유 독립국가의 이상이 시위라는 공론장에 등장했다. 특히 구한말부터 독립과 개화를 주장했던 기독교 지도자들과 신학문을 배운 학생들이 앞장섰고, 전국 방방곡곡의 시골 장터에서는 일제의 지배가 더 교묘하고 악독한 수탈과 억압을 가져올 뿐이라는 것을 자각한 농민들이 대거 가세했다.

민족 지도자 33인의 예상을 훨씬 뛰어넘어 만세운동이 전국으로 확산되자 크게 놀란 일제는 시위를 가혹하게 탄압했다. 1919년 9월 10일 사이토 마코토齋藤實 총독은 "부당하게 불손한 말이나 행동을 하고 민심을 오도하고 치안 유지를 방해하는 자가 발견되면 그 누구든 가차 없이 법의 심판을 받게 될 것이다"라고 경고했다.[12] 3월 1일부터 4월 30일까지 시위 참가자는 202만 명에 달했으며 약 7500명이 사망했고 5만 2000여 명이 검거됐다.

그러나 윤치호는 3·1운동 같은 만세 시위는 어리석은 일이라고 생각했다. 그는 약한 민족이 강한 민족과 함께 살아야 한다면 자기 보호를 위해 그들의 호감을 사야 하는데, 33인이 서명한 「독립선언서」는 내용도 매우 부실할 뿐만 아니라 "학생들의 어리석은 소요는 일제의 무단통치만 연장시킬 뿐"이며, "만세를 외쳐서 독립을 얻을 수 있다면 이 세상에 남에게 종속된 국가나 민족은 하나도 없을 것"이라고 냉소했다.[13]

3·1운동에 충격을 받은 일본은 '문화통치'라는 이름으로 교육의 기

회를 개방해서 지위 상승을 열망하는 다수의 조선 청년을 포섭하고, 그들에게 천황 사상을 주입하기 시작했다. 또한 기업 설립을 자유화해서 경제 활동을 촉진했다. 이로써 독립의 길은 멀어지고 시대의 질서와 흐름에 순응하자는 인식이 자리 잡기 시작했다. 반대로 만세운동으로는 일본을 절대로 물리칠 수 없으므로, 무력을 키워야 한다는 무장투쟁론도 확산되었다. 앞의 생각은 인도가 영국에게 한 방식처럼 일본에 조선의 자치를 청원하는 민족개량주의로 나타났고, 후자의 흐름은 신채호의 혁명론과 무력으로 일본을 물리쳐야 한다는 이회영·이상룡 등의 만주 독립기지 건설운동, 그리고 러시아혁명의 거대한 물결에 고무된 공산주의운동 등으로 전개됐다.

당시 독립을 열망했던 사람들 중 장년층은 상하이의 임시정부로 결집했지만 청년층은 주로 무장 항일투쟁만이 일본을 물리칠 수 있다고 봤기 때문에 임시정부에 비판적이었다.

일제는 정치와 종교를 분리해서 종교의 자유는 허용하는 정책을 폈기 때문에 온건한 민족주의자들은 기독교를 통해 개인과 민족을 구원할 길을 찾았다. 미국과 프랑스 선교사들은 일제의 시책에 협조해서 학교와 병원을 세우는 등 조선에서 개신교와 천주교의 교세를 크게 성장시켰다. 이들 서양 선교사의 대부분은 3·1운동에 대해서 부정적이었다. 한국 천주교의 수장이었던 구스타브 뮈텔Gustave Mutel 주교는 독립전쟁을 살인 행위로 단정 짓고, 안중근에게 이토를 제거한 것은 오해 때문이었다고 공개 선언해야만 고해성사를 해주겠다고 위협하기도 했다.[14] 서양 선교사들은 일본의 조선 지배가 합법적이며 불가피하다고 생각했고, '정신적으로 타락한 미개의 조선'보다 서양 문명을 이

식받은 일본에게 더 우호적이었다. 또한 조선 선교를 위해서 일본 당국과 마찰을 피하고 싶어 했다.[15]

이런 시대적 배경을 바탕으로 1900년에 1만 명도 채 되지 않던 기독교 신자가 1940년에 이르자 35만 명을 헤아리게 됐다. 지역별로는 평안남북도와 황해도가 전 신자의 60퍼센트 이상을 차지했는데, 전통적으로 차별 대우를 받았으며 유교 전통이 강하게 뿌리내리지 않았던 서북 지방에서 증가세가 두드러진 사실을 알 수 있다. 앞선 김산의 말처럼, 구한말 이후에 겪어야 했던 역경들이 조선인을 기독교라는 서양 종교에 더욱 의지하게 만들었다.

독립 세력 사이에는 장차 어떤 나라를 만들 것인지, 국외의 어느 나라로부터 도움을 얻을 것인지를 두고 의견이 분분했다. 조선왕조의 무기력과 부패를 몸으로 체험한 모든 독립운동가들은 입헌군주제를 아예 거론도 하지 않았고, 민주공화제를 채택해야 한다는 데 합의했다. 그것이 1919년 4월 11일에 공포된 「대한민국임시헌장」이다.

독립협회운동을 하다가 감옥에서 기독교로 개종하고 미국으로 망명한 이승만은 미국이 장차 세계 문명을 주도할 것이라고 믿었다. 하지만 그와 함께 미국으로 간 김규식은 우드로 윌슨Woodrow Wilson 대통령의 민족자결주의가 겉으로는 피억압민족의 독립을 지원하는 척하지만, 사실은 조선 같은 식민지의 독립에는 신경 쓰지 않는 강대국의 논리에 불과하다는 사실을 간파했다. 그는 국제 질서의 엄혹함과 조선의 불쌍한 처지를 절감하고, 미국의 이중성에 환멸을 느끼면서 식민지 독립에 우호적인 소련에 기대를 걸었다.[16]

공산주의 사상을 가장 직극직으로 받아들인 사람들은 신학문을 배운 청년들, 특히 일본에서 공부하고 온 '지식청년'들이었다.[17] 앞서 언급한 김산은 조선인 유학생의 70퍼센트는 공산주의 동조자였다고 추정하기도 했다. 그들은 도쿄에서 이론을 배우고 중국에서 조직 행동의 전술을 배웠다.

혁명에 성공한 소련이 압제받는 민족의 희망으로 떠오르자 국내의 공산주의 세력도 마르크스레닌주의로 기울었다. 1차 세계대전의 전후 처리가 제국주의 열강의 이해관계에 따라 이루어지는 상황을 목격한 조선의 지식청년들은 소련을 공산주의 혁명에 성공한 국가일 뿐만 아니라 독립의 가장 든든한 원조자로 인식했다. 그들에게 소련은 계급 착취를 철폐했다는 점에서도 매력적이었지만, 피압박민족인 조선의 독립운동을 실제로 지원했다는 점에서 든든한 우군으로 여겨졌다. 지식청년들은 "독립이 되더라도 부자와 지주만이 잘사는 그런 독립이 아니라 모든 노동자, 농민, 그리고 구차한 사람도 함께 살 수 있는 독립국가가 되어야 한다"는 염원으로 세계 공산주의 혁명의 본부인 코민테른의 지도를 따랐다.[18]

1925년 4월 17일, 일제의 물샐틈없는 사찰과 감시를 피해 서울 시내 한 식당에서 박헌영, 김단야, 조봉암 등 일단의 청년들이 조선공산당을 결성했다. 조선공산당은 대표를 모스크바에 파견하고, 6·10만세운동(1926)에 조직적으로 참여하는 등 활동을 시작했으나 일제의 탄압으로 해산과 결성을 반복했다. 조선공산당은 노동자와 농민 조직화에 심혈을 기울이고 좌우 합작을 추진했지만, 박헌영 등 조직 지도부가 체포되면서 국내에서 제대로 활동할 수 없었다. 급기야 1928년 12월, 코민테른은 「조선의 혁명적 농민과 노동자의 임무에 관한 테제

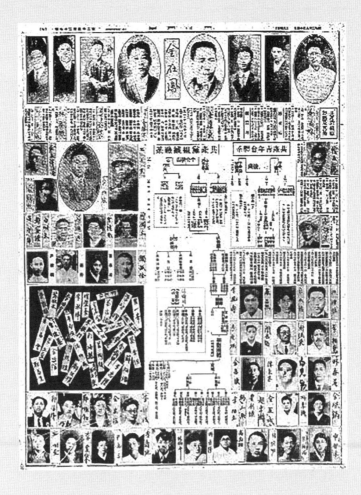

조선공산당 사건

김재봉과 박헌영은 공산당 조직 확대와 모스크바 파견을 비밀리에 추진하다가 1925년 11월 22일 평안북도 신의주에서 조선총독부 밀정에 의해 발각되었다. 이로 인해 신의주는 물론이고 간도에 있던 조선공산당의 근거지까지 수색을 당했고, 곧 일제 경찰에 일망타진되었다. 이 사건은 일제의 보도 통제로 전혀 보도되지 않다가 1927년 9월 13일자 동아일보 기사로 처음 알려졌다.

(12월 테제)」를 통해 조선공산당의 지부 승인을 취소했다. 그럼에도 공산주의 청년들은 1930년대 말까지 적극적인 항일투쟁을 전개했지만, 일제의 강력한 탄압으로 대중적인 영향력을 확보할 수 없었다.

결국 3·1운동 이후 조선에는 기독교와 공산주의라는 가치·이념 체계가 문명화 혹은 민족 해방의 대안으로 자리 잡았다. 유교 문화의 낙후성과 신분 차별에서 희망을 찾지 못한 청년들은 기독교와 공산주의라는 서양에서 온 두 사상에 큰 기대를 걸었다. 기독교와 공산주의는 모두 인간 해방과 평등 사상에 기초를 두고 있다. 신 앞에서의 평등, 구원의 평등을 표방한 기독교는 전근대 신분 질서를 비판하는 무기가되었다. 사회주의, 특히 마르크스레닌주의는 근대 자본주의가 안고있는 계급적 모순을 넘어서는 근본적인 인간 해방을 지향했다. 다시말해 기독교는 개인의 내적인 초월을, 사회주의는 현실 정치와 사회의 변혁을 해방의 길로 제시한 것이다.

) 여운형의 길 (

조선 후기부터 이어진 자주·개화·민권 보장운동의 흐름과 기독교의 구원, 사회주의적인 평등의 실현이라는 시대적 요구를 온몸으로 받아들인 인물이 바로 여운형이다.

경기도 양평 묘골에서 함양 여씨 9대 종손으로 태어난 여운형은 유학 사상과 동학 사상의 영향을 받은 조부들의 가르침 속에서 자랐다. 그는 조선의 운명이 기울어지던 1907년 고향집에서 기독광동학교를 세워 청년들에게 민족의식을 고취하고, 일본이 조선을 경제적으로 지배하기 위해 빌려준 돈을 갚고 독립을 쟁취하자는 국채보상운동을 주도했다. 이후 기독교에 입문하여 미국인 선교사 찰스 알렌 클라크Charles Allen Clark가 목회하던 승동교회에서 전도사로 활동했으며, YMCA 학생부 간사로 일하면서 스포츠단을 이끌고 일본에 다녀오기도 했다.[19]

그는 기독교로 개종한 이후에 집안일을 돌봐주던 종들을 모아놓고 종 문서를 불사르며 다음과 같이 말했다.

> 그대들을 다 해방하노라. 지금부터 각기 자유롭게 행동하라. 이제부터는 상전도 없고 종도 없다. 그러므로 서방님이니 아씨니 하는 호칭부터 싹 없애라. 오직 인간은 낳을 때부터 평등이니, 주종의 예는 어제까지의 풍습이요, 오늘부터는 그런 구습을 탈피하고, 제각기 알맞은 직업을 찾아가라.[20]

여운형은 자기 땅을 종들에게 나눠준 뒤 중국으로 망명을 떠나 신한청년단에 들어갔고, 「독립청원서」를 작성하여 김규식을 파리 강화회의에 보내기도 했다. 그 후 상하이의 대한민국 임시정부 수립에도 깊이 관여했다.

이 무렵 여운형은 공산주의 사상으로 기울었고, 1919년에는 직접 모스크바로 갔다. 국제공산당원인 그레고리 보이틴스키Gregory Voitinsky는 여운형을 만난 자리에서 "국제공산당은 조선 독립운동을 원조할 의사가 있으니 당신 같은 유력자가 공산주의운동에 참가해야 한다"고 권유했다. 여운형은 그 제안을 받아들여 1920년 고려공산당에 입당하고, 『공산당 선언』과 『공산주의 ABC』 등의 서적을 번역했다. 1921년에는 모스크바에서 열린 극동노력자대회에 참석해서 레닌 Vladimir Lenin과 조선 독립에 대한 의견을 교환했다.[21]

그렇다면 기독교인이었던 여운형이 공산주의자로, 즉 무신론자로 변신했다고 볼 수 있을까? 여운형 등 조선의 공산주의자 일행을 맞이한 레닌은 "조선은 전에는 문화가 발달했지만 현재는 민도가 낮아서 곧바로 공산주의를 실행하려 드는 것은 잘못이다. 지금은 민족주의부터 실행함이 현명할 것이다"라고 충고했다. 1929년 상하이에서 일본 경찰에 체포되었을 때의 심문 기록을 보면 여운형도 레닌의 지적을 받아들인 것으로 보인다.

> 이상으로 공산주의에 찬성하지만 실행에서 조선에 그대로 가져올 수는 없다. (…) 나는 한편으로 기독교를 믿고 신이라는 관념이 사라지지 않기 때문에 (…) 유물론이 유일하다고 생각하지 않는다. 시종일관 조선 전체의 이익을 위해 일할 심산이다.[22]

이 글에서 민족 독립을 최우선 과제로 삼고, 그 대안으로 기독교와 공산주의 사이에서 고민하던 여운형의 모습을 볼 수 있다.

여운형의 생각처럼, 당시 식민지 조선인의 다수는 여전히 낡은 신분 의식에서 벗어나지 못했다. 자본주의 공업화가 본격적으로 시작되지 않아서 인구의 다수는 농민, 즉 소작 혹은 영세 자작 농민이었다. 따라서 봉건적인 신분 질서와 지주-소작 관계를 철폐하고 일본의 압제에서 벗어나는 일이 대부분의 조선인에게 가장 시급한 과제였다. 극심한 빈부 격차로 인해서 가난한 농민과 도시 빈민의 처지는 매우 비참했지만, 자본가와 노동자 간의 계급 갈등이나 노동자 계급의 해방을 주장하는 공산주의 이론을 곧바로 조선에 적용하기는 어려웠다. 그래서 조선의 공산주의자들은 당시 인구의 대다수를 차지하던 소작인들의 고통을 완화할 수 있는 토지 혁명과 일제로부터의 해방을 추진하는 데 주력했다. 1930년대 이후 전시 총동원 체제가 본격화되면서 국내에서 항일운동을 전개하기 어려워지자 공산주의자들은 해외로 망명하여 중국 혹은 소련 공산당의 일원으로 일제에 맞서 싸웠다.

한편 지하에서 힘겹게 활동하던 국내 공산주의 세력은 심하게 분열되어 있었는데, 여운형은 자기들만 정통이라고 떠벌리면서 파벌 싸움에 머리 깨지는 줄도 모르던 공산주의자들과는 거리를 두었다.[23] 1945년 8·15 해방 이후 박헌영 등 조선공산당 핵심 인사들과의 갈등은 이때부터 예견된 일이다.

) 해방은 다가오는데 (

세계 대공황으로 극심한 경제 위기에 빠졌던 1931년, 일본은 내부의 경제 위기를 돌파하기 위해 만주를 점령하고 꼭두각시 정권을 세웠다. 1937년에는 중국과 전면전을 시작했고, 대大아시아주의를 표방하면서 제국 건설을 본격적으로 추진했다. 식민지에서는 내선일체內鮮一體, 즉 조선인과 일본인의 조상이 같다는 논리로 동화 정책을 추진했다. 조선인의 성을 모두 일본 성으로 바꾸도록 강요하는 한편, 조선인을 충실한 황국의 신민으로 기르기 위한 의무교육을 계획했다. 조선 청년은 징집되어 전쟁터로 끌려갔고, 여성은 근로정신대로 동원됐다. 전시 상황에서의 징용·징병은 거의 죽음을 의미했다. 처녀들이 근로정신대에 동원되면 "식구들은 마치 죽은 사람 장사 지내듯이 통곡과 애통 속에 보냈다."[24]

1930년대 후반, 조선의 지식인들과 개신교·천주교 교단과 종교 지도자들은 일본의 전시 총동원 정책과 군국주의 침략전쟁을 지지했다. 천주교는 1939년 5월 14일 국민정신총동원 천주교경성교구연맹을 결성했는데, 일제의 침략전쟁에 대한 협력은 이 조직이 결성되기 전에도 미사·기도회·황군 위문·국방 헌금 등의 형태로 이루어지고 있었다. 천주교회의 유일한 기관지였던 『경향잡지』는 1941년 '국민총력란'을 신설하면서 "신자들에게 국민의 의무를 깨우쳐주어야 할 필요가 있다. 종교도 국가의 혜택을 받고 있으므로 국가에 충성할 의무를 다하기 위해 국민총력란을 신설한다"고 밝혔다. 또한 한국 천주교회는 1925년 『교리교수지침서』를 통해 신사참배를 이단 행위로 금지했지만, 1936년 5월 18일에 로마 교황청은 천주교 신자들에게 신사를 참배해도 좋다는 훈령을 내린다. 이어서 주일본 교황 사절인 파올로 마렐라Paolo Marella 대주교는 한국 천주교회에 보내는 소위 「국체명징에 관한 감상」을 통해서 교황청의 통첩을 따르는 데 그치지 않고 적극적으로 신사참배를 권장했다. 그러자 당시 종현성당(명동성당) 보좌신부였던 노기남도 "신앙적인 아무런 가책 없이 신사참배를 행할 수 있게 되었다"면서 신자들의 신사참배를 허락했다.

이처럼 조선인 가운데 엘리트 층은 천황의 충실한 신하임을 인정하는 글을 발표하고 일본의 징병제를 찬양하며 청년들의 입대를 고무했는데, 이들이 바로 해방 이후 '친일파'라 일컬어진 사람들이었다.

3·1운동 이후, 특히 1930년대 후반 이후 일제의 정책에 순응한 과거의 개화파, 대다수의 기독교 지도자, 대지주나 기업가 등 부유층이 일제의 총동원 정책과 황민화 정책에 적극 협력한 친일파가 되었다. 이들은 '완전한 국민', 즉 황국신민이 되기 위해서는 천황이 사용하는 언어로 말해야 한다면서 조선인의 정체성을 부정하고 일본인이 되고자 했다.[25] 한일 강제병합 때 조선왕조의 최고위 각료들, 양반 관료들, 그리고 일진회 지도부들이 그러했듯이, 나라의 운명보다는 자신과 가족의 이익을 위해 일본의 지배를 환영했기 때문이다. 즉 그들은 시대의 대세에 편승하여 권력과 부를 추구한 사람이었지, 단순히 '일본과 친한親日 사람'이 아니었다.[26]

조선인이 경성제국대학 등 일제가 만든 고등교육기관을 졸업하고 고등문관 시험에 합격하여 관리가 되는 길은 부와 권력을 얻을 수 있는 확실한 방법이었고 일본인과 거의 동등한 자격을 가진 '국민'이 되는 지름길이었다. 고등문관 시험에 합격해 만주국에서 일하고 해방 후 상공부 차관을 지낸 김규민은 일본 관리를 지낸 것은 친일이 아니라고 말한다. 일본을 위해 일한 것이 아니며, 조선의 독립을 더디게 한 것은 더욱 아니었다는 주장이다.[27] 하지만 '조선인의 충실한 일본인 되기'는 자신의 이익을 위해 민족 정체성을 스스로 포기한 것이며 결국 인접 국가를 무력으로 침략·지배한 일본 제국주에 협력·동참했다는 의미에서 일종의 전쟁범죄에 부역한 행위로 볼 수 있다.

윤치호는 일본의 만주 침략과 중일전쟁은 부도덕한 행위라고 비판했다. 하지만 "약자는 강자의 먹이"이며 "힘이 곧 정의"인 상황에서 천황에게는 민주를 정복하고 황제로 군림할 권리가 있다고 보았다. 또한 그는 조선이 일본을 따라잡으려면 두 세기는 걸릴 것이라며 조선인의 능력을 비관했고, 그 콤플렉스 때문에 스스로 천황의 신하가 되려고 했다. 1937년 중일전쟁 발발 이후에는 더욱 적극적인 친일 활동에 나서 기독교의 일본화 작업을 추진하는 한편, 국민정신총동원조선연맹과 조선지원병후원회 등 대표적인 친일 단체의 핵심 인물로 활동했다. 마침내 그는 당시 총독 자문기관이자 식민 지배를 합리화하는 기구였던 중추원 고문직을 수락했고, 1945년에는 일본 제국의회 칙선 귀족원 의원에 선임됐다.

이 무렵 중국에서 김구가 이끌던 대한민국 임시정부는 중국 국민당 정부의 품에 들어가 학병에서 탈출한 조선 청년들을 포함한 광복군을 국내에 진공시킬 계획을 세웠고, 이념이나 투쟁 방법에서 임시정부와 노선을 달리했던 조선의용대는 중국에서 직접 일본군과 전투를 벌이기도 했다.

국내에서는 여운형이 식민지 말기의 암담한 상황에서도 일제의 패망이 멀지 않았음을 알고 비밀리에 건국동맹을 조직해서 독립을 준비했다. 건국동맹은 무장봉기 계획까지 세웠으나 실행하지 못했고 일제의 감시와 통제가 너무 심해서 전국 조직으로 확장하지 못했다. 하지만 1945년 8월 12일에는 일제의 항복이 예상보다 빨라질 것을 알고 「독립선언서」를 작성해 연합군에게 조선인이 정부를 수립할 권리가 있다는 것을 제시할 작정이었다. 그것을 위해 좌우 연합의 임시정부 수립을 구상하고 있었다.[28]

이승만 등은 미국 정계에 계속 서신을 보내 임시정부를 인정해줄 것을 요구했고, 김일성 등 항일 빨치산 세력은 소련군에 편입되어 활

미소공동위원회

1947년 5월 열린 2차 미소공동위원회. 우측부터
여운형, 김규식, 이묘묵 순서이다. 이 가운데
이묘묵은 해방 전 부일 협력사였다가 해방 후에는
미군정에 여운형이 부일 협력자라는 거짓 정보를
넘기고 하지 군정사령관의 개인 통역관 역할을 한
인물이다. (ⓒ몽양여운형선생기념사업회)

동했다. 그러나 미국이나 중국에서 활동한 독립운동 세력은 여러 갈래로 분열되어서 국제연맹의 인정을 받을 만한 단결이나 '책임 능력'을 대외적으로 보여주지 못했다.[29]

일제의 가혹한 직접통치 때문에 조선 땅에서 독립운동을 하거나 건국을 준비하는 일은 거의 불가능했다. 결국 무력으로 항일투쟁을 해야 한다고 주장했던 인사들은 탄압을 받아 일제의 항복을 보지 못한 채 세상을 떠났고, 해외 무장 독립투쟁 세력은 동포에게 자신의 존재를 알릴 기회를 갖지 못했다.

이런 상황에서 일제에 충성하여 부와 권력을 누린 기회주의자들만이 경륜을 쌓고 이름을 알릴 수 있었다. 그들은 부일 협력의 부끄러운 과거 때문에 8·15 이후 미국·소련·중국 등 자신이 망명했던 나라의 인맥과 후광을 등에 업고 돌아온 '해외파'와 필사적으로 손을 잡으려고 했다. 돈·지위·인맥 등 강력한 밑천을 가진 이들 부일 세력과 재력을 바탕으로 미국이나 일본으로 자녀를 유학보낼 수 있었던 지주·자본가들은 어떤 수단을 써서라도 '해방' 후 자신의 기득권을 유지하려 했다. 8·15 이후 한반도의 역사, 그리고 대한민국사를 굴절시킨 식민지의 유산은 바로 이것이었다.

이후 전개될 '해방공간'에서 38선 이남의 남한 지역에서는 원하지 않았던 두 손님, 그러니까 '미국과 소련'이, '기독교와 공산주의'가 맞붙었다. 구한말의 '개화 대 독립' 노선이 연장전을 벌인 것이다. 서양의 선진화의 길을 따르자는 '신개화파'인 친미파와 친소파 대 민중의 힘을 바탕으로 독립국가를 건설하자는 '신독립파', 자주파가 본격적으로 한판 붙게 됐다. 물론 일본 패망 직후 납작 엎드려 있다가, 강대국의 힘에 편승하여 다시 일어설 길을 찾던 부일 관료·군인·경찰 등 '생존파'가 이들보다 훨씬 센 힘을 가졌다. 그래서 민중의 이익에 기초하는 새로운 제도를 받아들이고 민중의 각성과 조직된 힘으로 진정한 독립을 이루자던 민권 개화파와 민권 독립파의 입지는 매우 좁았다.

3장
다시
8·15의 성격을

묻다

엄격한 의미에서 광복은 아직도 통일이 돼야 달성될 이상으로
남아 있다. 하지만 5·10선거로 이룩된 대한민국 건국은
광복이라는 목표가 적어도 남한에서는 달성되었음을 의미했다.
(…) 우리 사회와 국회 일각에서 지금 '건국절' 제정 움직임이
거세게 일고 있는 것은 언제부터인가 '광복절'의 기념을 1948년
대신 1945년에 맞춤으로써 광복이라는 말이 가지는 참뜻이
상실되고 역사적 기억에 혼란이 빚어지고 있기 때문이다.
광복을 위해 희생됐던 독립투사들의 공을 무시해서가 아니라
오히려 그분들의 참뜻을 기리자는 것이 건국절 주창자들의
목적이다.

• 이인호, "광복절은 대한민국 건국을 기념하는 날이다", 중앙일보,
  2015년 8월 13일.

) 연합국, 일본 아닌 조선을 처벌하다 (

우리는 1945년 8월 15일을 '광복' 혹은 '해방'의 날로 부른다. 그런데 2015년 8월 13일 이인호 KBS 이사장은 1945년 8월 15일이 아니라 1948년 8월 15일, 즉 대한민국 정부 수립일을 '광복일'로 부르자고 제안했다. 그 이전의 역사를 지우고, 대한민국 정부 수립을 건국 혹은 광복으로 보자는 주장이 왜 나온 것일까?

한편 일본인들에게 1945년 8월 15일은 종전일 또는 패전일이다. 한국의 해방과 일본의 종전이라는 차이는 당연히 자국의 입장에서 이름을 붙인 것이다. 그런데 냉정하게 말해 '종전'은 한국인들에게 곧 해방이 아니라, 해방의 기회, 독립의 기회가 열린 것을 의미했다. 일본은 연합국과 전쟁을 시작하기 훨씬 전에 조선을 식민지화했기 때문에 일본이 패망한 것과 조선이 독립하는 것은 별개의 사건이다. 실제로 1945년 8월 15일 직후 한반도는 미국과 소련 군대에 의해 남과 북이 분할 점령되었다. 해방도 독립도 유보되었다.

한반도를 38선으로 분할한 당사자는 미국과 소련이다. 그들은 언제부터 한국을 분할 점령할 계획을 세웠을까? 남북한 분할은 미국 국무부, 육군부, 해군부의 협의체인 삼부조정위원회SWNCCState-War-Navy Coordinating Committee에서 결정됐다. 미국 육군부 작전국의 찰스 본스틸Charles Bonesteel(후일 주한미군 사령관)과 미 육군장관 보좌관 딘 러스크Dean Rusk(후일 미국 국무장관)는 내셔널지오그래픽 사의 벽걸이 지도에 38선을 그어본 후 분할 점령안을 미국 합동참모부와 삼부조정위원히에 보고했고, 이 안이 대통령을 거쳐 「일반명령 제1호」로 더글

러스 맥아더Douglas MacArthur 사령관에게 전달됐다. 그리고 미국의 38선 분할 점령 제안을 소련은 이의 없이 받아들였다.

1945년 8월 15일, 일본 천황이 연합군에게 항복을 선언했다. 정확하게 말하면, 일본은 7월 26일 미·소·영·중 연합국이 「포츠담선언」에서 결정한 항복 권고를 받아들인다고 발표했다. 이튿날이 되자 조선인들은 삼천리 방방곡곡에서 거리로 몰려나와 '해방'을 환호했다.

어둡고 괴로워라 밤이 길더니. 삼천리 이 강산에 먼동이 튼다.

동포여 자리 차고 일어나거라. 산 넘고 바다 넘어 태평양 넘어.

아아, 자유의, 자유의, 종이 울린다.

(…)

• 〈독립행진곡〉, 김성태 작곡, 박태원 작사.

일장기에 태극 문양을 그려 넣고 흔들면서 어제까지 일본 천황의 신하였던 조선인들은 자유인이 된 기쁨을 맛보았다. 그런데 기쁨은 잠시뿐이었다. 곧바로 연합군 총사령관 맥아더가 「일반명령 제1호」를 선포했다. 여기에 따르면 38선을 경계로 북쪽의 일본군은 소련군에게, 남쪽의 일본군은 미군에게 항복하도록 되어 있다. 소련군이 예상보다 빨리 북한 지역에 들어오자 미국도 점령을 서둘렀다. 9월 8일, 한반도 가장 가까이에 있던 존 리드 하지John Reed Hodge 중장이 지휘하는 미 육군 24군단이 인천을 통해 서울을 점령했다. 그보다 하루 앞서 맥아더는 조선 통치에 관한 「포고령 제1호」를 발표했다.

일본 천황과 일본 정부의 명령과 이를 돕기 위해 (…) 조인된 항복 문서 내용에 따라 내 지휘하에 있는 승리에 빛나는 군대는 금일 북위 38도 이남의 조선 영토를 점령한다. 조선 인민이 오랫동안 노예 상태에 있었다는 사실과 적당한 시기에 조선을 해방 독립시키리라는 연합국의 결정을 명심하면서, 조선 인민은 점령 목적이 항복 문서를 이행하고 자기들의 인권 및 종교의 권리를 보호함에 있다는 것을 보장받는다. 이러한 목적들을 실시함과 동시에 조선 인민의 적극적인 지원과 법령 준수가 필요하다.

제1조. 북위 38도 이남의 조선 영토와 조선 인민에 대한 정부의 모든 권한은 당분간 나의 관할을 받는다.

(…)

제3조. 모든 사람은 급속히 나의 모든 명령과 내 권한하에 발표한 명령에 복종해야 한다. 점령 부대에 대한 모든 반항 행위 혹은 공공의 안녕을 방해하는 모든 행위는 엄중한 처벌을 받을 것이다.

(…)

제5조. 군사적 관리를 하는 동안에는 모든 목적을 위해서 영어가 공식 언어다.

9월 9일, 미 극동군사령부는 남한에 대한 군정을 선포하고 아치볼드 빈센트 아널드Archibald Vincent Arnold 소장을 군정장관으로 임명했다. 조선총독부 건물의 일장기는 내려가고 대신 성조기가 걸렸다. 미군은 11월까지 38선 이남 전역을 중앙에서 시작해서 도·군·면 단위까지 차례로 점령했다.

"군사 점령이란 한쪽은 주인 역할을 하는 것이고 한쪽은 노예가 되

미군 상륙
(위) 1945년 9월 8일, 인천항에 도착한 미 육군 24군단.(ⓒdok1, 플리커)
(아래) 1945년 11월, 38선 위에 나란히 선 미국과 소련 군인들.(ⓒdok1, 플리커)

는 것"이라는 맥아더의 회고처럼,[1] 그것은 대상 지역의 주민을 일방적으로 굴복시키고 협상과 타협이 아닌 군사력으로 지배하는 행위다.[2] 미국은 남한 군정을 일본군 무장 해제를 위한 '제한된 목적을 가진 비상수단'으로 설명했지만,[3] 정작 조선인들은 이제 일본보다 더 절대적인 권력을 가진 미국의 군대에 복종해야 한다는 사실을 깨달았다.

1945년 9월 2일 도쿄 앞바다에 뜬 미국 전함 미주리호 갑판에서 일본 외무대신 시게미쓰 마모루重光葵가 항복 문서에 조인했다. 그리고 그 후 7년간 미군이 일본을 점령·통치했다. 미국이 패전국인 일본을 점령한 것은 당연한 일이다. 그런데 일본의 식민지였던 조선은 왜 미국과 소련 군대에 분할 점령당해야 했던 것일까?

한반도의 38선 분할과 미·소 군대에 의한 분할 점령은 조선이 식민지 이전으로 돌아가는 것도 아니요, 엄격히 말해 '해방'도 아니었다. 조선인의 의사와 전혀 상관없는 미소 양국에 의한 일방적 분단과 점령은 해방, 즉 제국주의 지배로부터 완전히 벗어난 자주적인 국가 건설을 열망해온 식민지 백성의 입장에서 보면 일종의 '새로운 방식의 처벌'이었다. 2차 세계대전이 끝난 뒤 추축국인 독일·이탈리아·일본은 주변국을 침략해서 고통을 안긴 벌을 받아야 했다. 그래서 독일은 연합국 4대국에 의해 동독과 서독으로 분단되었고, 수도인 베를린 역시 동서로 갈라졌다. 반면 동아시아의 전범국가인 일본은 분단되지 않았으며, 그 대신 일본의 식민지였던 조선이 분단되었다.

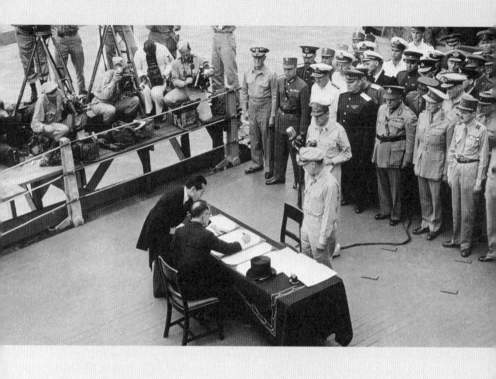

태평양전쟁 항복 조인식

1945년 9월 2일, 일본은 도쿄만에 정박한 미주리호
함상에서 연합국에 무조건 항복한다는 문서에 조인했다.
책상에 앉아 있는 이는 일본의 전권대사 시게미쓰
마모루, 마이크 앞에 서 있는 인물은 더글러스 맥아더
연합군 총사령관이다.

) 공짜 점심은 없다 (

1945년 8월 15일 일본이 항복한 이후, 일본에게 강제 점령되었던 아시아 여러 나라 가운데 어떤 나라도 곧바로 독립하지 못했다. 일본 침략 이전 미국의 식민지였던 필리핀은 그 이듬해인 1946년에 독립했고, 중국에서는 장제스蔣介石의 국민당과 마오쩌둥毛澤東의 공산당의 내전이 계속되었으며, 영국의 식민지였던 버마(현재의 미얀마)나 서아시아의 여러 지역은 다시 영국의 지배를 받게 됐다.

조선을 비롯해 일본의 식민지였던 아시아 여러 나라의 전후 처리는 전승국인 미국이 주도했다. 실제로 연합국 50개국은 이미 1945년 4~6월에 샌프란시스코에서 회의를 열어 일본이 항복한 이후 동아시아를 어떻게 처리할 것인지 논의했다. 이때 식민지의 인민들이 연합군으로 참전해서 일본과 싸웠는지가 중요한 고려 사항이었다. 미국에서 활동하던 이승만 등의 호소에도 불구하고 중국에 있던 대한민국 임시정부는 연합국의 일원으로 인정받지 못했다. 미국은 1942년부터 일본 패망 후 조선을 어떻게 할 것인지를 검토하면서 조선인의 전폭적 지지를 받는 단일한 독립운동 세력이 있다고 인정하지 않았으며, 1898년 이후 필리핀을 지배했던 경험을 바탕으로 조선 역시 당분간 보호와 감독이 필요하다고 결정했다. 1947년 8월 4일 발송된 「연합국 최고사령부 지령(SCAPIN) 1757호」에도 조선은 연합국·중립국·적성국의 세 범주에 속하지 않는 특수지위국가(오스트리아, 이탈리아, 태국 등이 포함된다)로 분류되어 있다.[4]

전쟁이 끝난 후 연합국에 속한 나라는 '즉각 독립' 대상이 되었고,

적성국은 '군사 점령' 대상이 되었으며, 특수지위국가는 특별한 '보호와 감독'이 필요한 대상으로 구분되었다. 이것이 바로 우리에게는 신탁통치trusteeship로 알려진 조선에 대한 미국의 공식 정책이다. 유엔의 신탁을 받은 국가가 스스로 통치할 능력을 갖지 못한 나라를 일정 기간 동안 통치하면서 독립을 준비시키겠다는 발상이었다. 미국은 일본의 지배하에 있던 한반도에 혁명 세력이 존재하며, 이들이 보수 세력에 비해 대중의 지지를 훨씬 더 많이 받고 있다는 것을 알고 있었다.[5] 결국 1945년 얄타회담에서 미국이 제안하고 소·영·중이 합의한 신탁통치는 조선에서 민족주의와 좌파 세력이 주도권을 갖는 상황을 막고 미국의 영향력을 유지하면서 장차 정치적 독립을 허용하되, 우선 미국 주도의 세계 경제 체제에 편입시키기 위해 고안된 것이다.[6] 그것은 탈식민화를 촉진하기보다는 자치와 군사 점령을 적절히 결합한 전후 군사 전략 보완책이었다.[7] 영토를 직접 점령하지 않는, 2차 세계대전 이후의 미국식 제국 경영 방식으로 봐도 좋을 것이다.

사실 제국주의 열강이 아시아 여러 지역을 넘보던 19세기 후반 이후 조선은 미국의 중요한 관심 지역이 아니었다.[8] 1866년 조선에서 천주교인 학살 사건(병인박해)이 일어난 이후 미국의 입장은 언제나 그랬다. 당시 국무장관 윌리엄 수어드William Seward는 아시아에서 미국의 영향력을 확대해야 할 필요가 있다고 생각했지만, 러시아로부터 알래스카를 인수하는 문제에 집중하느라 그 생각을 실행에 옮기지는 못했다. 시어도어 루스벨트Theodore Roosevelt 대통령은 「가쓰라테프트 조약」을 맺으며 조선에 대한 미국의 지배를 포기하고 일본의 진출을 인정하는 쪽으로 방향을 정했다. 8·15 이후 미군정이 점령에 필요한 정책을 수립하는 과정에서 정치적 판단과 군사적 판단이 충돌하게 된 것도 이러한 전통적 정책 노선과 관련 있다. 물론 미국으로서는 한반도가 완전히 소련의 영향력 아래로 들어가는 상황은 막아야 했다. 일본이 항복할 때까지 한반도에 대한 미국의 구상은 완성되지 않았다. 미국 내에서도 이상주의와 현실주의가 공존하였으나, 소련과의 대립이 격화되면서 점차 후자가 세를 얻었다. 샌프란시스코 회의에서 신탁통치의 세부적·구체적 방안은 마련되지 않았다. 국제적인 신탁통치 안을 구 식민지 지역에 무차별적으로 적용하려던 미국의 계획은 다른 강대국의 반발을 불러일으켰다. 그래서 신탁통치를 받게 될 지역을 정하는 일과 신탁통치의 조건 등은 장래의 협의 사안으로 남겨놓았다.[9] 심지어 미국 전쟁부 작전국은 일본의 항복을 받아내는 조건으로 일본이 타이완과 조선을 계속 지배하도록 하는 방안까지 검토했다.[10]

미국으로서는 2차 세계대전 이후의 세계 질서 구상에서 가장 중요한 일은 자본주의 세계 경제를 회복하는 것이었고, 소련과 공산권에 대응하는 것이 그다음이었다. 식민지에서 독립하게 될 국가를 처리하는 문제는 부차적인 고려 사항에 불과했다.

미국과 소련의 38선 분할 점령은 임시 조치였다. 미국이 제안한 분할 점령을 소련이 받아들인 이유는 한반도의 반을 차지하는 안에 만족했기 때문이다. 2차 세계대전을 치르면서 대對독일 전선에서만 1000만 명 이상의 군인이 목숨을 잃은 소련은 이미 지칠 대로 지친 상태였다. 게다가 소련이 태평양전쟁에 참전한 것은 1945년 2월 이후였고 동아시아에서 일본의 항복을 받아내는 데는 별로 역할을 한 게 없었다.

일본 천황 히로히토裕仁는 1945년 초에 이미 항복할 의사를 보였고, 미국도 일본의 항복은 시간문제라는 사실을 알고 있었다. 그렇다면 1945년 8월 도쿄가 아닌 히로시마와 나가사키에 떨어진 두 발의 원자탄은 일본의 항복을 받기 위한 것이 아니었다는 말이 된다. 미국은 일본을 조기에 항복시키기 위한 군사 작전상의 필요가 아니라, 전후 질서에서 소련을 견제하기 위한 외교상의 비장의 카드로 핵을 사용한 것이다. 이런 측면에서 미국의 핵 투하는 2차 세계대전의 종결이 아니라 냉전이라는 새로운 미소 대립 시대의 시작을 의미했다.

연합국의 승리로 독립의 기회를 얻은 아시아의 구 식민지 국가는 제국주의를 물리치는 데 기여했는지, 혹은 연합군의 일원으로 일본을 물리치는 전투에 참여했는지에 따라 독립 여부가 정해졌다. 독립투쟁의 공로만큼 독립을 보장받을 가능성이 있었다. 그러나 투쟁의 공로가 있다고 해서 모두가 곧바로 독립을 인정받은 것은 아니다. 예를 들어 조선과 가장 비슷한 처지의 유럽 국가인 폴란드는 연합국의 일원으로 참전해서 수백만 명을 희생시켰지만, 그들의 망명정부는 히틀러 Adolf Hitler 패망 후 개인 자격으로 고국에 돌아가야 했다. 미국과 소련 두 강대국 모두 그 이전까지 독일과 일본의 지배를 받던 나라가 2차 세계대전 후 자신의 영향권에서 벗어나는 것을 차단했다는 뜻이다.[11]

거슬러 올라가면 1910년 무렵 일본의 조선 지배를 후원하고 묵인했던 미국·영국 등 서방 국가들은 그 이후에도 일제의 조선 지배를 지지했고, 조선은 단일 망명정부의 주도하에 무력으로 일제에 저항하지 못했다고(혹은 않았다고) 생각했다. 이 판단은 36년간 줄기차게 저항한 조선의 독립운동가들, 특히 만주 등지의 무장투쟁 세력들에게는 너무나 억울한 일이다. 그러나 3·1운동 이후 국내에서 일본을 상대로 무장투쟁을 벌이는 것이 거의 불가능했고, 중국에서 임시정부의 광복군과 조선의용대 등이 일본군을 상대로 한 전투에서 일본군의 전력을 결정적으로 약화시키지 못한 것도 사실이다.[12]

　미국은 1945년에 건국을 선언한 조선인민공화국은 물론이고, 중국에서 활동하던 임시정부조차도 장차 조선을 대표할 정치 집단으로 인정하지 않았다. 일제 말 조선의 대표적인 지식인들이 일본의 식민지 지배와 태평양전쟁에 적극 협력한 사실 때문에 미국의 정책 결정자들은 조선 사람들이 일제의 식민지 지배를 적극적으로 받아들였다고 판단했을 수도 있다. 신채호가 「조선혁명선언」에서 왜 무력으로 일본에 맞서야 하는지를 강조하면서, 자치를 청원하거나 로비를 해서 독립을 얻으려는 최린과 이승만 같은 '자칭' 독립운동가들을 격렬하게 비판했던 이유가 바로 이것이다. 그러나 이미 때는 늦었다.

　일본 패망 직전, 김구나 여운형 등도 조선인이 항일 무장투쟁을 하지 않은 상태에서 일본이 항복할 경우 초래될 결과를 크게 걱정했다. 그래서 대한민국 임시정부는 일본이 진주만을 공격해서 태평양전쟁을 일으키자 「대일선전성명서」(1941.12.10.)를 발표했고, 광복군을 중국 국민당 군대에 편성시켜 참전할 계획도 세웠다. 그러나 결국 전투를 해보지 못한 채 일본의 항복 소식을 들은 김구는 "기쁜 소식이라기보다는 하늘이 무너지고 땅이 꺼지는" 충격을 받았다고 토로했다.[13]

　8·15 직후 "공짜 점심은 없다"는 평범한 진리가 확인됐다. 지정학적 조건과 일본의 억압 정책 때문이었다고 하더라도, 한반도 안에서 일본을 힘으로 물리치지 못한 것은 물론, 조선의 대표적 지식인 중 다수가 노골적으로 일본의 침략전쟁에 협력하고 식민지 정책을 지지했

1945년 10월의 서울 시내

거리에 연합군을 환영하는 플래카드가 걸려 있다.(ⓒdok1, 플리커)

던 대가는 엄혹했다. 냉엄한 국제 정치의 논리는 식민지 시대뿐 아니라 일본 패망 후에도 계속됐다.

) 반탁과 찬탁/비반탁으로 갈라선 민족 (

결국 '해방'과 동시에 한반도는 새로운 예속 상태에 처했다. 이 혼란이 누군가에게는 새로운 기회로 다가왔다. 정작 일제의 지배가 엄혹했을 때는 저항은커녕 충실한 일본인으로 살면서 지위와 권력을 누렸던 사람들이 일본이 물러간 다음 모스크바 삼상회의에서 강대국에 의한 신탁통치가 결정되자 그것을 소련의 책략으로 호도하고 '자주독립'을 외치면서 독립투사인 양 나섰던 역설적 상황을 어떻게 봐야 할까?

1945년 8·15 무렵 유럽에서는 독일의 항복으로 미국의 적이 완전히 사라진 상태였다. 하지만 아시아의 정세는 중국에서 마오쩌둥의 공산당 세력이 확대되는 등 유동적이었고, 그에 따라 미국의 동아시아 정책도 변했다. 미국은 한반도를 소련과 중국의 공산주의를 견제하고 미국의 정치·군사적 이익을 보장받을 수 있는 지역으로 만들 필요를 느꼈다. 그래서 1945년 8월 말부터 10월까지, 미국 국무부와 육군부, 삼부조정위원회, 합동참모본부가 모여 조선에 관한 방침을 집중적으로 논의했다. 그 결과물이 삼부조정위원회의「한국의 미군 점령 지역 내 민간 행정에 관한 미 육군 태평양지구 사령관에게 주는 초기 기본훈령」(이하「기본훈령」)이다. 이 지령에서 미국은 점령이 신탁통치로 대체될 것이라고 밝혔다. 그리고 '일본 통치의 잔재와 비민주적 요소의 점진적 해소'라는 단서를 달고 있기는 하지만, 기존의 행정기구와 실정법을 활용하라고 지시했다. 즉 조선을 일본으로부터 분리한 다음 보호의 기간을 거쳐 점진적으로 독립시킨다는 내용이었다.

미국이 주도하는 국제 사회의 생각이나 계획을 전혀 알지 못했던 조선인들은 일제가 항복했으니 독립국가를 건설할 수 있을 것이라는 기대에 부풀어 있었다. 그러나 그것은 희망사항에 불과했다. 조선은 '해방'된 것이 아니라 일본으로부터 '분리'되었을 따름이다.[14] 미국은 패전국 일본이 경영하던 식민지 영토의 주권이 자동으로 승전국인 자신에게 이양되는 것은 아니라고 보았다.[15] 미소공동위원회 및 유엔 임시 한국위원회의 특별고문이던 어니스트 프랑켈Ernst Frankel도 "일본의 항복은 일본제국으로부터 한국을 사실상 분리하는 결과를 가져왔다. (…) 한국이 국가들 사이에 독립된 국가로 간주될 때까지 한국의 주권은 정지 상태였다. 한국에 주권정부가 부재했기 때문에 미군정청 사령관이 남한 정부에 대한 권위를 대신 행사했다"라고 설명하며, 일본의 패전으로 한국의 주권은 정지된 상태라고 보았다.[16] 오히려 미국은 천황이 항복 선언을 한 이후에도 조선에 대한 일본의 주권을 인정했고, 조선이 완전히 독립하기 위해서는 일정한 과정과 절차가 필요하다고 생각했다.

1945년 8월 15일 이후 아시아의 일본 식민지 지역 사람들은 힘겨운 독립투쟁을 또다시 시작했다. 인도네시아는 일본이 물러간 뒤 돌아온 제국주의 네덜란드를 상대로, 베트남은 프랑스를 상대로 독립투쟁을 해야 했다. 그러나 조선에서는 일본이 미소 양쪽 군대에 의해 무장 해제되었으므로 별도로 투쟁할 대상이 없었다. 대신 태평양전쟁 말기에 적극적으로 일제의 침략전쟁을 찬양·고무한 내부의 부일 협력 세력을 청산하는 일이 가장 중요한 과제로 떠올랐다.

1945년 12월 미·영·소 3국의 외상회의가 모스크바에서 열렸다. 여기에서 애초 미국이 제안한 미·영·소·중 4개국이 행정·입법·사법 기능을 수행하여 '조선민주주의 임시정부의 수립', '조선 임시정부와 협의하여 5년 이내를 기한으로 하는 조선에 대한 미·영·소·중 4대국 신탁통치 협정을 실시하기 위한 4대국 정부의 심의' 등이 결의됐다. 이 회의에서 소련은 '선 정부 수립, 후 신탁통치' 안을 내고, 그 기간을 최소화할 것을 주장했다. 실제로 소련의 한반도 정책은 38선 이북 지역의 인민위원회에 자치권을 부여하고 정부 수립을 후원하는 등 38선 이남에 대한 미군정의 '직접통치'와는 대조적이었다. 물론 그 배경에는 38선 이북에서는 소련이 직접 통치하지 않아도 소련에 우호적인 공산주의 정권이 집권하게 될 것이라는 자신감이 있었다.

이승만과 보수파, 일제 부역 세력은 모스크바 삼상회의에서 결정한 내용 가운데 조선에 대한 신탁통치가 미국의 제안이었다는 사실을 알고 있었을 것이다. 그런데 이 결정이 발표되기 하루 전인 12월 27일 동아일보는 머리기사로 "소련은 신탁통치 주장, 미국은 즉시 독립 주장"이라고 사실과 정반대의 제목을 뽑았다. 이것은 단순 오보가 아니라 노골적인 왜곡 보도였다. 또 한 가지 이상한 점은 본국의 방침이 한국에 대한 신탁통치라는 것을 잘 알고 있는 미군정도 잘못된 보도를 시정하려는 노력을 하지 않았다는 사실이다. 이 보도에는 배후가 있거나 고의적인 방조, 즉 미군정의 공작이 개입했을 가능성이 농후하다.[17] 실제로 하지 중장은 조선에 대한 본국의 신탁통치 안에 부정적이었으며, 공산주의자들의 위협을 막기 위해서는 미군 단독으로 남한을 장악해야 한다고 생각했다.

어쨌든 동아일보 보도를 계기로 중국에서 돌아온 임시정부, 국내 부유층과 부일 협력 세력의 결집체인 한민당, 미국에서 돌아온 이승만 등 보수 세력은 반탁운동의 선두에 서서 대중의 민족 감정에 불을 붙였다. 당시 조선인들에게 또다시 강대국의 통치를 받아야 한다는 사실은 악몽 같은 일이었기 때문에 강력한 분노와 민족 감정이 불타오르게 여지는 충분했다. 한민당의 입장을 대변하던 동아일보와 일제 보수 세력은 미국이 제안한 신탁통치 안을 소련이 제안한 것으로 왜곡한 다음 대중의 반反소련 감정에 불을 붙였다.

8·15 직후 납작 엎드려 있거나 한민당에 들어갔던 일제 부역 세력이 반탁운동을 통해 다시 기지개를 켜고 '애국자'로 둔갑했다. 반면 처음에는 반탁을 주장하다가 갑자기 '모스크바 삼상회의 결정 지지'로 입장을 바꾼 좌익 진영은 소련의 꼭두각시라고 공격을 받게 됐다. 당시 중도 우파나 중도 좌파 지도자들은 신탁통치는 모스크바 삼상회의의 결의사항 중 하나에 불과하기 때문에, 반탁과 찬탁 구도로 대립하는 것은 민족 분열의 위험이 있다고 호소하였다. 하지만 찬탁/반탁 운동으로 좌우의 주도권 싸움이 격렬해진 해방공간에서 '민족 분열을 막자', '신중하게 대처하자'라고 외치는 중도 세력이 설 자리는 없었다. 당시 여운형의 중도 좌파 노선을 지지하던 기자 이기형은 이렇게 말한다.

누가 60년 분단을 만들었느냐 말이지. 반탁 세력이지, 찬탁 세력이 아니거든요. 반탁 세력 때문에 우리는 60년 동안 갈라져 있어요. 그리고 언제 해결될지도 모르고.[18]

2차 세계대전 이전에 산업화나 민주주의의 수준에서 한국보다 월등히 앞서 있던 오스트리아도 종전 후 10년간 신탁통치를 받은 뒤 독립국이 됐다. 오스트리아는 1938년 독일에 병합됐다가 독일 패망 직전에 분리를 선언했다. 이후 오스트리아 임시정부는 좌우 합작에 성공해서 1955년에 완전 독립을 이룰 수 있었다. 물론 당시 조선인들이 모스크바 삼상회의의 결정을 받아들였다고 하더라도 이미 대립으로 치닫던 미소 양국이 조선인의 통일된 국가 건설을 계속 지지했을지는 미지수이다. 그러나 조선 임시정부 수립과 신탁통치 실시라는, 냉전 직전 미소 간의 마지막 합의를 조선인들이 거부하는 한 통일국가 수립은 물 건너간 것이나 다름없었다. 남한 사회는 반탁운동으로 좌우가 극단적으로 갈라졌고, 일제 부역 세력은 '우익'을 자처하면서 반대파를 모두 좌익으로 지목·배격하고 곧 단독정부 수립의 길로 나갔다.

일제강점기의 행적이 떳떳치 못한 사람들과 그 후손들은 줄곧 1948년 8월 15일을 건국절이라 주장해왔으며, 최근에는 아예 그날이 사실상 '광복'일이라 주장한다. 급기야 2015년 8월 15일에는 '광복 67주년'이라고 플래카드까지 내걸었다. 1945년 8월 15일, 즉 조선의 온 백성이 환호한 그날이 부일 협력 세력에게는 악몽과 같은 사망 선고일이었고, 남한 단독정부를 수립한 1948년 8월 15일은 그들이 기사회생한 날이었다. 남과 북이 대립하는 한 그들은 계속 자신들이 '좌파'의 위협 앞에서 '자유'를 찾고 나라를 세웠다면서 애국자로 행세할 것이다.

4장
대한민국
보수의

기원

존경하는 국민 여러분. 선배 동료 의원 여러분. 대한민국의 역사는 그 자체로 인류의 발전과 번영의 상징입니다. 식민 지배라는 암흑의 터널을 지나 이 땅에 최초의 자유민주주의 국가를 세웠습니다. 세계가 부러워하고 극찬하는 경제 발전 모델을 선보여 우리 민족의 저력을 과시했습니다. 세계인들이 우리의 음악, 영화, 기술을 사랑하고, 대한민국을 찾아오고 싶어 합니다. 그런 대한민국이 지금 잘못된 정권을 만나 위기에 직면했습니다. 공정이 무너지고, 자유가 지워지고, 대한민국을 흔드는 세력이 기승을 부립니다. 안보 위기와 재정 포퓰리즘은 오늘과 내일을 더욱 불안하게 합니다. 이대로 대한민국이 주저앉아서는 안 됩니다. 다시 일으켜 세워야 합니다.

• 나경원 자유한국당 원내대표, 국회 교섭단체 시정 연설,
  2019년 10월 29일.

) 부일 협력 세력의 기득권 수호 전략 (

지난 75년 동안 한국을 이끌어온 '보수 세력'은 누구이고 어떤 과정을 거쳐 한국의 주류 세력이 되었는가? 그들은 어떤 생각과 어떤 이력을 가졌을까? 8·15 이후 정부 수립까지 3년의 기간을 보면 이후 오늘까지의 대한민국의 거의 모든 것을 이해할 수 있다.

8·15 직전 일본이 항복하리라는 사실을 미리 알고 있었던 조선총독부의 엔도 류사쿠遠藤柳作 정무총감은 총독부 농상과장인 최하영을 거쳐 여운형과 치안권 이양 교섭을 진행했다. 여운형은 엔도의 제안을 실행하기 위해 1945년 8월 16일부로 조선건국준비위원회(이하 '건준') 활동을 시작했다. 여운형은 그날 오후 1시 휘문중학교 운동장에서 다음과 같은 내용의 연설을 했다.

> 우리들은 백기를 든 일본의 심정을 이해하자. 물론 우리는 통쾌한 마음을 금할 수 없다. 그러나 그들에 대하여 우리의 아량을 보이자. 백두산 밑에서 자라난 우리의 힘을 세계 신문화 건설에 바치자.[1]

그러나 건준이 좌우를 포괄하는 모든 조선인을 대표하는 기구로 인정받기에는 여러 가지 험난한 장벽이 가로놓여 있었다.

일본의 8·15 항복 선언으로 일제에 협력했던 조선총독부의 조선인 관리나 지식인들은 큰 충격을 받았다. 당시 총독부 아래의 조선인 관리는 고등문관 400여 명을 포함하여 약 4만 5000명이었고, 여기에 만주국 관리 출신 3000여 명이 더 있었다. 동포들 앞에 나선 엽치기 없었던 이들은 항복 선언 이후 며칠 동안은 숨어서 지냈고 거의 출근도 하지 않았다. 일제의 징병과 징용, 창씨개명, 위안부 동원 등의 업무를 실행하던 말단 경찰이나 관리들은 주민들에게 끌려나와 린치를 당하기도 했다.

이런 혼란 속에서 그간 일제의 탄압으로 지하에 숨어 있던 공산주의자들이 가장 빠르게 움직였다. 그들은 와해됐던 조선공산당을 재건하고 미군이 진주하기 직전인 9월 6일에 인민공화국(이하 '인공') 건국을 선포했다. 한편 좌익의 움직임에 맞서서 일제에 자치를 청원한 소극적 독립운동 세력과 일제 말 전시 총동원 체제에 협력·복종했던 부일 세력, 지주 등 보수 세력은 한민당으로 결집했다.

부일 협력 세력은 자신의 과거를 덮고 살아남기 위해서 명분이 필요했다. 그들이 해외 우파 독립운동의 상징인 임시정부를 '절대 지지'한 것은 살아남기 위한 필사적인 자구책이었다. 이들 보수 세력의 간판인 송진우가 좌익의 협력 제안을 거부한 이유는 자신들의 재정이나 인력이 다른 어떤 세력보다 앞선다는 자신감이 있었기 때문이다.[2] 따라서 일제하에서 민족의 독립보다는 자신의 기득권을 지키는 데 더 치중했던 세력이 주축이 된 한민당은 국내외 좌익·중도 독립운동 세력과 머리를 맞대고 민족의 미래를 구상할 자격이 없었다.

개인이나 집단이 어떤 일을 '절대 지지'하거나 '절대 배격' 할 때는 반드시 이유가 있는 법이다. 자기방어를 위한 심리적 이유가 클 것이다. 권력과 돈, 즉 기득권 수호가 그 기본 동기가 된다.

당시 조선 민중의 압도적 다수는 좌우익의 협력과 자주독립을 염원하고 있었다. 그러나 일제강점기 항일운동 전선에서 골이 깊게 갈라진 좌우 양쪽 진영은 미군이 한반도 남쪽에 진주한 이후에는 본격적으로 대립하기 시작했고, 두 세력 간의 갈등은 걷잡을 수 없는 상황으로 치달았다. 건준 내부에서도 좌우 갈등이 발생했는데, 그때 박헌영이 주도하는 좌익이 인공을 선포하자 한민당에게는 좋은 공격 거리가 생겼다. 한민당 지도부는 아직 조선 사정을 제대로 이해하지 못한 미군정이 인공을 부인하도록 설득했고, 아널드 군정장관은 10월 10일에 "남한에는 미군정 외의 다른 정부가 있을 수 없다"는 강경한 성명을 발표했다.

좌익이 정국의 주도권을 잡기 위해 미군 진주 직전에 인공 건국을 선포한 것은 어이없는 일이자 매우 졸속한 조치였다. 마찬가지로 한민당의 인공 비판 성명에서 나온 '발악', '인심을 현혹', '방약무인', '민심혹란', '광태', '반역적 언동' 등의 용어도 대단히 비신사적이고 험악한 말들이었다. 성명은 그 내용보다도 표현 수준이 볼 만한 문서였다.[3] 8·15 이후 보수 세력이 낸 첫 성명이 인공을 공격하는 것이었으며, 내용도 험악한 언사로 가득 차 있었다는 사실에서 그들의 불안을 짐작할 수 있다. 이 장면은 이후 한국의 보수 우익이 걸어가게 될 길을 예고한다.

일제의 폭압적 식민 통치 때문에 어떤 항일 독립투쟁 세력이나 지도자도 조선인들에게 배타적인 권위와 지도력을 행사할 수 없었고, 해방 직후 조선은 두 강대국이 주도하는 국제 정치의 흐름에 적응해야 하는 상황이었다. 이 점을 감안하면, 8·15 이후 부일 협력 세력을 제외한 모든 정치 지도자들은 노선과 이념이 다른 세력을 무조건 배척해서는 안 될 상황이었다. 그럼에도 좌익의 인공은 자신들만이 유일한 대표라고 자임했고, 한민당은 대한민국 임시정부에 대한 '절대 지지'를 반복하면서 건준과 인공을 원수처럼 여겼다.

) 미군정의 우익 편향 정책 (

서울에 도착한 진주군 사령관 하지 중장과 조선총독 아베 노부유키阿部信行가 항복 조인식을 하던 1945년 9월 9일, 장안에는 '미군 사령부에서 영어를 해독하는 사람들을 찾고 있으니 해당자는 내일 점심 지나 조선호텔로 나오라'는 통문이 돌았다.[4] 다음 날 오후 1시가 지나자 본관 1층 건물에 오천석, 조병옥, 이훈구, 이대위 등 미국 유학 경력이 있거나 영어를 잘하는 50여 명이 모였다. 이 '조선인 유지 초청 간담회'는 미군과 조선인의 최초의 공식적인 접촉이었다. 이 자리에서 미군은 몇 사람에게 군정청의 조선인 부처장 역할을 부탁했다. 사실 이 만남은 그날 오전 10시에 정일형, 이묘묵, 최순주 3인과 군정청이 미리 짜놓은 계획에 따라 이루어진 것이다. 그리고 10월 5일 미군정은 여운형, 조만식, 송진우, 김성수 등 각계 인사 11명을 군정장관 고문으로 임명했다(이 가운데 조만식은 북한에 있었으며, 여운형은 첫 회의 후 사퇴했다).

한편 하지 중장의 특별보좌관 이묘묵을 비롯한 한국인 통역관들은 겉으로는 하지와 미군 간부의 입 노릇을 했지만 실제로는 미군정의 정책을 좌우하는 실력자로 행세했다. 특히 이묘묵의 힘은 '남조선 땅덩어리의 반을 먹을 만큼 막강했다'는 말이 나올 정도였다.[5] 또한 미군정은 천주교의 대표적 지도자였던 노기남 주교에게 정치인 60명을 추천해달라고 부탁했다. 노기남 주교는 김성수, 장덕수, 김병로 등 보수 인

사를 중심으로 추천하면서 "좌익 계열의 민심 선동 모략에 특별 조치를 취해달라"고 요청했다.[6]

미군정은 본국 국무부의 지령에 따라 공식적으로는 어떤 정치 세력의 손도 들어주지 않았다. 미국이 임시정부가 조선을 대표한다고 보지 않았기 때문에 임시정부 요인들은 개인 자격으로 두 차례에 걸쳐 돌아왔고, 그나마도 2진은 서울이 아닌 목포 비행장으로 귀국했다. 이승만 역시 개인 자격으로 귀국했지만, 미군정의 특별 배려를 받았다. 그가 귀국하자 미군정은 직접 환영대회를 개최했으며, 사령관인 하지가 특별히 그를 소개하면서 미국이 그를 지지한다는 신호를 보냈다.

미군정은 항일 경력을 가진 민족주의자들을 사실상 좌익과 동일한 집단으로 보면서 경계했다. 그들의 통치에 순응하지 않는 좌익이나 민족주의자에게 자리를 주지 않고 '행정 기술 능력'을 가진 관리, 즉 일제 부역자를 그대로 유임시켰다.[7] 맥아더의 포고에도 나와 있듯이 38선 이남에 들어온 미군정은 이 지역에서 자신들이 배타적인 통치권을 행사해야 한다고 생각했으며, 일제의 질서가 그대로 유지되기를 원했다. 그러자 대세에 적응하는 데 탁월한 감각을 가진 부일 협력 세력은 확고한 친미반소의 입장을 취했고, 미국의 의중에 따라 공격적이고 비타협적인 반공주의 노선을 내세웠다. 일제하에서 민족적 자존심을 팽개치고 침략전쟁에 부역했던 과거는 분명히 수치스러운 것이었고 그 일부는 분명 그렇게 생각했지만, 그들은 그 수치심을 자기 보존을 위한 공격성으로 드러냈다. 과거 독일도 1차 세계대전의 패배로 수치심을 갖게 되었지만, 히틀러가 독일 민족의 영광을 되찾겠다고 나서자 곧바로 수치심을 떨쳐버리고 민족주의 기치 아래에서 공

격적인 태도를 취했다. 해방 후 친일파도 그러했다.[8]

　오랜 세월 미국에서 자유주의와 반공주의 사상을 몸에 익힌 이승만은 해방 이전부터 일제가 물러간 조선에 공산주의 세력이 영향을 미칠 것을 걱정했다. 그래서 처음에는 같은 우익 세력인 임시정부를 지지했다. 귀국 후에는 자신의 미국 인맥, 기독교 인사, 식민지에서 군·관료·경찰 하수인 역할을 했던 사람들과 손을 잡았으며, 극히 평판이 좋지 않은 친일 기업가들로부터 정치자금을 받았다. 대한경제보국회 소속의 기업가들이 그들이다. 이들은 일제 부역 행위를 면죄받기 위한 보험 차원에서 자신의 이익을 대변해줄 것으로 기대되는 이승만에게 정치자금을 제공했다.[9]

　결국 미군정에 적극적으로 협력했거나 미군정이 직접 고용한 미국 유학파 지식인들과 기독교인들은 우익 일색이 되었다. 앞서 미군정이 군정장관 고문으로 임명한 11명 중 7명이 한민당원이었고 대부분 지주 출신 혹은 기독교 인사였다. 이들에 대해 시사주간지 『타임Time』의 모스크바 지국 통신원이었던 리처드 라우터바크Richard Lauterbach는 "조선인들에게 반목과 무시를 받고 있는 인물들"이라고 평가했다.[10]

　좌익 세력이 일본인들이 남긴 재산(귀속재산)을 압류하려 하자 미군정은 서둘러 그것을 장악하려 했다. 「법령 33호」를 발표해서 일본 정부가 소유하고 있는 모든 재산을 군정청의 소유로 했다. 표면적으로는 이후 조선 정부가 수립될 경우 그들이 처리하도록 하자는 취지를 내세웠지만, 실제로는 대소련 전략, 즉 소련이 지배하고 있는 북한의 위협을 막아내고 자신이 점령한 지역에서 자본가 세력을 육성하기 위한 정책적 노선의 일환이었다.[11] 뿐만 아니라 미군정은 1946년에서

이승만 입국 환영식

1945년 10월 조선총독부(당시 미군정청)
앞에서 열린 행사. 사진 정중앙에 앉아 있는 이가
이승만이다. 그 옆에 선글라스를 낀 인물이 존
리드 하지다.(ⓒdok1, 플리커)

1947년 사이에 최소 5300만 원 이상의 현금을 우익 지도자들에게 지원했다.[12] 특히 한국에 주둔한 미군 24군단 정보참모부 971방첩대는 막대한 비자금을 운용했는데, 이 돈은 주로 좌익 수사와 탄압, 우익 지원에 사용되었다. 미국은 CIA를 동원해서 일본에서도 자민당의 결성과 성공을 위해 막대한 자금을 지급하는 등 동아시아 전역에서 우익을 지원하고 좌익을 견제하는 정책을 폈다.[13]

입법·사법·행정을 장악한 미군정은 남한 정치 세력의 판도에 가장 결정적인 영향을 미쳤다. 미군은 일본과 조선에 동시에 진주했지만 두 나라에서 펼친 정책은 판이하게 달랐다. 일본은 군사적으로 점령하되 직접 통치하지는 않고 기존 정부를 유지했다. 일본 정부는 맥아더 사령관의 명령에 따라 「평화헌법」을 제정하고 전쟁을 초래한 군국주의를 해체하는 개혁을 추진했다. 맥아더 사령부는 1945년 10월 4일 「인권지령」을 내려서 과거 제국주의 파시즘을 지탱하던 법률을 폐지했다. 또한 천황의 하수인으로 침략주의의 핵심 역할을 한 특별고등경찰(이하 '특고') 조직을 해체하고 관계자들을 파면했다. 그 결과 특고과장 및 외사과장 558명을 포함해 특고 관계자의 절반에 해당하는 4990명이 파면됐다. 그러나 일본 군국주의 시절의 사상 검사들은 「인권지령」의 척결 대상에서 빠져 있었기 때문에 대부분 살아남았고 이들은 이후 공안검사로 변신했다.[14] 그 밖에 자치경찰 제도를 도입하는 등 경찰 민주화 조치를 실시했다. 반면에 남한에서는 조선인 대표를 선출하지 않고 직접 통치했을 뿐만 아니라, 오히려 식민지 시대의 통치 질서를 그대로 유지하는 데 치중했다.[15]

경찰국가였던 조선총독부의 잔재를 없애려면 경찰 조직의 개혁이 가장 시급한 문제였다. 미군정은 조선 경찰이 '철저하게 일본화됐으며 폭정의 도구로 능률적으로 사용'되었던 점은 물론, 일제의 경찰에 대한 조선인의 원한이 얼마나 큰지도 잘 알고 있었다. 하지만 경찰이라는 통치 도구는 미군정에도 필요했으며, 조선인 경찰들이 일본에게 봉사했던 것처럼 자신들에게도 충실하게 봉사할 것이라고 기대했다. 미군정은 경감급 이상의 100퍼센트, 경위급의 75퍼센트를(경위와 경감은 경찰의 초급 간부 직급이다) 일본 경찰 출신으로 채웠다.[16] 검찰의 경우 1948년 8월 15일 정부 수립 당시 145명의 검사 가운데 142명이 일제에 부역했던 사람들이었다.[17] 한술 더 떠서 미군정은 일제 부역자들을 한 계급씩 올려서 등용하기도 했다.

군정청 경무국장 조병옥은 일제강점기부터 알고 지냈던 독립운동가 출신 경무국 수사국장 최능진을 "국립 경찰의 사기를 진작하고 명령 계통을 확보하는 데 유해하다"며 파면했다. 그러나 당시 수도경찰청장 장택상은 최연, 노덕술, 이익흥, 최진하 등 조선인 항일운동가를 체포·고문하는 일로 악명이 높았던 경찰 간부들을 적극적으로 기용했다. 미소공동위원회에 참석하기 위해 서울을 방문한 소련 대표가 "애국지사와 독립운동가를 희생시킨 악질 경찰관을 그대로 기용한 점"에 대해 비판하자 장택상은 "모르는 소리 마시오. 당신이 존경하는 레닌도 권력을 장악한 뒤 제정 러시아 경찰을 그대로 쓴 사실을 모르는가. 경찰은 어디까지나 기술직이다"라고 맞받아치기도 했다.

미군정은 항일운동 경력이 있는 민족주의자들을 사실상 좌익으로 간주했다. 자신들의 통치에 순응하지 않는 좌익과 민족주의 세력보다는 '행정 기술'을 가진 일제의 관리들을 좋아했다. 그래서 시민 통치의 하수인들을 유임시켰다. 일제 부역 세력을 다시 기용한 미군정의 정책은 본국 국무부의 방침을 노골적으로 무시한 것이었다. 국무부가 보낸 최초의 「기본훈령」에는 "일본에 협조한 법조인과 경찰을 쫓아내라"는 지시가 담겨 있었다. 그러나 남한 사정도 모르고 행정 훈련도 받지 않은 채 갑자기 남조선 통치를 맡게 된 미군정 장교들은 반공·반소 입장이 확고한 일제 경찰이나 군 출신자들을 이용할 가치가 있다고 판단했다. 미 본국의 삼부조정위원회는 도쿄의 맥아더 행정부가 조선에서 친일 경력이 있는 관리를 기용하는 정책을 비판하며 우려를 표했다. 1946년 남한을 방문한 『시카고선Chicago Sun』의 기자 마크 게인Mark Gayn은 이런 모습을 보고 "개혁과 복구에 대한 열망보다도 공산주의에 대한 공포가 미군의 조선 정책의 확고한 기반이 되어 있음을 발견했다"고 토로했다.[18]

미군정은 좌익 경력이 있는 사람이라도 필요하면 정보 업무에 기용했다. 그 대표적인 예가 박정희다. 그는 해방 후 남로당 비밀당원으로 활동했지만, 1948년 10월 여순 사건 직후 숙군 과정에서 사형을 선고받았다. 이때 미군정 고문관 제임스 하우스먼James H. Hausman은 그에게 동료를 밀고하면 살려주겠다고 제안했다. 결국 박정희는 남로당 동료를 밀고한 대가로 군복은 벗되 문관으로 정보 업무를 담당하게 됐다.[19]

미군정은 조선총독부보다 더 중앙집권적인 새 경찰 조직을 창설했고, 소련과의 냉전 대립이 본격화되기 전인 1946년 1월에 일본군 출신 조선인 장교들을 중심으로 남조선국방경비대를 발족시켰다. 이로써 이후 대한민국의 핵심 국가기관이 된 군과 경찰은 처음부터 미군정의 계획 아래 일제 식민지의 하수인들로 채워지고 말았다.

) 미군정이 만든 대한민국 (

미군정이 보수 세력의 손을 들어준 것, 즉 식민지 관료와 경찰을 그대로 기용한 정책은 미국이라는 국가의 성격이나 태평양전쟁기의 짧은 기간을 제외한 1905년 이후 일관된 일본 지지 정책에 비추어보면 충분히 예상할 수 있었던 결과다. 그것은 이후의 대한민국사를 좌우한 가장 결정적인 선택이었고, 일제 편에 서서 동포를 핍박했던 사람들은 어떤 방식으로라도 처벌되어야 한다는 조선인 일반의 상식과 도덕 감정, 즉 불의에 대한 분노를 뭉개는 선택이었다.

전쟁이 끝나면 대체로 승자는 패자를 처벌하고 국제 사회는 전범자를 단죄한다. 600만 명의 유대인을 학살한 히틀러와 나치 간부들은 패망 시점에 자살을 하거나 곧이어 열린 뉘른베르크 재판에서 심판을 받았다. 일본을 점령한 미국도 태평양전쟁을 일으킨 전범자들을 어떻게 처벌할 것인지를 처음부터 검토했다.

맥아더 사령부는 우선 20만 명 이상의 일본인을 공직에서 추방했다.[20] 그리고 전쟁범죄에 협력한 미쓰비시·미쓰이·야스다·스미토모 등 4대 재벌을 해체했다. 이 과정에서 67개의 주요 회사와 3658개의 자회사·손자회사가 정리됐다. 그런 다음 1946년 5월 도쿄에서 전범 재판을 열었다.

하지만 당시 국제적으로 냉전의 기류가 형성되면서 동아시아에 소련에 대항하는 반공기지를 건설하는 일이 일본의 민주화보다 시급한

(위) 이승만과 친일 경찰

한국전쟁 발발 전 이승만과 경찰 간부들을 찍은 사진으로 추정된다.

(아래) 국방경비대 창군식

1946년 1월, 일본군 출신 장교들을 중심으로 남조선국방경비대가 창설되었다.
(ⓒdok1, 플리커)

과제로 부상했다. 결국 도쿄 재판에서 미국은 전쟁의 최고 책임자인 천황을 처벌 대상에서 제외했고, 이용할 가치가 있는 대다수 전쟁범죄자들을 살려주었다. 심지어 자신들이 만든 새 헌법으로 천황의 지위를 유지시켰고, 이후 천황은 미일 동맹의 가장 강력한 지지자가 됐다. 중국인과 조선인을 생체 실험한 극악한 전쟁범죄 집단인 731부대 출신들도 처벌을 면제받는 조건으로 미국에 의학 정보를 제공하고 또다시 발탁됐다.[21] 결국 권력의 정점에서 명령을 내린 천황은 처벌을 피하고, 명령을 따른 사람들은 처벌받는 어이없는 일이 벌어졌다.

그렇다면 일본의 폭압적 지배와 "아무런 명분 없는" 전쟁을 적극 지지했던 조선인, 즉 일본 제국주의의 하수인들은 어떻게 처리됐을까? 일제 말에 일본의 침략전쟁을 공개적으로 지지한 지식인, 일제의 전쟁 수행 비용을 후원하고 위안부 강제 모집 활동을 했던 말단의 조선인 관리나 경찰은 어떻게 처벌되었어야 할까? 강압이 있었다고는 하지만 일본의 억압과 조선인의 노예화를 찬양하며 조선 청년들을 전장으로 내몬 사람들은 누가 어떻게 벌을 내렸어야 할까?

남양군도 등지에서 일본군 군속이 되어 연합군 포로를 학대한 조선 청년들 일부는 B, C급 전범으로 분류되어 영국과 네덜란드 법정에서 처형되기도 했다(전쟁범죄로 유죄 판결을 받은 한국인 148명—사형 23명, 무기징역 18명, 유기징역 107명—가운데 129명이 포로 감시원이었다).[22] 그러나 맥아더 사령부가 점차 일본의 전범들도 살려주는 쪽으로 선회한 마당에 일본의 하수인에 불과했던 조선인을 처벌하는 일에 무관심한 것은 당연했다. 이제 그것은 조선인끼리의 몫으로 돌아왔다.

미군정이 일제의 경찰과 관리들을 처벌하기는커녕 오히려 저극저으로 활용하자 이들 악질 부역자들에 대한 조선인들의 분노는 사적인 보복으로 표출됐다. 전국 각지에서 일제에 부역한 경찰과 관리에 대한 보복 테러가 발생했다. 경북 왜관에서는 주민들이 경찰서장을 돌로 쳐 죽이는 일도 있었다.[23] 8·15 직후의 남한 사회는 언제 폭발할지 모르는 화약통이었다.

일제 부역자들에 대한 분노 여론이 비등했지만 좌익 세력을 제외하면 어떤 정치 세력도 그들을 처벌하자고 주장하지 않았다. 그러던 가운데 신탁통치 반대운동이 일어나자 좌/우, 친미/친소의 대립 구도가 정국을 압도하면서 좌익 세력의 목소리마저도 쏙 들어갔다. 1945년 12월 28일 모스크바 삼상회의에서 한국에 대한 5년간의 신탁통치가 결정되자 이승만은 김구와 더불어 반탁운동의 선두에 섰다. 이 과정에서 일제 부역 세력은 독립촉성국민회 등에 참여해 반탁운동에 적극 뛰어들었고, 해방 초기의 '민족 대 반민족'의 갈등 구도를 '좌익 대 우익'의 대립 구도로 전환하는 데 성공했다.

결국 전후 미소 대립의 불가피성을 예상하고, 미국이 지원하는 단독정부를 구성하려던 이승만에게 유리한 상황이 조성됐다. 좌우 양쪽 진영의 정치 지도자들은 미국과 소련이 한반도를 분할 점령한 상황을 자신들의 입지를 강화하는 데 활용했고, 통합보다는 한쪽 편에 서서 다른 편을 극단적으로 배격하는 데 사활을 걸었다.[24]

1945년 2월, 당시의 미 국무부 극동국장 조지프 밸런타인Joseph Valentine은 비망록에서 일제하 미국에서 활동하던 이승만 등에 대해 다음과 같이 평가했다.

미국 내 일부 조선인 대변자들이 조선인들의 국민적 이익 확대보다 자신의 개인적 이해 및 특정 집단의 이해 증진에 더욱 관심이 있는 것 같으며, 일부는 개인적 공명심을 선호하고 일부는 자신이 국무성을 교묘히 조정하여 제 맘에 드는 언질을 얻어내기를 원하고 있는 듯이 보인다. 그들은 사적인 야망에 불타고 있고 대체로 무책임한 자들이므로 접촉에 상당한 주의를 기울여야 한다.[25]

1946년, 드디어 화약통에 불이 붙었다. 1946년 10월 1일 대구에서 시민과 경찰 간에 큰 충돌이 발생했다. 남로당의 9월 총파업으로 촉발된 이 사건은 '추수폭동', '10·1항쟁' 등으로 불린다. 미군정의 쌀 배급 정책 실패로 극심한 식량난에 시달리던 노동자·농민·대중이 항의 시위를 하는 과정에서 경찰과 충돌했다. 대구에서 시작된 소요는 경북 일대를 비롯한 전국으로 확산됐다. 사건의 배후에는 좌익의 '신전술'이 있었지만, 일제 경찰과 끄나풀들이 동포들을 괴롭히는 것에 대한 대중의 분노가 사건을 확대시킨 기반이었다.[26] 맥아더도 이 사건이 부일 협력자들의 잔존과 일제하 조선인 관리의 부패 때문에 벌어졌다고 분석했을 정도로 식민 잔재 청산은 반드시 넘어야 할 산이었다. 10·1항쟁은 결국 미군정에 의해 진압됐고, 이후 경찰은 시위 가담자들에게 보복을 가했다. 그러자 일부는 인근 산지로 들어가 게릴라투쟁을 전개하기도 했다.

대구 10·1항쟁은 대한민국의 이념 대립·정치 갈등·국가 폭력의 발원지였다. 이 사건 이후 미군정은 좌익을 불법화했고, 남한에서 중도 정치 노선이 설 자리는 사라졌다. 테러와 폭력이 전국에 만연했고, 숨죽이고 있던 친일 관료·경찰·군인들은 미군정의 요직을 차지했다. 이후 미군정은 친일·친미·기독교 지도자들에게 일제가 남기고 간 재산을 불하拂下하여 그들이 대한민국의 주류 세력으로 등장할 수 있는 물질적 기반을 마련해주었다. 최인훈은 소설『광장』에서 월남자의 입을 빌려 당시 남한을 설명한다.

이남에는 (…) 비루한 욕망과 탈을 쓴 권세욕과 그리고 섹스뿐이었습니다. (…) 일본 놈들 밑에서 벼슬을 지내고, 아버지 같은 애국자를 잡아 죽이던 놈들이 무슨 국장, 무슨 처장, 무슨 청장 자리에 앉아서 인민들을 호령하고 있습니다.[27]

) 식민지 잔재 청산 (

1947년 7월 남조선과도입법의원은 「부일 협력자·민족 반역자·간상배에 관한 특별법률 조례」를 제정해서 일제에 부역한 인사들을 처벌하려 했으나 미군정은 이 법의 공포를 허락하지 않았다. 1948년 정부 수립 직후에도 일제 부역 세력 청산이 최우선 과제로 떠올랐다. 제헌국회는 1948년 9월 7일 「반민족행위처벌법」(이하 「반민특위법」)을 가결했다. 이에 따라 반민족행위특별조사위원회(이하 '반민특위')가 구성되고, 화신재벌의 박흥식과 최남선·이광수 등 지식인, 노덕술·김태석 등 친일 경찰이 속속 체포됐다. 그러나 극우단체들은 반공구국 총궐기대회를 열어 국회의 공산당 프락치를 숙청하자고 위협했고, 대통령 이승만은 이들을 적극 옹호했다.

일제강점기에 악명 높았던 고등경찰 출신 노덕술이 체포되자 이승만은 해방 후 치안 확보의 공로를 들어서 석방을 요구했다. 특별검찰관이 구속되고 소신 있는 검찰관이 사퇴하는 등 반민특위는 사실상 기능 정지 상태에 빠졌고, 결국 1949년 6월 6일 특별경찰대가 강제로 해산당하고 「반민특위법」이 개정된 뒤 업무 개시 8개월 만인 10월에 해체되었다.

이미 친일 부역 세력이 정부 요직을 장악한 '반공 정권'의 입장에서 친일을 단죄하자는 반민특위의 활동은 큰 걸림돌이었다. 청록파 조지훈 시인의 부친이기도 한 조헌영 의원은 반민특위 탄압에 대해 다음과 같이 비판했다.

현 정부는 민족 반역자에게 정부를 갖게 하고 친일 반역자 처벌을 주장하는 사람들을 공산당의 앞잡이, 민족 분열을 일으키는 악질 도배로 몰아감으로써 국민의 지지를 받지 못하고 있다.[28]

이로써 식민지 청산이라는 시대적 과제는 좌절됐다. 형식적으로는 일제 부역 세력이 친미 정권의 주역으로 옷을 갈아입은 것이며, 내용적으로는 자주독립국가 건설의 법적·도덕적 초석이 될 수 있는 정의와 민주주의 원칙, 국민 교육과 학문의 기본을 세울 수 없게 되었다. 이런 상황을 두고 일제강점기 고등문관 출신 관리들 가운데 거의 유일하게 자신의 과거를 참회한 전 홍익대학교 총장 이항녕은 다음과 같이 술회했다.

내가 소위 사회 지도층에 속한다는 것도 만화요 웃기는 일입니다. (…) 나의 최대 관심사는 이렇게 하면 하루라도 더 오래 안일한 생활을 계속할 수 있나 하는 것입니다. 이 더러운 욕망은 하필 오늘의 나의 철학이 아니라, 일제 시대부터 내가 만고불멸의 철칙으로 알고 지켜온 나의 확신입니다. (…) 오늘의 우리나라에서 진정한 학문이 없고 진정한 교육이 없는 것은 모두 나와 같은 파렴치한 때문입니다. 나는 그것을 깊이 참회하고 있습니다.[29]

부일 협력자는 애국자로 둔갑했다. 이들은 좌익은 물론 우익 성향의 항일 민족주의 인사까지 위험인물로 몰아 정치적으로 탄압하고 심지어 1948년부터 한국전쟁 전후 기간에는 학살하기도 했다. 이승만과 맞붙었다가 군법회의에서 사형을 선고받고 전쟁 중 처형당한 최능진의 경우가 대표적이다. 일제의 하수인들은 자신의 돈과 지위만 보전할 수 있다면 일본의 지배가 계속되어도 좋다고 생각했던 사람들이기 때문에 분단이나 새로운 외세의 지배를 거부할 이유가 없었고, 이승만은 그들의 이익을 옹호하는 가장 믿음직한 우군이었다. 오늘날 대한민국의 보수 세력은 이런 과정을 거쳐 만들어졌다.

5장
왜 국가보안법은
헌법 위에

군림해왔나?

사람들이 정부가 북한의 실체를 인정하면서도 반국가단체로
규정하는 것은 편협한 반공 논리에 사로잡혀 있어서 그런 게
아니냐는 오해를 하고 있다. 현행 헌법 3조는 '대한민국의
영토는 한반도와 그 부속도서로 한다'고 규정하고 있고 한반도
안에는 두 개의 주권이 있을 수 없다는 대법원의 판례가 확립된
헌법 해석이다. 하위법이 상위법을 거스를 수 없다. 헌법에서
북한을 국가로 인정하지 않는데 하위법인 국가보안법에서
북한을 국가로 인정할 수 있는가. 국보법을 개폐하려면 먼저
헌법을 개정해야 한다.

• "대한민국 국민이라면 국가보안법 폐지 주장 못 한다"
  (공안검사 고영주 인터뷰), 월간 말, 1994년 4월호.

) '해방공간'의 좌익 숙청 (

우리가 살고 있는 대한민국은 '외세로부터 자주적이고 국민들이 주권을 가진'이라는 사전적 의미의 주권국가일까? 1945년 8월 15일 한반도는 일제의 식민지에서 해방됐고, 1948년 8월 15일 대한민국 정부가 수립되었다. 정부가 수립되어 이제 어엿한 '국민'이 된 사람들이 여전히 일제하에서 훈련받은 경찰과 관리들의 폭력과 간섭에 신음한다면, 군의 운영과 나라 경제가 미군의 지도와 지원 없이는 유지되지 않는다면, 그 나라를 주권국가로 볼 수 있을까? 독립을 위해 모든 것을 바친 사람들이 생명을 위협받고 살해당하는 나라를 과연 해방된 주권국가라 말할 수 있을까?

미군정에서 10개월간 근무하고 본국으로 돌아간 해리 셔먼Harry B. Sherman 병장은 1947년 4월 2일 해리 트루먼Harry Truman 대통령에게 다음의 내용이 담긴 편지를 보냈다.

나는 일찍이 볼 수 없었던 잔혹 행위를 보았습니다. 이것은 나치하에서 어떤 일이 일어났는지 짐작할 수 있는 사건이었습니다. 통영에서 공산주의 혐의를 받던 운동선수는 경찰에게 제 발로 서 있기 힘들 정도로 폭행을 당했습니다. 이어서 경찰은 그에게 '푸시업'을 시켰고 결국 그는 쓰러졌습니다. 움직이지 않는 그를 뒤집어보니 숨이 끊겨 있었습니다. 경찰은 300여 명의 주민을 무작위로 잡아다가 경찰서 앞에 4시간 동안 무릎 꿇고 앉아 있게 했습니다. 그중 몇 사람을 선별해서 경찰서 안으로 끌고 가서 고문했습니다. (⋯) 몇몇이 밖으로 뛰어나와 우리에게 저들(경찰)을 죽이거나 쏴달라고, 그리고 고문을 중지시켜 달라고 빌

없습니다.[1]

경찰의 잔혹한 고문과 폭력은 1946년 대구 10·1항쟁 이후 남한 전역으로 확산됐다. 매일 전국에서 우익 테러가 벌어졌고, 그것을 막을 수 있는 법이나 공권력은 존재하지 않았다.

일제는 헌병경찰의 폭력에 의존한 테러 통치를 했으며 조선인에게 어떤 자치권도 허용하지 않는 등 주권을 완전히 박탈했다. '해방'됐다는 조선에서 일제의 경찰이 다시 살아나 항일투사와 민족주의자들에게 일제 때보다 더 심한 폭력과 고문을 가했고, 좌익과 우익은 서로를 원수처럼 적대했다. 게다가 미군정의 식량 배급 정책 등 경제 정책 실패로 대다수 조선인들은 패전국 일본인들보다 훨씬 비참하게 살았다.

1948년 5월 10일 남한에서 단독정부 수립을 위한 선거가 치러졌다. 그것은 이승만이 1946년 6월 10일 정읍에서 단독정부를 최초로 언급한 뒤 미국이 조선 문제를 유엔으로 이관한 결과였다. 좌익은 이미 거세되거나 월북한 상태였고, 단독정부 수립이 한반도의 영구적인 분단을 초래할 것을 우려한 김구와 임시정부계 민족주의 세력은 총선거에 참가하지 않았다. 각계각층의 대표, 특히 평생을 조국 독립에 바친 사람들은 자의로 선거에 불참하거나 경찰과 우익단체의 방해로 출마 기회를 박탈당했다. 이때 벌어진 선거 폭력을 목격한 외국인들은 이후 수립된 이승만 정권을 '초반동정부'라고 부르기도 했다.[2]

앞서 언급한 최능진이 맞닥뜨린 참혹한 상황은 대한민국의 성격을 잘 보여준다. 8·15 직후 이북에서 건국준비위원회 활동을 하다가 소련군의 탄압을 받아 월남한 그는 미군정의 경무국 수사국장으로 발탁

되었으나 친일 경찰 등용과 부패에 항의하다가 좌천됐다. 이후 5·10 총선 때 이승만의 출마 지역인 서울 동대문 갑구에 출마했지만, 선거관리위원회는 그가 선거법을 위반했다는 이유로 후보 등록을 취소했다. 이후 이승만은 대통령이 되자마자 자신에게 도전한 최능진을 '국가 전복 기도'라는 죄목으로 기소했다. 최능진은 1심에서 3년 6개월이라는 가벼운 형을 받았지만, 김구 암살 직후 옥중 단식투쟁을 했다는 죄목이 더해져 2심에서 징역 5년으로 형량이 늘어났다. 그는 형무소 수감 중 6·25한국전쟁이 터지자 인민군 치하의 서울에서 정전·평화운동을 벌였다. 그 일로 군법회의에서 사형을 선고받았고, 1951년 2월 11일 대구 인근에서 처형당했다.[3]

단독정부 수립을 두고 벌어진 갈등은 조선 말의 '개화 우선파'와 '독립 우선파' 간 갈등의 재현으로 볼 수 있다. 개화파의 후예들은 미국식 자유주의 체제를 수립해야 한다고 했고, 독립파의 후예들은 민족통일이 최우선 과제라고 강조했다. 이번에도 김구·김규식 같은 신독립파들은 미국을 등에 업고 단독정부 수립을 주장한 이승만과 한민당 그리고 그들을 지지한 신개화파, 즉 부일 협력 세력에게 밀려났다. 자주독립파, 즉 민족주의자들은 통일된 국가 없이는 자유도 민주도 없다고 말했지만, 친일·친미 세력은 공산주의자들과 더불어 사느니 차라리 분단이 낫다고 주장했다. 두 세력의 갈등은 사실 계급 간의 갈등을 어느 정도 반영하고 있으며, 미국 주도의 자본주의 세계 질서에 편승할 것인가 아닌가의 문제와 연관되어 있다.

이 시기에 제주도에서는 좌익 게릴라의 주도로 총선과 단독정부 수립을 거부하는 4·3봉기가 일어나 선거를 치를 수 없었다. 이를 진압하기 위해 파견된 국방경비대 14연대 내부의 좌익 세력은 동족끼리 피를 흘릴 수 없다고 진압을 거부하며 여수에서 반란을 일으켰다. 제주도나 여수에서 무정부 상태가 오래 지속되면 미국이 한국 정부의 지도력을 의심할 것이라 우려한 이승만은 다음과 같이 강경한 토벌을 지시했다.

남녀 아동까지라도 일일이 조사해서 불순분자는 다 제거하고 조직을 엄밀히 하여서 반역적 사상이 만연되지 못하게 하며 앞으로는 어떤 법령이 발표되더라도 전 민중이 절대복종해서 이런 비행이 다시 없도록 방어해야 할 것이다.[4]

반도 및 절도 등 악당을 가혹한 방법으로 탄압하여 법의 존엄을 표기할 것이 요청된다.[5]

급기야 해방된 남한의 제주도와 여수, 순천 등지에서 일제강점기 때도 볼 수 없었던 잔혹한 동족 학살이 자행됐다. 이 사건을 빌미로 몇 년 전까지 광복군이나 항일 빨치산을 토벌하던 일본군 간도특설대 출신자들이 동족 토벌에 동원됐다.[6] 그리고 군부 내의 좌익 숙청 작업이 시작되었다. 육군 정보국은 3000여 명의 군인을 조사해서 150여 명의 남로당원을 색출했다. 명단은 이승만에게 보고되었고, 미군정 고문관 제임스 하우스먼은 매일 상황을 점검했다. 이승만은 공산당과 '불순분자'를 제거하는 일을 국가의 최우선 목표로 삼았다. 좌익 게릴라는 우익 경찰 가족을 학살했고, 군·경 토벌군은 이들에게 협조한 민간인을 무차별 학살하는 등 적대 세력 간의 폭력과 보복이 꼬리를 물고 반복됐다. 차라리 일제강점기가 그리울 지경이었다.

여순사건 이전인 1948년 8월 15일 대한민국 정부가 수립되었고, 국회는 이승만을 초대 대통령으로 선출한 바 있다. 그에 앞서 단독정부 수립과 총선을 반대하던 김구는 1948년 2월 10일 「삼천만 동포에게 읍고함」이라는 성명을 발표하고, 민족의 분단은 사실상의 주권 상실이며 새로운 노예화의 길이자 더 비극적인 내전을 예고한다고 호소했지만, 이미 때는 늦었다.

> 일본과 전쟁하는 동맹국이 승리할 때에 우리도 자유롭고 행복스럽게 날을 보낼 줄 알았다. 그러나 왜인은 도리어 환소歡笑 중에 경쾌히 날을 보내고 있으되 우리 한인은 공포 중에서 죄인과 같이 날을 보내고 있다. (…) 우리가 기다리던 해방은 우리 국토를 양분하였으며 앞으로는 그것을 영원히 양국 영토로 만들 위험성을 내포하고 있다. 이로써 한국의 해방이란 사전상에 새 해석을 올리지 아니하면 아니 되게 되었다.[7]

) 분단은 미완의 독립 (

8·15 직후 발표된 맥아더의 「포고령 제1호」는 조선이 '해방'된 것이 아니라 새 점령군의 군사적 지배에 놓인 상태라는 것을 보여준다. 이후 남한 단독정부가 수립되었지만, 총선에서 정부 수립에 이르는 모든 활동이 유엔의 감독 아래에서 이루어졌고, 정부가 수립된 뒤에도 남한에는 미군이 주둔했다. 극우 세력이 무소불위의 힘을 행사하면서 송진우·장덕수·여운형 등은 정부 수립 전에, 김구는 1949년에 암살

당했다. 남한의 치안은 경찰의 폭력 없이는 유지될 수 없었다.

미국이 주도한 연합국 진영은 일본에게 태평양전쟁의 책임은 물었지만, 그 전에 행한 식민지 지배에 대해서는 문제 삼지 않았다. 유엔을 주도한 미국·영국·프랑스 등 모든 강대국이 식민지를 경영했고 2차 세계대전이 끝난 뒤에도 그것을 포기하지 않았기 때문이다. 연합국은 '평화' 체제를 수립해야 한다고 말했지만, 그들이 말한 '평화'에는 식민지 독립 문제가 포함되지 않았다. 미국은 일본이 항복하기 전부터 일본을 동아시아의 대소련 기지로 만드는 방책을 구상했다.

「샌프란시스코강화조약」이 발효된 1952년 4월 28일까지 한국의 국제법상 지위는 애매했다. 1953년 10월에 진행된 3차 한일회담에서 "「샌프란시스코강화조약」을 체결하기 전에 조선이 독립한 것은 불법"이라는 일본 수석대표 구보다 간이치로久保田寬一郎의 '망언'도 이 맥락에서 나왔다. 결국 1945년 8월 15일 일본의 항복, 1948년 5월 10일 총선과 8월 15일 정부 수립으로 이어진 일련의 사건의 결과로 대한민국이 주권을 갖춘 것이 아니라, 패전국 일본과 승전한 연합국이 맺은 조약의 결과로 주권을 얻었다는 주장이다.

일제강점기에 중국에서 무장 독립투쟁을 하다가 태항산 전투에서 총상을 입어 한쪽 다리를 잃은 조선의용대 '최후의 분대장' 김학철은 나가사키 형무소에 수감되었다가 8·15 이후 석방되었다. 서울로 돌아온 그는 남로당 박헌영에게 환멸을 느껴 1946년 월북했다. 김학철은 종로 YMCA에서 열린 한 집회에 참가했다가 "소련과 미국에 의해 우리나라가 해방됐다"는 박헌영의 연설을 듣고 격분했다.

백범 김구 장례
1949년 7월 5일, 상여가 장례식장인 서울운동장을
출발하고 있다.(ⓒ미국 국립문서기록관리청)

우리 조선의용군은 일본이 투항하는 날까지 끊임없이 무장투쟁을 견지했습니다. 이 나라의 해방을 위해 숱한 사람들이 피를 흘리고 또 목숨을 바쳤습니다. 우리는 누구처럼 팔짱을 끼고 앉아서 남이 해방을 시켜줄 때만을 기다리지는 않았습니다. 굿이나 보고 떡이나 먹지 않았단 말입니다.[8]

그러나 그는 북으로 가서는 김일성 체제에 거부감을 느껴 중국으로 다시 망명을 했다. 이후 평생 동안 중국에서 살다가 1989년 다시 남한 땅을 밟았다. 그는 조선의용대 시절의 동지였던 윤세주와 김원봉의 고향인 밀양을 방문한 자리에서 "분단은 미완의 독립"이라고 말했다. 분단국가는 독립된 주권국가가 갖추고 있는 충분한 국민주권·민주주의·자주외교·자주국방 그리고 국민에 대한 국가의 책임을 보장할 수 없다고 보았기 때문이다.

그의 말대로 통일은 분할된 두 국가가 하나가 되는 것을 넘어 진정한 독립을 이루는 것이고, 독립은 인민주권의 온전한 보장을 의미한다. 민족의 통합 그리고 인민이 주인으로 참여하는 일만이 외세가 개입할 여지를 없앨 수 있기 때문이다.

) 헌법 위의 국가보안법 (

개인의 자유와 존엄성을 보장하는 국가가 주권국가다. 국민이 국가에서 어떤 대접을 받는가, 법이 왕이나 대통령 혹은 국가기관의 권력 남용과 전횡을 막을 수 있는가가 중요한 것이지 형식상의 독립국가 건설이 중요한 것은 아닐 수도 있다. 헌법에서 이 무리 민주 공화국과 국민주권의 원칙을 강조해도 하위법이나 예외법이 헌법을 무시한다면 국민이 온전한 주권을 누린다고 말할 수 없다.

8·15 직후, 어떤 정치 체제를 가진 나라를 건설할 것인지에 대해서 국민들 사이에 느슨한 합의가 있었다. 당시 일본에서는 전쟁의 책임 주체인 천황제를 유지하는 문제가 큰 쟁점이 됐다. 그러나 조선에서는 아무도 군주가 지배하던 조선, 즉 대한제국 시대로 돌아가자는 이야기를 하지 않았다. 조선왕조의 이씨 왕족 중 누구 한 사람도 독립을 위해 투쟁하지 않았던 것은 물론, 오히려 그들은 일본의 작위를 받고 일제의 강점을 받아들였기 때문이다. 이미 1919년 상하이에 임시정부가 수립됐을 때 새롭게 만들 나라를 '민주공화국'으로 설정했다. 사실 일본의 식민지가 되기 이전에 조선인들은 이미 조선왕조를 철저히 버렸다. 1948년 대한민국 헌법 제정 과정에서도 신생 대한민국이 공화제와 국민주권의 원칙을 정치 체제의 바탕으로 한다는 점에는 아무도 반대하지 않았다.

1948년에 제정된 「제헌헌법」은 좌우 양 진영의 입장을 균형 있게 반영하고 있다. 우선 1941년 대한민국 임시정부가 만든 「건국강령」의 정신을 계승했다. 「건국강령」은 3·1운동 이후 합의한 민주공화제·국민주권·기본권·권력분립의 조항을 포함하고 있으며, 재산·교육·권력의 평등을 강조한 독립운동가 조소앙의 삼균주의 정신에 기초했다. 임시정부는 제국주의와 군주정치를 부정하고 독립적인 공화정을 제시하였으며, 사회적으로는 신분 제도를 부정하고 인민의 평등에 기초한 민주정을 지지했다. 그리고 사회주의자들의 평등주의 요구를 수용하여 토지 및 중요 산업을 국유화할 것을 강조했다. 또한 적(일본)에게 부화뇌동한 자, 독립운동을 방해한 자는 피선거권이 없음을 분명히 했다.

「제헌헌법」은 이를 계승하여 "모든 사람의 기회를 균등히 한다", "국민생활의 균등한 향상을 기한다"는 내용을 담았으며, 주요 산업·광산·산림 등의 국유, 국영을 언급하고 있다. 그러나 임시정부가 천명했던 토지 국유화, 중요 산업의 국유화, 적산 몰수 등의 내용은 빠졌다.[9] 결국 「제헌헌법」은 평등과 정의의 가치를 어느 정도 수렴하되 '자유'의 가치에 중점을 두었다. 정부 형태에 대해서는 의견이 갈라졌는데, 결과적으로 이승만이 끝까지 주장한 대통령제가 채택됐다.

「제헌헌법」은 분명히 의회민주주의와 시장경제의 원칙에 서 있었다. 그러나 당시 의원들이 독재의 위험을 알고서도 이승만의 대통령제 주장을 받아들인 것은 공산주의 위협이라는 비상 상황을 인정했기 때문이다. 자유민주주의 가치를 중시할 것인가, 공산주의 위협에 맞서는 것을 우선시할 것인가는 헌법 제정 과정에서도 큰 논란이 되었는데, 결국 후자를 강조하면서 반공의 이름으로 일제의 식민 지배가 남긴 각종 제도·법·인물의 청산을 포기하게 됐다. 조소앙이나 임시정부의 강령은 물론 애초 한민당의 방침에서도 언급되었던 '중요 산업의 국영' 같은 평등주의·사회주의의 정신을 반영한 조항이 빠진 것도 그런 이유였다.[10] 1945년 9월 16일 발표한 한민당의 주요 정책에는 "주요 산업의 국영 또는 통제 관리"가 들어 있고, "토지 제도는 합리적으로 재편성"한다는 내용도 포함되었다는 점을 기억할 필요가 있다.

'인민'이라는 용어를 사용했던 유진오의 헌법 초안이 일제의 용어인 '국민'으로 바뀐 것도 그렇고, 친일파들에게 피선거권을 부여하지 말자는 주장이 묵살된 것도 그렇다. 국민의 권리 부여라는 보편적 취지에서 더 적절하다고 판단했던 '인민'이라는 용어는 대한민국은 반공국가라는 친일파 윤치영 등의 강력한 반발로 일본 제국주의가 사용했던 '국민'으로 바뀌었다.[11] 또한 부일 협력 세력들에게 피선거권을 부여하지 말자는 요구는 「국회의원선거법」에서 사실상 일제의 작위를 받은 극소수의 선거권만을 제한하는 방향으로 축소됐다.

미군정의 초기 정책에서도 자유민주와 반공 사이의 갈등을 확인할 수 있다. 하지만 1947년 이후 서방 진영에서 반소·반공의 냉전 기류가 굳어지고 남한에서도 남로당과 좌익 계열의 사회단체들이 불법화된 후에는 무게중심이 급히 반공 쪽으로 기울었다.

1948년 7월 20일 제헌국회에서 대한민국 초대 대통령으로 선출된 이승만은 최소한의 자유민주주의 원칙을 담고 있는 「제헌헌법」의 내용이나 정신도 제대로 지키지 않았다. 일인 독재의 가능성을 열어놓은 대통령제는 민주공화제의 근간을 위협했다. 더구나 「제헌헌법」상의 인권 보장, 자유민주주의 조항들은 곧이어 제정된 「국가보안법」에 의해 빛이 바랬고, '새로운 공화국 건설'이라는 이상은 일제 식민지가 남긴 쓰레기에 묻혔다.

1948년 10월 19일 여수에서 14연대 군인들이 제주4·3봉기의 진압을 거부하면서 반란을 일으켰다. 그러자 일제강점기에 악명 높았던 예비 검속 제도가 부활했고, 국가의 존립을 보장하기 위한 '비상 시기의 조치'가 필요하다는 명분으로 일제가 독립운동가를 탄압하는 데 이용했던 「치안유지법」이 「국가보안법」이라는 이름으로 바뀌어 국회에 제출됐다. 「국가보안법」 제정을 주장했던 국회의원들은 "남한이 인민공화국으로 변하느냐 아니면 자손만대 자유스러운 국가를 만들 수 있느냐"가 이 법에 달렸다고 생각했다. 당시 권승렬 법무부장관은 "이것은 물론 평화 시기의 법은 아닙니다. 비상 시기의 비상 조치이니까"라고 「국가보안법」의 필요성을 강조했다. 내무부장관 윤치영도 "지금은 혁명 시기이고 비상 시기입니다. 그러므로 (…) 공산당 취체법取締法을 통과해주시기 바랍니다"라고 요청했다.[12]

결국 1948년 12월 1일 전문가의 의견이나 법 제정에 반대하는 의원의 발언을 듣는 등의 일체의 과정을 생략한 채로 「국가보안법」이 날치기로 통과됐다. 이 법은 "국헌을 위해하여 정부를 참칭하거나 (…) 국가를 변란할 목적으로 결사 또는 집단을 구성한 자"를 최고 10년형에 처할 수 있도록 했다. 이듬해에는 "나라를 뒤집어엎는 데 사형을 할 수 없다는 것은 모순"이라는 논리로 최고형을 사형으로 상향 조정했고, 결사나 집단을 조직하거나 조직에 가입하는 적극적인 행동을 하지 않고 단지 그것을 '협의·선전·선동'한 사람도 처벌할 수 있도록 개정됐다. 국가뿐 아니라 최고 권력자에게 반대한 사람도 적 혹은 반역자로 몰아서 처벌할 수 있게 된 것이다.

이로써 아무런 반국가 행위를 하지 않았지만 국가에 대해 비판적인 입장이나 생각을 갖고 있다는 이유만으로, 혹은 정부가 규정하는 '반국가단체'를 조직하거나 가담했다는 이유만으로도 국가가 국민을 처벌할 수 있는 틀이 마련됐다.

) 국가보안법 체제는 미완의 해방의 상징 (

「제헌헌법」제5조에 따르면 "대한민국은 정치경제 사회문화 모든 영역에 있어서의 각인의 자유와 평등과 창의를 존중하고 보장"한다. 또제9조에 따라 "모든 국민은 신체의 자유를 가진다. 법률에 의하지 않고서는 체포, 구금, 수색, 심문, 처벌과 강제노역을 받지 아니한다." 그런데「국가보안법」은 헌법의 권한 위에 군림하면서 국민이 직접 반란 행동을 하지 않더라도 마음속에 체제를 부정하는 생각을 품은 것만으로도 그의 자유와 권리, 심지어 생명까지 박탈할 수 있다.「치안유지법」이나「국가보안법」은 근대법의 가장 기초적인 원리인 '행동의 결과로 판단'하는 것이 아니라 사람의 '마음속 생각을 의심'하고 그것을 드러내는 자료를 찾아서 처벌하는 전제군주 시대의 법이다.「국가보안법」은 국가뿐 아니라 최고 권력자에게 반대한 사람도 '적', 혹은 반역자로 몰아서 처벌할 수 있었다.[13] 이런 측면에서 이웃에 아무런 피해를 주지 않더라도 체제를 부정하는 서적이나 문서를 갖고 있다는 이유로, 혹은 이웃들이 모여서 '신앙생활'을 했다는 이유로 처벌했던 조선 시대의 형법과 유사하다. 헌법재판소는 1990년「국가보안법」제7조 '찬양 고무죄'에 대해 합헌 결정을 내린 뒤 2015년까지 총 여섯 차례에 걸쳐 합헌 판결을 유지하고 있다.

'해방된' 조선의 이념 갈등이 극단으로 치닫고 대한민국이 일제의 유산을 부활시키고 있을 무렵, 일본의 극우 전쟁범죄 세력은 일본을 아시아의 반공 보루로 만들려는 맥아더 사령부와 손잡고 "천황제가 곧 국가"라는 주장을 내세워 천황제를 존속시키는 데 성공했다.[14] 그럼에도 일본은 전쟁 말기의 파시즘적인 법과 제도가 폐지되면서 민주주의 국가의 외향을 갖추었다. 그러나 한국은 그렇지 못했다. 「국가보안법」의 처벌 강도는 일제가 조선인들을 처벌한 것보다 훨씬 가혹했다. 특히 1949년 국민보도연맹의 조직과 이후 전쟁 중에 이승만 정권이 자행한 학살은 '민주공화국'의 헌법 정신에 완전히 배치된다. 헌법은 대한민국에서 태어난 사람을 모두 '국민'이라고 말했지만, 「국가보안법」과 전쟁기의 비상 명령은 '사상범', '반란 세력'의 혐의를 받는 사람은 '비국민'으로 취급해서 학살했다.

「국가보안법」이 통과된 이후 1949년 한 해에만 총 10만 8620명이 검거됐다.[15] 전국 교도소를 가득 메운 것은 일반 형사범이 아니라 「국가보안법」 위반 사범이었고, 이승만에게 충성을 맹세하지 않으면 항일 독립운동가도 범죄자로 몰렸다.

조선은 일본에서 '분리'되었지만 남한은 스스로 국방과 경제, 더 나아가 국가 운영을 책임질 수 없었다. 그래서 1948년 단독정부가 수립되고 나서 1년이 지난 뒤에야 미군이 철수했다. 그것도 완전한 철수가 아니라 500여 명의 군사고문단을 남겨뒀다. 미군의 군사고문단은 공식적으로는 자문기구였지만 실제로는 한국군을 지휘했다. 사실 미국은 국내외 여론과 예산 문제로 자신들과 결정적인 이해관계가 없는 한반도 지역에서 철군하려 했다. 그러나 북한과 내부의 비판 세력을 제압하기 어려웠던 이승만 정권은 이를 결사적으로 반대했다.

미군이 주둔하면서 신생 한국의 안보와 경제를 관장한 사실도 그렇지만, 일제의 유산인 「국가보안법」이나 식민지 경찰이 헌법상의 국민주권 원칙 위에 군림하면서 우리는 '해방'은 되었지만 진정한 의미이 독립에는 실패했다. 일제 식민지 이후의 역사, 특히 1980년대까지 남한의 정치는 윤치호의 후예인 구한말의 급진개화파, 일제강점기의 온건 민족주의 세력 혹은 부일 협력 세력이 주도했다. 안중근의 후예인 독립 우선 개화파는 1948년 단독정부 수립 과정에서 거의 밀려나거나 정치와 담을 쌓았다가 1970년대 이후 남한의 반정부 통일운동, 민주화운동으로 부활했다. 구한말의 독립협회나 동학농민군의 후예인 민권 우선 독립파는 일제 식민지 시기와 분단 이후의 시민운동이나 노동·농민운동으로, 의병 세력의 후예인 무장 독립운동파는 국내외 공산주의운동, 의열단운동으로 연결되었으나 남한에서는 완전히 사라졌고, 김일성파를 제외하고는 북한에서도 정치적으로 배제되었다.

결국 '해방된' 조선인들은 1948년 38선 이남에서 단독정부를 수립하고 헌법을 만들고 국민의 대표를 선출했지만, 그렇게 세워진 대한민국은 외적으로든 내적으로든 절반, 아니 '반의반'의 주권만 보장된 국가에 불과하다. 천황의 신민은 '국민'이 되었으나, 그들이 국가로부터 받는 대우는 별로 달라지지 않았다. 조선 민중 스스로 독립을 쟁취하지 못한 쓰라린 결과였다.

2부

'자유세계'의 최전선
-국가 종교가 된 반공·친미

6장
6·25한국전쟁이
남긴

것들

오늘 영현단에는 우리가 찾아내 미국으로 보내드릴 미군 전사자 여섯 분의 유해도 함께하고 있습니다. 우리 국민들은 미국을 비롯한 22개국 유엔 참전용사들의 희생을 결코 잊지 않을 것입니다. 워싱턴 '추모의 벽'을 2022년까지 완공하여 '위대한 동맹'이 참전용사들의 숭고한 희생 위에 뿌리내리고 있다는 사실을 영원히 기리겠습니다. 제가 해외 순방 중 만난 유엔 참전용사들은 한결같이 한국을 제2의 고향으로 여기며 우리의 발전에 자기 일처럼 큰 기쁨과 자부심을 지니고 있었습니다. 미국, 프랑스, 뉴질랜드, 노르웨이, 스웨덴 참전용사들께 국민을 대표해 감사와 존경의 마음을 전했고, 태국 참전용사들께는 '평화의 사도 메달'을 달아드렸습니다. 보훈에는 국경이 없습니다. 유엔 참전국과 함께 하는 다양한 보훈 사업을 통해 용사들의 숭고한 희생을 기억하고 기리겠습니다.

• 문재인 대통령, 한국전쟁 70주년 기념사, 2020년 6월 25일.

) 코리안의 전쟁인가 미국의 전쟁인가 (

6·25 혹은 한국전쟁을 어떤 이름으로 부를 것이며, 이 전쟁의 성격을 어떻게 정의할 것인지는 한국에서 합리적인 토론이 불가능한 주제다. 동국대학교 강정구 교수는 2005년 7월 2일 국내의 한 인터넷 매체에 기고한 칼럼에서 이것을 '통일전쟁'이라고 말했다가 「국가보안법」으로 기소되기도 했다. 우리는 6·25한국전쟁을 북한에 의한 '침략전쟁'이라고만 말해야 하고, 그로 인한 모든 피해 역시 '침략자' 북한의 책임이라고만 말해야 한다. 왜 우리는 아직도 이 전쟁의 명칭에서부터 성격까지 어떤 것도 자유롭게 논의할 수 없을까? 대체 누가 이 전쟁 중 발생한 여러 가지 사실이나 전쟁의 성격을 자유롭게 논의하는 것을 두려워하는 것일까?

1950년 6월 25일 김일성의 명령하에 북한 인민군은 38선을 넘어 전면 공격을 감행했다. 이후 3년간 전선이 한반도 전역을 이동하면서 군인과 민간인을 비롯한 300만 명 이상의 '코리안'과 미군 4만 명, 중국군 100만 명 이상이 희생됐고 수많은 부상자·이산가족·전쟁고아가 발생했다. 그 과정에서 미국 공군의 무차별 폭격으로 국토는 황폐해지고, 수많은 문화유산이 파괴됐다. 가족은 뿔뿔이 흩어지고, 많은 사람이 정든 땅을 버리고 떠나야 했다. 처음에는 남북한의 내전 양상을 띠던 6·25한국전쟁은 곧바로 미국과 중국 등이 참가한 국제전으로 확전됐고, 전쟁의 파괴성과 잔혹성에서도 2차 세계대전에 못지않았다. 전쟁의 최대 피해자는 당연히 남북한의 코리안들이었다.[1]

남북한의 군사력 충돌은 한반도 안에 두 개의 정부가 수립되었을 때 어느 정도는 예상되었던 결과다. 전쟁을 통해서 이승만 세력을 없애고 '조국'을 '해방'시키자던 북한의 김일성 정권과 "점심은 평양에서 저녁은 신의주"에서 먹겠다고 떠벌리던 이승만 정권은 서로 마주 보고 달리는 기차였다. 김구는 분단 정권은 필연적으로 동족상잔의 길로 나갈 것이라고 예언했다.

> 만일에 우리 동포들이 양극단의 길로만 돌진한다면 앞으로 남북의 동포는 국제적 압력과 도발로 인하여 본의 아니게 동족상잔의 비참한 내전이 발생할 위험이 없지 않으며 재무장한 일군이 또다시 바다를 건너서 세력을 펴게 될지도 모른다.[2]

아직 '국민'이라는 정체성도 갖지 않았던 당시 남북한 보통의 주민들은 두 정권의 무력통일 열망을 견제할 힘이 없었다. 김일성과 월북한 박헌영 등 좌익 세력은 1948년 정부 수립 이후 미국 군대가 500여 명의 군사고문단만 남기고 한반도에서 철수하긴 했지만 그들의 동아시아 전략은 '철수' 하지 않았다는 것을 제대로 파악하지 못했다. 소련과 중국의 남침 지원 의사를 확인한 그들은 38선을 넘어 내려가기만 하면 남한에 숨어 있던 좌익들이 동조해서 봉기할 것이라고 착각했다. 아마 당시에 미국이 한국 방위를 확실히 하겠다는 의지를 공개적으로 발표했다면 김일성은 침략하지 않았을 가능성이 크다.[3] 그랬다면 분단은 지속되었을지 모르지만 300만여 명의 희생이라는 대참극은 막을 수 있었을 것이다. 당시 미국은 일본을 우선하는 동아시아 정책을 확고하게 견지하였기 때문에, 남한을 미국의 결정적 이해가 걸린 지역으로 보지 않았다. 미 국무장관 딘 애치슨Dean Acheson은 남한을 미국의 방위 범위에서 제외했다.

이승만은 북한이 침략해도 핵 보유국이자 현대전의 승패를 좌우할 공군력에서 압도적으로 우세한 미국이 곧바로 막아줄 것이라고 기대했고, 인민군의 침략을 가볍게 물리칠 수 있다고 자신했다. 그러나 1945년 미국과 소련의 한반도 분할 점령이 그랬듯이 냉엄한 국제 정치에 공짜란 없다. 미국이 국가의 존립 자체가 위기에 처한 대한민국을 구원한다면, 임진왜란 때 명나라가 일본군을 퇴치한 뒤 조선에 대해 그랬듯이 한국을 정치적으로 통제할 것이 뻔했다. 임진왜란 당시 도성을 버리고 피난한 조선의 선조와 양반 지배층은 백성들의 비난을 무마하기 위해 명나라가 무너진 나라를 살렸다는 담론을 절대화하였고, 이후 명나라는 청나라와의 갈등 상황에서 전란으로 피폐해진 조선에게 계속 무리한 군사적·경제적 지원을 요구했다.[4]

2차 세계대전 후 미국의 주요 관심사는 일본의 경제 부흥이었지 한국의 독립이 아니었다. 또한 당시 군사적·경제적으로 뒤처진 개발도상국 소련이 감히 북한을 조종해서 자신에게 칼을 겨누지는 못할 것이라고 생각했다. 그러나 북한이 남침하면 곧바로 자신의 생명과 권력을 잃을 수도 있었던 이승만과 남한 집권층에게 미국의 '적당한' 무관심은 불안 그 자체였다.

남한 보호보다는 공산화된 중국을 반달형으로 포위하는 아시아 방위 전략에 초점을 맞추고 있던 미국은 북한이 침략한 직후 소련과 중국의 의중을 읽는 데 집중했다. 북한의 남침 소식을 들은 미국은 내키지 않았지만 가만히 있을 수는 없었고, 결국 조심스럽게 그리나 단호하게 개입했다. 따라서 6·25 참전은 미국의 입장에서 보면 '일제의 침략주의를 응징'하기 위한 태평양전쟁이나 '히틀러의 전체주의를 부순다'는 2차 세계대전의 도덕적·역사적 대의와는 거리가 멀었다. 그들에게 6·25한국전쟁은 끝장을 보는 것이 아니라 적절하게 마무리해야하는 '제한전쟁Limited War'이었다. 즉 남북한 두 정치 세력은 6·25한국전쟁을 한쪽이 반드시 승리해야 할 전쟁으로 보았으나, 미국과 소련에게는 '처음부터' 제한전쟁이었고, 결국 전쟁은 미국의 뜻대로 휴전으로 마무리됐다. 그러나 실제 전투는 제한전이 아니라 무조건 항복을 요구하는 총력전의 양상을 띠었다.[5]

미군은 1950년 7월 1일 유엔의 깃발 아래 참전을 결정했다. 미국은 군사 개입을 산적이나 좀도둑을 퇴치하는 '경찰행동'으로 보았기때문에, 트루먼 대통령은 의회의 승인도 받지 않았다. 그 결과 무려 4만여 명의 자국 청년이 희생되었음에도 6·25한국전쟁은 지금도 미국의 공식 기억에서 지워진 '잊혀진 전쟁Forgotten War'으로 남아 있다. 보통의 미국인들이나 전 세계 사람들은 왜 코리안들끼리 그렇게 싸웠는지, 왜 오늘의 북한이 세계에서 가장 강경한 반미 국가가 되었는지 거의 알지 못한다.

북한 인민군의 남침 소식이 전해지자 일본 서부에 주둔하고 있던미군 24보병사단은 곧바로 출동 명령을 받았다. 24보병사단의 찰스스미스Charles B. Smith 중령이 지휘한 2개 보병중대와 1개 포병중대로구성된 기동부대는 강한 전력을 과시하며 남하한 인민군의 기세에 눌려 7월 5일 오산 죽미령에서 153명이 전사하며 크게 패했다.

태평양전쟁 때부터 일본인과 황인종에 대해 인종우월주의를 갖고

(위) 대전에 도착한 스미스 부대

1950년 7월 1일 오전 8시, 스미스 부대가 대전역에 도착했다.(ⓒ미국 국립문서기록관리청)

(아래) 민간인을 검문하는 미군 병사

미군은 피난민들 사이에 공산주의자가 숨어 있다고 의심했다.(ⓒ미국 국립문서기록관리청)

있던 미군은 한반도에서 벌어진 전쟁의 성격과 의미를 전혀 모른 채 전선에 투입됐다. 지학순 주교는 당시의 미군을 다음과 같이 기억한다.

> 대부분의 미국 군인들은 우리가 보기에는 인간으로서의 수준이 우리보다 퍽 낮게 보이는데도 한국 사람들은 다 야만인이고 바보인 줄만 알고 있으니 참 기가 막힐 지경이었다. 미국 사람들이 한국인들을 모두 도둑놈 취급했다.[6]

전쟁 초기에 미군은 꾸역꾸역 내려오는 피난민들 사이에 공산주의자들이 숨어 있다고 의심했고, 공중과 지상에서 민간인을 향해 총탄과 폭탄을 퍼부었다. 전쟁 초기 충북 노근리 등지에서 벌어진 미군의 민간인 학살은 이런 혼란과 패닉 상태에서 발생했다.[7]

) 남북한과 미국의 동상이몽 (

전쟁이 터지자 서울을 사수하겠다고 말한 이승만 정권은 미군의 참전만을 목이 빠지게 기다리다가 사흘 만에 대전으로 피난을 갔다. 7월 12일 한국 외무부와 주한 미국대사관은 한국에 주둔하는 미군의 형사관할권에 관한 협정, 이른바 「대전협정」을 각서 교환 형태로 체결했다. 이 협정에서 주한미군 구성원에 대해 미 군법회의가 배타적인 재판권을 행사하며 미군은 미국 군대 또는 그 구성원에게 가해 행위를 한 한국인 현행범을 일시 구속할 수 있도록 했다. 또한 미군은 미군 이외의 여하한 기관에도 복종하지 않는다고 못 박았다.

이렇게 이승만 정권은 7월 15일 유엔군 총사령관 맥아더 원수에

대전협정[8]

정식 명칭	재한 미국 군대의 관할권에 대한 대한민국과 미합중국 간의 협정
내용	1. 미국 군법회의가 주한미군 구성원에 대해 전속적인 형사 관할권을 행사할 것.
	2. 한국인이 미군 또는 그 구성원에 대하여 가해 행위를 했을 때 그 한국인을 미군이 구속할 것.
	3. 주한미군은 미군 이외의 어떤 기관에도 복종하지 않을 것.

게 한국군의 통수권을 이양했다. 미군이 한국군의 작전지휘권을 갖게 된 것이다. 이것은 전쟁 초기의 극도로 혼란스러운 상황에서 미국과 맺은 잠정적인 양해 사항에 불과했지만, 이후 「한미상호방위조약」(1953.10.1.), 「한미주둔군지위협정SOFA」(1966.7.9.)에 이 내용이 포함되었고, 조항도 추가되어 지금까지 효력을 유지하고 있다.

6·25한국전쟁 당시 연합군을 지휘한 미국 백악관과 국무성은 냉전Cold War이 열전Hot War으로 폭발하자 공산주의를 히틀러의 파시즘이나 전체주의의 일종으로 이해했다. 참전한 미국 병사들은 불과 5년 전에 끝난 2차 세계대전에서 같은 편이었던 소련과 공산주의를 돌연 히틀러 같은 악당으로 보는 자국 권력자들의 시각에 어리둥절했다. 그러나 냉전은 미국이 1945년 8월 일본의 조속한 항복을 위해 두 기의 원자폭탄을 일본 본토에 떨어뜨렸을 때 이미 시작됐다. 소련과 미국 양쪽 모두 6·25한국전쟁이 세계전으로 확전되는 상황을 우려했다. 그들은 이 전쟁에서 자국민의 희생을 최소화하면서 자국의 위신과 이익을 극대화할 방법을 찾기 위해 주판알을 튕겼다.

전투가 이어지면서 전선에 투입된 미군 지휘관들은 이 전쟁이 2

차 세계대전과는 성격이 매우 다르다는 사실을 알아채기 시작했다. 그들은 이승만 정권이 '자유민주주의'라는 미국의 가치나 이념에 전혀 부합하지 않는, 즉 전혀 도와줄 가치가 없는 정부라는 사실도 곧 알아챘다. 베트남전 당시의 국방부장관이었던 로버트 맥나마라Robert McNamara는 베트남이 패망하고 수십 년이 지나서야 자신이 아무런 명분도 없이, 그 나라의 사정도 알지 못한 채 전쟁을 지휘했다는 사실을 깨닫고 크게 후회했다.[9] 하지만 그보다 10년 이상 앞선 6·25한국전쟁에서 군인 맥아더는 만주 폭격과 원자탄 사용을 건의하다가 트루먼 대통령에게 해임당한 후 청문회에 출석해서 백악관의 트루먼과 정치가들이 "지지도 말고 이기지도 말라"는 식의 태도를 보인 것에 엄청난 혼란과 당혹감을 느꼈다고 실토했다.[10]

미국은 6·25한국전쟁을 소련·중국과의 전면전으로 끌고 갈 의사가 없었다. 맥아더의 원자탄 투하 계획을 트루먼이 저지한 것도 그런 이유 때문이다. 그러나 남한이 위기에 빠지면 미국이 개입할 수밖에 없다는 사실을 간파하고 그 전쟁을 통일로 연결시키려 했던 이승만은 맥아더와 합작하여 '제한전쟁'을 '전면전쟁', 즉 북진 통일 전쟁으로 만들기 위해 안간힘을 썼다. 1951년 이승만은 다음과 같이 말했다.

이 전쟁은 우리가 원했던 것이 아니고 세계대전의 피할 수 없는 형편에 의하여 싸우는 것입니다. 우리가 한 가지 생각할 것은 민주주의와 공산주의가 생존을 경쟁하는 큰 바퀴에 우리가 끼였다는 것입니다. 이 두 주의는 함께 병립할 수 없는 것이니 그중 하나는 없어져야 할 것입니다.[11]

휴전회담 예비회담
1951년 7월 8일 유엔군과 공산군이 개성에서
열린 휴전회담 예비회담에서 처음 만났다.
(ⓒ미국 국립문서기록관리청)

남북한 두 정권은 상대를 없애고 자기식의 통일국가를 만들겠다는 열정으로 가득 차 있었지만, 미국과 소련은 남북한 코리안 지도자들의 통일 민족주의 정서를 이해하지 못했고, 또 관심을 두지도 않았다. 이미 군사주권을 미국에게 반납한 이승만은 휴전협정을 맺으려는 미국의 의지를 꺾을 수 없었다. 1951년 7월 8일부터 2년 동안 무려 159차례의 본회의와 500회 이상의 소위원회를 치르는 지루한 휴전협정이 계속됐다. 이승만은 1953년 6월 18일에 부산·광주·논산 등 전국 8개 지역 포로수용소에 수감되어 있던 3만 5000명의 반공포로를 일방적으로 석방했는데, 휴전협정 당사국이 아닌 한국이 이런 조치를 취한 것은 국제적인 전쟁 규범에서 완전히 벗어난 일이었다. 휴전협정을 방해하고 남한에 대한 미국의 안전 보장을 확약받으려는 벼랑 끝 전술이었다.

) 이 전쟁으로 누가 무엇을 얻었나 (

남한은 3년간의 전쟁으로 거의 모든 것을 잃었다. 미 공군은 북한은 물론 남한의 용산·익산·단양·예천·포항·사천에도 무차별적인 공중폭격을 가해 수많은 인명을 살상했다. 1951년 3월 한 외신과의 인터뷰에서 이승만은 미국 공군이 북한 지역은 물론 남한의 도시를 폭격하는 상황에 대한 한국인들의 생각을 묻는 질문에 다음과 같이 답했다.

한국민들이 자기 집이 파괴되는 것을 눈으로 보는 것은 무서운 일이나, 그들은 그것을 묵묵히 참고 차라리 가옥이 파괴될지언정 적에게 나라를 뺏기어 독립된

국가에서 자유민으로 살 수 없는 것을 원치 않는다.[12]

우방국의 무차별 폭격에 의해 자국민이 처참한 신세가 되어도 국가만 유지되면 좋다는 이야기다. 결국 이 비극적인 전쟁을 거치면서 국민의 신망을 잃은 이승만 대통령과 당시 집권 세력은 반공주의를 이용해서야 권력을 안정시킬 수 있었다. 북한의 남침은 이승만의 일관되고 비타협적인 반공주의의 정당성을 입증해주는 가장 중요한 증거이자 미국을 다시 한반도에 끌어들일 수 있는 기회였다. 이승만과 한국의 기독교 지도자들은 한반도가 처한 최악의 비극과 수난의 현실을 오히려 세계 반공 성전聖戰의 최전선에서 투쟁할 사명과 임무를 부여받은 '특권'으로 해석했다.

일본은 강 건너에 난 불을 '신이 내린 선물'로 해석했다. 전쟁 특수를 이용해서 경제 부흥의 가속 페달을 밟을 수 있었고, 반공주의라는 이름으로 과거 식민지 침략전쟁의 범죄자들에게 면죄부를 주고 권력으로 복귀시켰다.[13] 그리고 1955년부터 오늘까지 자민당이 거의 일당 독재를 지속하면서 관료와 대기업이 긴밀하게 결합한 우익보수 체제를 안정적으로 유지했다. 오늘의 대다수 일본인들은 6·25한국전쟁이 조선 식민지 지배의 뒤처리 과정에서 발생했다는 사실도 모르고, 자신들이 이 전쟁의 최대 수혜자라는 사실도 모른다.

미국에 맞서 싸운 신생국 중국은 전 세계에 존재감을 과시했다. 미국의 보수파들은 한국전쟁을 전 세계의 반공전선을 강화하는 기회로 활용했다. 또한 자국의 군수산업을 활성화하여 경제를 살렸고 매카시즘으로 좌익을 제거하는 이득을 얻었다.

김구의 예언대로 남북한은 일제의 식민지 지배에서 벗어난 지 5년 만에 동족 간의 살육 전쟁으로 치달아 결과적으로 일본과 미국, 중국 등 주변 국가들만 기쁘게 만들었다. 그것은 남북한 정치나 지도자들이 민족의 자주독립, 즉 한반도의 통합과 통일을 향한 노력을 포기하고 단독정부 수립에 매진했던 역사의 필연적인 결과다. 정치 세력 간에 이념과 노선의 차이가 있었다고 하더라도, 그것이 상대를 원수처럼 여기고 400만 명의 동포를 희생시킬 전쟁을 벌일 이유는 결코 될 수 없다.

결국 절반의 '독립'은 내전을 불러왔고, 북한의 침략을 스스로 물리칠 능력이 없었던 남한은 미국이 주도하는 새로운 국제 질서 안에서 '장기판의 졸'이 됐다. 이승만 정부가 할 수 있었던 것은 미국의 정책을 수동적으로 반대하거나 저지하는 정도였다.[14]

동족상잔의 내전을 겪은 남북한의 코리안은 당시 전 세계 사람들 중에서 가장 불행했고, 이승만·김일성 정권은 전 세계에서 가장 어리석은 존재였다. 하지만 이승만은 세계 반공전선의 선도자임을 과시했고 김일성은 세계 최강 미국을 물리쳤다고 자랑했으니, 이보다 더 지독한 역설, 비웃음거리가 있을까?

이 지독한 역설은 남한에서 학자들이 실제 일어난 일을 함부로 말하거나 주류와는 다른 시각에서 말했다가는 「국가보안법」으로 기소되는 사건들로 반복됐다. 6·25한국전쟁에 대한 해석은 북한은 물론 대한민국이라는 국가의 정체성의 근거가 되었다. 더 정확히 말하면 양측의 군부 지도자들이 훈장을 주렁주렁 달고 계속 지위를 누릴 수 있는 명분이자, 주류 세력이 권력을 유지할 수 있는 기반이 되어왔다.

아직 남한에서는 한국전쟁으로 인한 인적 손실human costs에 대한 논의
가 시작되지 않았다. 이 사실은 2차 세계대전 중 양심적 병역 거부자
가 2000명 이상 나왔고 베트남전쟁 반대운동의 물결이 온 나라를 뒤
엎었던 미국이나, 1960년대에 반핵평화운동이 활발했던 일본과 달리
왜 남한에서는 대중적인 수준의 평화운동이 없었는지를 간접적으로
설명해준다.[15]

7장
월남자들이
만든

대한민국?

2003년 3월 1일 서울시청 광장에는 해방 직후 이래의
최대 규모의 우익 집회가 열렸다. 이 자리에서 오자복
이북오도민회장은 "대한민국에 좌익, 우익, 보수, 진보는 없다.
민족반역자 김정일과 싸우는 애국과 반역이 있을 뿐이다.
대한민국 편에 서면 애국, 김정일 편에 서면 반역이다"라고
절규했다. 한편 그 자리에 참석한 과거 반공 정치인 이철승
자유민주주의 총재 역시 "김정일을 몰아내고 북한 동포를
구하는 것 (…) 반탁 이후 이런 시위는 처음"이라고 말했다.

• 김귀옥, 『이산가족, 반공전사도 빨갱이도 아닌』, 역사비평사,
  2004. 140쪽.

) 학살의 기억과 두 분단 국가의 정체성 (

2015년 1000만 관객을 동원한 영화 〈국제시장〉은 월남한 아버지와 그 가족이 경험한 현대사를 다룬다. 6·25한국전쟁 때 흥남 철수 과정에서 아버지와 헤어져 부산으로 피난해온 주인공은 미군 병사들을 따라다니며 배고픔을 해결했다. 이후 그는 1960년대에는 돈을 벌기 위해 서독에 광부로 가고, 1970년대에는 다시 베트남에 기술근로자로 가서 일했다. 오직 가족을 위해 살았던 그의 삶은 많은 한국인의 공감을 불러일으켰다.

실제로 오늘의 남한은 영화 속의 주인공처럼 북한에서 '월남한 사람들이 만든 나라'라 해도 과언이 아니다. 이렇게 말하면 독자들은 무슨 소리냐고 어리둥절해할 것이다. 1945년에서 1953년 사이의 월남자 수에 대해서는 정확한 통계가 없지만 대체로 80만에서 120만 명 정도로 추정한다. 숫자만 놓고 보면 그렇게 많지는 않다. 그러나 이승만 대통령 주변을 비롯하여 당시 군과 경찰의 최고위 간부, 기독교 지도자, 정부, 언론 상층부에서 이들의 영향력은 막강했다.

대한민국은 월남한 엘리트들이 자신의 고향을 '짓밟은' 공산주의를 물리치고 그 땅을 '수복'하기 위한 전초 기지의 성격을 갖고 있다. 월남민의 신앙과도 같은 반공주의는 대한민국 정체성의 핵심을 구성한다. 그리고 1950년 10월 황해도 신천에서 일어난 좌우 양측에 의한 학살에 그 기원이 있다. 이 사건은 북한과 남한에서 각각 다른 의미로 국가 존립의 근원적 기억으로 자리 잡았다. 일제강점기 이래 조선에 들어온 기독교와 공산주의가 가장 치열하게 싸운 신천학살은 남북한 양쪽의 가장 중요한 공식 역사 기억이자 국가 정체성을 확립한 계기가 되었다.

전쟁 중인 1951년 4월 15일 북한 외무상 박헌영은 유엔에 편지를 보내 유엔군 후퇴 시기에 '미군과 리승만 도당'이 신천군에서만 2만 5000명, 황해도 전체에서 10만 명 이상을 학살했다고 주장했다.[1] 이 듬해 북한을 방문한 국제민주법률가협회 조사위원회는 1950년 10월 17일부터 12월 7일까지 미군이 3만 5383명의 주민을 학살했다는 보고서를 제출했다.[2] 그리고 신천 출신 월남자들에 의해 피비린내 나는 살육이 남한에도 알려졌다. 1958년 3월 북한은 김일성의 지시에 따라 신천학살 현장에 박물관을 건립했다.

> 미제 침략자들이 신천을 일시적으로 강점하였던 52일 동안에 당시 신천 인구의 4분의 1에 해당하는 3만 5383명을 학살하였으니 이런 만행은 어느 나라 역사 기록에도 찾아볼 수 없다.[3]

북한은 신천박물관을 미군과 우익 치안대가 무고한 인민을 살해한 상징적인 장소로 성역화하여 북한 주민들에게 반미 의식을 고취하는 정치 선전도구로 활용했다. 2001년 11월, 조선중앙방송은 황해도 신천군에서 한국전쟁 중 살해된 것으로 보이는 59구의 유해가 새로 발굴됐다고 보도했다.[4] 신천박물관의 전시실에는 미군이 신천군 온천면에서 1만 1530명을 학살했다는 등의 내용이 기록·전시되어 있다. 이 기록에 따르면 미군과 함께 종군 목사들과 기독교인들도 학살에 협력했으며, 북한은 학살을 지시한 인물로 '해리슨 중위'를 지목했다.

과연 북한의 주장이 사실일까? 신천에 가서 조사를 할 수 없으니 우리가 그 주장의 진위를 확인할 방법은 없다. 그러나 북한의 주장과는 반대로, 전쟁 중 미군과 국군이 북상을 하던 1950년 10월 13일 황해도 재령 등지에서 숨어 있던 우익 청년들과 천주교 신자들이 반공 봉기를 일으켰다가 인민군에게 학살을 당한 일도 있었다. 같은 시기에 신천에서도 우익 기독교 인사들이 봉기를 일으켰다가 지방의 좌익에게 학살을 당했다.

한편 10월 19일부터 12월 초까지, 북상했던 국군이 중국군에 밀려 다시 내려오기 전까지의 치안 공백 상태에서 신천 일대를 장악한 우익이 마을마다 치안대를 결성해서 좌익계 주민들을 보복 학살했다는 증언이 월남자들의 입에서 나왔다. 이것이 바로 북한이 말하는 미군에 의한 신천학살이다. 이를 통해서 우리는 두 차례의 신천학살이 있었다는 것을 알 수 있다.

6·25한국전쟁 기간 동안 한반도 거의 전역에서 좌우 양 주민들 간의 상상을 초월할 만큼 잔혹한 보복 학살이 발생했다. 그 가운데 북한에서 가장 규모가 크고 잔혹한 학살이 발생한 곳이 신천 일대였다. 이 지긋지긋한 일을 겪은 사람들은 "일제에게 40년간 착취를 당하고도 해방 후 1인의 희생도 내지 않고 곱게 일본인을 돌려보낸 이 지구의 순박한 농민들이 적 치하(김일성 치하) 5년 후에 이다지도 끔찍하게 동족 간에 혈투를 벌인 이유가 어디에 있을까"라고 묻는다. 어릴 적 동네에서 고기 잡으면서 같이 놀던 친구들은 몇 년 후에 철천지원수가 되어 이리 떼처럼 서로를 물어뜯어 죽이고 죽었는데, 이런 비극은 왜 일어났을까?

) 신천학살의 전개 과정 (

평안도와 황해도는 조선 시대에도 '양반·상놈'의 신분 차별이 그리 크지 않았던 곳이고, 곡창지대였을 뿐 아니라 한반도의 다른 지역과 달리 주민 대부분이 중농이었기 때문에 일제 치하에서 지주와 소작인 간의 갈등도 그다지 심각하지 않았다. 그래서 이 지역은 다른 어느 곳보다 개화에 적극적이었고 항일운동에 나선 사람도 많았다. 또한 구한말부터 신식 교육에 매우 열성적이었고, 일제강점기에도 여유가 있는 집안은 자녀들을 일본으로 유학을 보내기도 했다.

구한말 무렵 개화 바람이 불자 신천에도 기독교라는 손님이 찾아왔고, 일제강점기에는 다른 지역과 마찬가지로 공산주의라는 또 다른 '손님'을 맞았다. 황석영의 소설 제목 『손님』도 바로 이를 두고 하는 말이다.[5] 모든 사람은 하나님 앞에 평등하다는 기독교 사상과 자본주의의 계급 차별을 타파하는 길을 제시했던 공산주의는 식민지 질서에 환멸을 느낀 이들에게는 복음이었다. 그래서 신천은 조선 말 이후 반봉건과 문명개화라는 두 개의 노선, 즉 기독교와 공산주의를 축약해놓은 곳이 됐다. 서구에서 온 '근대'는 이렇게 신천에서 가장 비극적인 형태로 충돌했다. 한반도는 근대의 비극적인 시험장이 되었다. 그리고 이 무대는 이후 남한으로 이동하여 지금까지 계속되고 있다.

1945년 8·15 이후 38선 이북에서 사회주의 세력이 인민 정권을 세우고 토지 개혁을 실시하여 지주나 자영농이었던 사람들의 땅을 빼앗자, 하층에 속했던 사람들이 제 세상을 만난 듯 설쳤다. 조영암은 당시의 북한을 이렇게 그렸다.

북한소묘,

밀양 박서방도 무서웠고, 김해 김서방도 두려웠더라.

노마 아범이 시베리아로 떠난 다음 마을은 온통 부황증이 났다는데

억쇠가 지주 마누라 겁탈하고 마당쇠가 생판 날불한당 되어가고

어질디 어진 허첨지도 민적으로 몰려 이웃 고을로 쫓기어 가고

개새끼 한 마리 얼씬대지 않는 동리마다 쏘 스탈린 씨 초상이랑

일성 초상이랑 험궂게 웃고 섰더라.[6]

어제까지 주인에게 굽신거려야 했던 마당쇠가 하루아침에 제 세상
만난 것처럼 설쳐댔고, '무식한' 인간들이 잘나고 많이 배운 사람들의
과거 친일 행적을 공격했다.

8·15 직후 이북에서는 한경직 목사처럼 일제 말기부터 기독교계
의 지도적 인물로 평가받았던 사람들이 교회 청년들과 함께 지역의 치
안 업무를 맡기도 했다. 그런데 소련군이 들어오자 숨어 지내던 공산
주의자들이 힘을 행사하기 시작했다. 이에 한경직 등의 기독교 지도
자들은 기독교적 사명 의식을 바탕에 깔고 기독교사회민주당을 조직
하기도 했다. 결국 그는 '반동분자'로 몰려 9월 말에 월남했고, 다른 기
독교인·친일 지주·부자들도 1945년 말부터 대거 월남했다. 이들에게
남한은 '천국'이었다. 그러나 이 천국에도 '공산주의'가 '준동'하는 것
을 본 그들은 극도의 공포를 느꼈다. 한편 신천 일대에 남아 있던 우익
인사들과 기독교인들은 1946년 이후 북한 사회주의 정권의 탄압을 피
해서 인근의 구월산을 근거지로 삼고 빨치산 활동을 전개했다.[7] 이후
1950년 전면전이 발발하고 미국과 중국이 개입하자 전선은 톱실하듯

이 한반도 남북을 오르내렸다. 한국 사람들이 6·25한국전쟁을 '톱질전쟁'이라 부르는 것도 이런 이유 때문이다.

1950년 10월 13일 인민군은 북으로 후퇴하면서 신천·재령·안악 지역의 우익 인사를 살상했다. 특히 재령에서는 우익이 봉기를 일으키자 후퇴하던 인민군이 봉기를 진압하고 우익 대원과 기독교인 등 이른바 '반동분자'들을 죽이기도 했다. 1950년 10월 중순 이후 인민군은 후퇴했으니 유엔군이나 국군이 아직 들어오지 않았던 치안 공백 상태에서 우익 기독교 청년들이 1946년 이후 그들을 탄압했던 지역의 좌익 인사들과 그 가족들을 보복 학살했다.

사건 직후인 1952년 현지를 방문 조사한 국제민주법률가협회 조사위원회는 실제로 미군이 주민들을 불에 태워 죽였으며 해리슨 중위가 현장에 있었다고 주장했다. 하지만 작가 황석영은 소설 『손님』을 통해서 신천학살은 미군이 아닌 현지의 우익 치안대와 기독교 목회자 등이 저질렀으며, 그 배경은 1946년 이후 사회주의 정권이 우익 인사들에게 가한 탄압과 학살이라고 말한다.

그동안 나온 증언을 종합해도 미군이 학살을 지휘했다는 북한 측의 주장은 믿기 어렵다. 1946년 이후 북한 인민 정권이 실시한 토지개혁 과정에서의 갈등, 그리고 대다수가 중소 지주 출신인 기독교인들의 반발과 보복심이 중요 원인이라는 증언이 많다. 황석영의 『손님』에 류요섭이라는 이름으로 등장하는 주인공의 실제 인물인 유태영 목사는 미군의 학살에 대해서는 언급하지 않고 반공주의를 신봉하는 기독교 우파들이 매우 잔악하게 공산주의 사냥을 하는 것을 목격했다고 증언했다. 그에 따르면 그런데도 북한은 공산주의자들을 핍박한 기독교 우파들에 대해 어떠한 보복도 하지 않았으며 오히려 복지를 제공했다고 한다.

월남자들도 기독교 우파들이 공산주의자들을 학살했다고 우회적으로 인정한다. 천주교 신자 이세실리아에 의하면 "10월 13일 재령읍 반공의거는 천주교 신자들이 많이 궐기했다." 은율군 장연면의 '십자군조직'은 이후 우익 게릴라 부대인 연풍부대·구월산부대·동키부대의 모체가 됐다. '십자군조직'은 장연천주교회의 청년들로 구성되었는데, 10월 17일 봉기했고 '노동당원' 2000명을 체포하여 해당 면의 치안대에 '인계'했다고 말했다.[8] 그것은 곧 피비린내 나는 보복 학살을 달리 표현한 것이었다.

결국 북한 김일성 정권은 인민군이 북으로 후퇴하면서 저지른 수많은 학살에 대해서는 언급하지 않은 채, 기독교 우파들이 저지른 신천 학살의 기억만을 국가의 공식 기억으로 정치화하며 반미 선전과 교육 현장으로 활용한 셈이다.

⟩ 기독교 반공국가 대한민국의 탄생 ⟨

신천학살은 남한에서도 연장·반복되었다. 1950년 12월 중공군의 참전으로 전세가 뒤집혔다. 인민군이 다시 황해도에 내려오자, 신천 일대에서 좌익에게 학살을 저질렀던 사람들을 포함한 기독교인과 우익 청년들은 가까운 강화도와 교동도 등지로 월남하여 그곳에 살고 있던 월북자와 좌익의 남은 가족들에 대한 학살을 이어갔다.

결국 1946년 이후 북한에서 토지를 몰수당하고 사회주의 경건의 탄압을 받고, 전쟁 중 인민군에게 학살당한 우익 월남자들이 가진 수난의 기억은 이후 남한에서 극우 반공주의와 정치 테러를 정당화하는 배경이 되었다. 이는 부드러운 형태로 지금까지 지속되고 있다. 그들 중 일부는 학살의 피해자인 동시에 북한 지역에서, 그리고 남한으로 내려와 월북자나 좌익 가족을 학살한 가해자이기도 하지만 이런 사실은 남한에서는 금기에 속한다.

1945년 말에 월남한 사람들은 주로 기독교인이거나 계층적으로 중상류층에 속했던 사람들로 미군정 산하 각 기관에 쉽게 취직할 수 있었다.[9] 이들 가운데 다수의 청년이 한경직 목사의 영락교회로 모였는데, 이후 영락교회 청년회는 서북청년회(이하 '서청') 같은 반공단체로 발전했다.[10] 이들은 군과 경찰에 들어가서 남로당 평정에 신명을 바쳤다. 당시 미군정 경찰은 서청의 극우 테러를 공공연하게 지원하거나 묵인했고, 반민특위 활동으로 위기에 몰린 친일 기업가들도 이들을 재정적으로 뒷받침했다. 서청에 자금을 댄 사람으로 제헌국회 부의장 김동원, 화신백화점 박흥식, 한국유리 회장 최태섭, 신동아그룹 창업주 최성모, 한민당 재정간부 원익섭, 금광 갑부 최창학 등이 있다.[11]

전쟁 중 미군 폭격의 두려움 때문에 뒤늦게 월남한 사람들은 남한에서 '반공투사'를 자처했다. '공산당과 싸우다 월남한' 이력은 반공국가가 된 남한 어디에서나 통하는 보증수표였다. 하지만 모든 '월남자가 반공투사'라는 신화는 허상에 불과하다. 월남자들이 다수 정착한 속초 등을 대상으로 조사한 김귀옥은 정치·사상적 동기로 월남한 사람은 32.7퍼센트에 불과하고 나머지는 비자발적인 상황에서 피난했다고 밝혔다.[12]

서청 등의 극우 청년 조직은 제주4·3봉기에도 투입되어 테러와 학살로 악명이 높았고, 각종 정치 테러에 동원됐으며 여운형·김구 등의 요인 암살에 개입했다는 의혹도 있다.[13] 이들 요인 암살의 배후가 아직 정확히 밝혀지지는 않았으나, 극우 테러단체인 백의사가 관련되었다고도 한다. 백의사는 미 정보당국과 연계하여 북한 관련 첩보를 입수하는 활동을 했다.[14] 이들은 제주 4·3봉기에 투입되어 우익 테러의 선봉에 섰고, 이후에는 육군 정보국, 유엔군 유격대 KLOKorean Liasion Office, 한국군 호림부대 등에 입대하여 활동했다.[15] 이렇게 반공투사를 자처한 월남자들은 휴전 이후 오늘까지 대한민국 사회를 극단적인 진영 논리로 갈라놓는 데 결정적 역할을 했다.

전쟁 전후 국군과 경찰이 저지른 국민보도연맹원 학살 사건과 인민군 부역자에 대한 학살은 극단적이고 히스테리적인 반공주의의 결과였고, 당시 학살을 명령하고 지휘한 군·경 간부의 상당수가 월남자였다. 보도연맹의 구상자인 일제 검사 출신 오제도, 6·25 개전 직후 국민보도연맹원 학살 사건을 지휘하는 위치에 있었던 내무부 치안국장 장석윤, 그의 뒤를 이어 치안국장으로 일한 김태선, 육군 정보국을 지휘했던 장도영 등이 모두 월남한 기독교인이다. 즉 월남자들은 한국 정치·사회에서 반공의 이름을 내건 공권력의 폭력, 특히 그들 자신이 수사·사찰 기관의 지휘부가 되어 각종 범법과 월권을 행사했고, 사회적으로는 기독교 보수주의, 친미 이데올로기 정착에 결정적으로 기여했다.[16] 1987년 민주화 이후 울산에서 노사 분규가 발생했을 때도 사용자 측이 "이북 출신 청년 수백 명을 모집해서 구사대를 조직했다"는 이야기가 나올 정도로, 이들은 같은 이북 출신 지식인인 피영희가 지

적한 것처럼 노동운동은 물론 모든 형태의 민주화운동과 반정부운동을 '빨갱이 짓'이라고 보았다.[17]

1992년 노벨상에 비견되는 세계 최고 권위의 종교상인 '템플턴'상을 수상한 한경직 목사는 기자회견에서 "기독교인들은 공산당원까지 사람으로 대해야 한다"고 말했다.[18] 그러나 그는 영락교회로 자신을 찾아와 감화받은 청년들이 제주4·3봉기 토벌 과정에서 그토록 야만적이고 잔인한 학살을 저지른 사실에 대해서는 눈을 감을 때까지 언급하지 않았다.

한국에서 보수와 진보의 대립, 근대화와 개혁을 둘러싼 노선 갈등, 이승만에 대한 평가 등 오늘날까지 이어지는 이데올로기 갈등의 상당 부분은 바로 6·25한국전쟁 시기에 벌어진 심각한 대립과 학살의 기억에 기초하고 있다. 이렇게 본다면 전쟁기 신천학살은 1920년대부터 지속된 기독교와 공산주의의 대립을 연장한 것이고, 이후 남한에서 지속될 적대적 정치의 예고편이었다. 신천학살은 북한에서는 호전적인 반미 선전의 소재가 되었고, 남한에서는 공산당의 만행을 온 국민의 공식적인 전쟁 기억으로 만들어내는 소재가 됐다. 남북한의 계속되는 갈등은 이런 자기만의 기억을 일방적으로 고집하는 데서 온다.

1950년대 이후 남한은 세계에서 유례없는 기독교 국가가 되었고 북한은 전투적이고 호전적인 반미 국가가 됐다. 이처럼 신천학살은 식민지 시대와 분단의 갈등을 연결하는 고리 역할을 했다. 말하자면 6·25한국전쟁 전후 기독교와 공산주의의 극단적인 충돌은 사실상 조선 말의 근대화 과정, 일제강점기의 개화와 독립을 둘러싼 대립, 그리고 일본이 물러간 이후 건설해야 할 새 국가의 이념과 정체성을 둘러싼 대립의 연장전이기도 했다.

) 남한 선교 기적의 비밀 (

한국 기독교계의 원로 지도자인 손봉호 교수는 오늘의 한국 교회를 다음과 같이 비판한다.

> 교회가 돈을 우상으로 섬기고 있다. 성경의 가르침과 너무나 어긋난다. 개신교
> 역사상 지금의 한국 교회만큼 타락한 교회는 없었다.[19]

기독교 선교사에서 한국처럼 단기간에 교세가 확장된 '기적'이 일어난 나라는 없다. 특히 양적인 면에서 한국은 가장 성공적인 사례다. 8·15 당시만 하더라도 전 인구의 1퍼센트에도 미치지 못하던 개신교가 2014년에 이르러 국민의 21퍼센트가 믿는 최대 종교가 됐다. 1993년 미국 월간지 『크리스천월드Christian World』가 선정한 세계 50대 교회 중 23개가 한국 개신교회였다. 권력층에서는 개신교 신자 비율이 더욱 늘어난다(일례로 19대 국회의원의 40퍼센트가 개신교 신자였다). 또한 개신교 재단들은 주요 사립대학과 대형 언론사를 소유하고 있다.

전쟁과 분단을 빼고는 한국에서 일어난 '선교 기적'을 설명할 방법이 없다. 1960년대까지 한국인의 절반은 종교를 갖고 있지 않았다. 1961년 조사에 의하면 미국인의 74퍼센트는 내세가 있다고 생각했고, 유럽 국가들도 대체로 60퍼센트 이상이 그렇게 생각했지만, 한국인들은 내세관에 대해 몹시 부정적이었다. 싫어하거나 관심 없다는

사람이 70퍼센트 이상이었다. 특히 인구의 대부분을 차지하던 농민들은 종교를 갖지 않고, 전래의 유교적 관습이나 무속신앙에 따라 생활했다. 설사 기독교에 귀의했다고 하더라도 그것을 신비주의적인 미신이나 주술적 방법으로 표현하는 경우가 많았다.

전쟁을 겪으면서 절망에 빠진 한국인들에게 교회는 정신적·물질적 구원의 손길을 보낸 가장 중요한 기관이었다. 지옥 같은 현실에서 벗어날 수 있는 정신적 힘을 기독교가 주었다고 해도 과언이 아니다. 기독교 인구는 1950년대 후반부터 폭발적으로 팽창했다. 기독교의 정치·사회적 영향력은 기독교 신도의 양적인 성장보다 훨씬 가팔라서 더 이상 불교 등 다른 종교와는 비교할 수 없을 정도가 됐다. 전쟁 직후의 한국인은 기독교가 한국을 구원한 미국의 종교라는 점과 대통령을 비롯한 중요 지도자들이 믿는 종교라는 점에서 대체로 긍정적인 생각을 갖게 됐으며 "예수교를 믿으면 우리도 미국처럼 잘사는 나라가 되어 일본으로부터 독립한다"고 기대했다.

이승만과 함께 귀국해서 제1공화국 시기의 최고 엘리트 집단을 차지한 인사는 거의 기독교인이었다. 이승만 정권은 정교 분리의 헌법을 위반하면서까지 기독교 선교의 선봉에 섰다. 1950년 9월 28일 서울 수복 당시 맥아더와 이승만은 중앙청에서 서울 입성의 공식 의례로 함께 기도를 했다. 1952년에는 개신교 신자인 장차관·도지사·시장 등 32명의 정치인이 참가한 가운데 '정계 인사 특별 기도회'를 열기도 했다. 1953년 이후에는 대통령을 비롯한 국방장관, 육군참모총장 등이 성탄절 메시지를 발표했다. 대부분의 국가 의식이 기독교식으로 치러졌고, 공무원의 입교를 유도하기도 했다. 한국전쟁 당시 군대와

서울 수복 기념식

1950년 9월 28일 서울 수복 직후 중앙청에서 열린
기념식에 앞서 유엔군 사령관 맥아더와 이승만 대통령
등이 기도를 하고 있다.(미국 국립문서기록관리청)

포로수용소에는 여러 종교 중에서 오직 개신교와 천주교 목회자들만이 접근할 수 있었고, 군종·군목 제도까지 도입됐다.

한편 교회는 전후 구호를 위한 사회복지 기관으로서의 역할도 담당했다. 즉 미국의 원조 물자는 주로 미국 교회에서 온 것이었는데, 이를 배분하는 기관이 교회였다. 실제로 미국 교회는 한국 교회의 증축에도 크게 기여하면서 교회가 지역사회, 시민사회의 중심적인 기관으로 자리 잡는 데 결정적인 역할을 했다.

한국 기독교 팽창의 주역은 바로 월남한 기독교인들이다. "공산주의와 기독교는 물과 기름처럼 섞일 수 없다"고 본 기독교인과 교회는 반공주의의 가장 중요한 보루였다. 한국 기독교에서 극우 반공주의가 거의 신앙처럼 자리 잡자, 교회에 나가거나 기독교 신자가 되는 것은 반공주의의 징표, 즉 신원을 보증해주는 신분증 역할을 했다. 그래서 사상적 이유로 이승만·박정희 정부의 의심을 받던 사람들은 교회나 성당에 나감으로써 '신원 보증서'를 얻을 수 있었다. 피학살자 유족들과 월북자 가족들도 남한에서 '시민'으로 인정받기 위해 교회에 나갔다. 제주4·3 당시 좌익으로 몰려 군과 경찰에 학살당한 피해자의 가족들이 국군에 자원입대해서 면죄부를 받으려 했던 행동과 비슷하다.

1946년부터 교회는 월남자들에게 신앙 공동체이면서 동시에 고향 사람들을 만나고 일자리를 얻을 수 있는 만남의 장소 역할을 했다. 재미 동포 사회에서 교회가 한국인들의 사교 공간이자 민원 해결 기관이 되어 사실상 주민센터의 역할을 하는 것과도 유사하다. 1950년대 중반까지 신설된 2000개의 교회 중 거의 90퍼센트가 월남 기독교인들에 의해 건립됐다. 그뿐 아니라 월남한 목회자들이 한국의 거의 모든 교파의 실질적인 권력을 장악하였고 오늘날까지 교계의 원로로서 막강한 영향력을 행사한다.

강화도 옆의 교동도는 지리적으로 황해도와 가까워서 월북자도 있었지만 전쟁 때 북에서 월남한 주민도 많았다. 이런 배경 때문에 교동에서도 피비린내 나는 학살이 벌어졌다. 신천·재령 등 황해도에서 내려온 청년들이 유엔군 산하 8240부대 등에서 일하다가 이후 교동 지역에 정착했다. 전쟁 후 이곳에 무려 10개의 교회가 생겼다. 선교의 역사가 매우 오래된 곳이라고는 하지만, 이렇게 갑자기 교회가 생긴 것은 한국전쟁 시기의 월남민들과 관련이 있을 것이다. 교회의 목회자들은 주로 해병대 등 교동에 주둔했던 군인 출신이다. 교동이야말로 1950년대 이후 기독교의 팽창이 반공주의와 어떻게 관련되어 있는지를 보여주는 대표적인 장소다.[20]

휴전 이후 한국에서 교회는 이승만 정권의 반공 노선으로 거의 사라지거나 관변화된 직능·사회 조직을 대체하는 지역 거점의 역할을 했다. 정당 활동이나 주민 자치 모임이 사실상 불가능해진 사회에서 친족·향우회·동창회 등 혈연과 지연을 통한 조직을 제외하면 남은 시민사회 조직은 교회밖에 없었다. 그래서 한국인에게는 학부모로서 학교에 참여하는 일을 제외하면 교회에 나가는 것이 거의 유일한 사회활동이 됐다. 교회가 지역사회의 공간을 차지하면 그것이 기득권이 되어 다른 조직은 들어올 수 없기 때문이기도 하다.

이러한 선교 기적 뒤에는 매우 짙은 그늘이 있다. 박정신은 한국 기독교의 특징으로 천박한 물량주의, 이기적 기복신앙, 전투적 반공주의 세 가지를 들었고 김흥수도 물질주의와 기복신앙이 특징을 지적했는데, 모두 6·25한국전쟁과 깊이 관련되어 있다.

> 교회마다 물질적 풍요와 여유를 찾기에 급급하여 기독교의 부흥과 영향력을 교
> 회(인) 수와 헌금액에 비추어 모든 것을 물량적으로 측정하며, 교회원의 가정마
> 다 물질적 축복을 비는 신앙으로 넘치게 됐다.[21]

오늘날 한국 교회의 가장 중요한 특징으로 거론되는 대형화, 물질
주의, 세속주의는 바로 전쟁 이후 한국 교회의 물량주의 전통에서 비
롯되었다. 병을 고치고 부귀를 추구하는 등의 세속적인 축복, 특히 자
신과 가족의 행복만을 절대적으로 중시하는 이기적인 기복신앙은 한
국인들의 정서나 문화적인 습속에서 유래하는 것이기도 하지만 전쟁
이 남긴 큰 상처와도 깊이 관련되어 있다. 전쟁으로 가정이 파괴되고
재산을 잃은 한국 사람들 다수가 기독교의 신비주의에 사로잡혔다.
전쟁 후 1950년대에 전국 각지에서 사이비종교 파동, 성령운동과 대
부흥운동이 크게 일어난 것도 한국인들에게 기복신앙적 바탕이 있었
기 때문이다.

전쟁 후 교회의 양적 팽창뿐 아니라 참여자의 열정과 열기도 주목
할 만한 현상이다. "예수 믿고 천당 가자"는 한국인들이 가장 많이 아
는 기독교 신앙의 표어가 됐다. 이미 일제 말부터 한국 교회는 정치에
관심을 끊고 개인의 내적 평화와 입신양명만을 바라는 복음주의적인
경향이 지배했다. 전쟁 통에 기적적으로 살아남은 사람들이 자신의
생존을 오직 '하나님의 은총'으로밖에는 설명할 수 없었던 것도 복음
주의가 창궐한 배경이었다.

각종 신비스러운 체험을 고백하는 교파가 늘어나면서 교회의 분열도 심각한 양상으로 전개됐다. 그중 반공주의를 등에 업고 자란 대표적인 신흥종교가 통일교다. 월남한 문선명이 창립한 통일교는 전쟁 이전의 신비주의를 토대로 특수한 교리를 만들어냈고, 대중의 절망에 편승하고 반공주의 이념을 자산으로 삼아 교세를 크게 확장했다. 통일교를 비롯한 신흥종파는 종말론·샤머니즘·기복신앙의 요소를 갖고 있었다. 기복신앙의 요소, 즉 가족의 행복과 물질적인 성공을 '하나님의 은총'과 '축복'으로 받아들이는 교회와 목회자들의 태도는 지금까지 한국 교회의 가장 중요한 특징이다.

1960년대 이후 기독교장로회를 비롯한 일부 목회자들과 청년 신도들이 민주화운동, 노동운동, 통일운동 등에 적극적으로 가담하기도 했다. 그러나 그들은 소수였고, 대부분의 목회자와 신도는 반공주의 선전에 앞장서서 독재 정권과 반공주의 질서를 지지했다.

일제강점기에는 절망적인 정치·경제적 상황이 기독교 팽창에 중요한 영향을 미쳤다면, 6·25한국전쟁 이후에는 전쟁의 상처를 치유하고 가족의 복리와 사회적 지위를 추구하기 위한 적극적인 의지가 크게 작용했다. 8·15 전후의 기독교 신자의 증가에는 큰 차이가 있다. 일제강점기에는 신분적 예속에서 벗어나 서구화와 인간 해방의 길을 찾는 것이 기독교 팽창의 주요 배경이었다면, 6·25 직후에는 전쟁의 상처 치유, 정권의 지원, 미국의 막대한 후원과 원조·배분 기관으로서의 위상 등이 중요했다.

전쟁 이후 한국의 기독교는 친미반공 정권을 거의 무비판적으로 지지했다. 심지어 기독교 지도자들은 이승만·박정희·전두환 정권을 거치면서 독재자들을 위해 기도하기도 했다. 20세기 전반부에 벌어진 격렬한 좌우 갈등 속에서 "순수 기독교가 아닌 조선산 기독교를 세워야 한다"는 생각으로 "한국 교회가 미국 교회, 서양 교회로부터 독립해야 한다"고 강조했던 김교신 같은 철학 있는 기독교 지도자들이 일제의 탄압이나 전쟁 통에 사라진 것도 기독교가 독재 정권을 지지하게 된 이유 중의 하나다. 불교, 유교 등 다른 종교와 달리 기독교가 정부와 마찰을 일으키기보다는 전면적으로 결합하면서 반공국가인 한국은 사실상 기독교 국가가 됐다. 6·25한국전쟁 전후 극우 반공주의의 광기와 남한의 선교 기적은 사실상 동일한 현상이며 동일한 주역, 주로 월남민들에 의해 만들어진 현상이다.

서양 종교인 기독교는 인간 해방의 이념으로 우리나라에 들어왔으나 일제하에서 이승만 정권에 이르는 동안 권력과 타협했고, 세속적으로는 권위주의·가족주의·자본주의적인 물질주의와 결합했다. 선교 기적과 기독교 물량주의는 동전의 양면이다. 전쟁과 분단, 미국의 압도적 영향을 빼고는 이 모든 현상을 설명할 방법이 없다.

공산주의 역시 한반도에 계급해방의 이념으로 들어왔으나 북한의 사회주의는 스탈린적 전체주의, 세습 군주주의, 유교적 충효의 논리와 결합했다. 남북한 양측 모두 겉은 서양의 옷을 걸쳤지만, 속을 들여다보면 근대 서양 문명의 가장 퇴영적인 것과 청산해야 할 구시대의 유산을 나눠 가졌다.

6·25한국전쟁, 좌우 양측에 의한 학살, 남북한 간의 적대와 남한의 극우 반공주의, 기독교 선교 기적, 가족에 대한 무도덕적 헌신과 세습주의, 물량주의와 성장지상주의 등 오늘날 대한민국의 가장 중요한

특징들은 모두 월남자들이 겪었던 고난의 기억과 무관하지 않다. 그러므로 대한민국의 진면목을 알기 위해서는 전쟁, 분단과 대규모 월남 난민의 역사를 살펴봐야 한다. 지금껏 남북한 모두 인구의 상당수가 월북·월남한 사실을 제대로 인정하지 않거나 축소해왔으며, 반대로 각각 월남·월북 인구를 과장하면서 자기 체제의 우위를 과시하는 데 활용했다.

8장
반공이
국시가 된

이유

본 변호인이 우리나라에서 간행된 책자를 보니까 국시는
'확정되어 있는 나라의 근본 방침, 국민 전체가 옳다고 믿는
주의와 시정의 근본 방침'이라고 되어 있습니다. 그렇다면
국시에 대한 의견은 시대의 흐름에 맞춰 또는 국민의 의식
변형에 따라 얼마든지 변경 가능한 문제라고 생각됩니다.
그런데 검찰은 우리나라 국시가 마치 반공인 것처럼 전제를
해서 공소를 제기했습니다. 5·16 당시 「혁명공약」에 반공이
국시라고 내세운 이래, 많은 국민들이 지정학적 현실
때문에 우리나라 국시가 반공이라는 주장을 용인해온 것이
사실입니다. 그러나 그 후 국무총리였던 김종필 씨가 의원들의
질문에 국시는 자유민주주의라고 단정적으로 이야기했고
고등학교 교과서에는 국시가 평화통일로 되어 있습니다.
그렇다면 검찰이 우리나라의 국시는 반공이라고 한 것은 사실과
틀린 것이며 잘못 이해하고 있는 것이라고 봅니다.

• "목요상 변호사의 유성환 의원 변론"(1987.4.8.), 시사오늘 시사 ON,
  2014년 1월 21일.

) 반공의 시녀가 된 자유와 민주 (

대한민국의 헌법 전문前文에는 '자유민주적 기본질서', '민주주의', '자유'가 강조되어 있으며 헌법 제1조는 "대한민국은 민주공화국"이라고 밝힌다. 그런데 지금까지 한국의 정치사를 돌아보면 이런 헌법 정신이 지켜졌는지 의심스럽다. 5·16쿠데타를 일으킨 박정희는 「혁명공약」 제1조에서 '반공을 국시國是의 제일의第一義'로 삼겠다고 했다. 1986년 신민당 유성환 의원은 "이 나라의 국시는 반공보다 통일이어야 한다"고 주장했다가 국회에서 체포되어 「국가보안법」 위반 혐의로 징역 1년, 자격정지 1년을 선고받았다. 그렇다면 한국의 국가 이념은 자유와 민주가 아니라 반공이라는 말인가? 아니면 자유와 민주가 곧 반공인가?

사람이 전쟁이라는 극한의 위기에 처하면 생존이라는 동물적 본능에 사로잡혀 윤리와 도덕은 물론 평소에 주장하던 이념이나 가치도 던져버리게 된다. 이승만의 영구 집권을 위해 1960년 3·15부정선거를 기획하고 "이승만이 대통령이 되지 않으면 일본과 공산당에게 나라를 빼앗긴다"고 공무원들을 닦달했던 당시 내무부장관 최인규를 보면, 왜 6·25한국전쟁이 그로 하여금 자유니 민주니 하는 헌법 가치를 헌신짝처럼 버리고 수단과 방법을 가리지 않고 독재 정권을 옹호하게 했는지 알 수 있다.

공산군이 쳐들어온 날 저녁(1950년 6월 25일), 잠을 이루지 못하고 한 맹세를 되풀이하여 보았다. 싯째 싱부나 내통텅이나 국군이나 경찰에 대해 불평을 잠고

살 것. 둘째 자유와 민주주의를 위하여 투쟁하되 감상적으로 비관적인 면을 청산하고 자유와 민주주 또한 대한민국과 그 헌법을 공산 침략으로부터 보호할 수 있는 강력한 대통령과 정부, 그리고 또한 국방군을 가진 나라를 세우기 위하여 목숨을 내놓고 투쟁할 것. 셋째 공산당과 타협 없는 투쟁을 할 것.[1]

최인규는 5·16쿠데타 이후 재판정에서 "3·15부정선거는 국민이 잘살게 해보려고 한 것인데, 그만 역사에 오점을 남기게 되어 죄송할 따름입니다"라고 변명했다.[2] 그는 이승만의 당선을 위해 105호, 108호라는 비밀경찰 조직을 편성했다. 105호는 3·15부정선거를 효과적으로 수행하기 위해 경찰들로 조직된 '선거 독찰반'이었다. 이들은 맡은 구역에서 무슨 수를 써서라도 자유당 후보가 85퍼센트를 득표하도록 만들어야 했다. 이 독찰반은 64명의 경찰 간부로 조직되어 있었고, 서울시와 각 지방별로 운영됐다. 도 단위의 독찰반은 각 도 경찰국의 경감·경위급 30명으로 조직되었는데 이들은 관내 경찰서를 각각 담당 구역으로 맡았다. 최인규는 국가를 지키고 국민을 잘살게 한다는 그럴듯한 이유를 들어서 경찰이 선거에 개입하고 국민을 협박할 수 있다고 생각했다. 이승만 당신은 헌법상의 국민주권과 자유민주주의 원칙보다 훨씬 중요한 지상 목표였다. 이런 게 바로 이승만의 대한민국이었다. 역설적이게도 이승만의 독재와 영구 집권의 도구였던 정당의 이름이 바로 '자유당'이다.

자유freedom는 원래 프랑스어인 해방libération과 같은 의미이며, 개인이나 국가가 외부의 구속과 압제로부터 독립independence해야 가능하다. 정치적으로는 독립, 즉 자주 통일 국민국가를 건설해야 자유를 얻을 조건이 마련되는데, 통일운동을 반체제운동으로 간주하고 어느 한 편의 외세를 구세주처럼 받드는 국가가 국민들에게 자유를 줄 수 있을까? 북한의 침략을 받아 국가의 존립이 경각에 처했던 전쟁 상황에서 신생 대한민국은 미국의 군사적인 지원이 없었다면 살아날 수 없었다. 이승만은 한국이 군사·경제적으로 미국에 절대적으로 의존한 상태를 '자유세계'라고 불렀다. 한국에서 '자유세계', '자유진영'은 미국이 주도하는 냉전 질서의 또 다른 이름이다. 1950년대 초반 매카시즘의 광풍이 불던 미국도 그랬지만, 이승만의 '자유'는 공산주의로부터의 자유, 반대파를 '빨갱이'로 몰아서 무차별적인 폭력을 행사할 자유를 의미했다. 즉 이 시절 자유 혹은 민주는 공산주의의 반대말이었다.

조지 오웰George Orwell이 『1984』에서 말한 것처럼 이런 의미의 자유는 구속·폭력·독재를 달리 표현한 것이다. 공산주의에 반대하는 어떤 독재 정권이나 테러, 자본주의 제도도 참고 받아들이라는 뜻이기 때문이다. 「제헌헌법」 이후 역대 한국의 헌법은 자유민주주의를 강조하고 표현과 결사의 자유를 명시하고 있으나, 1987년 민주화 이전까지는 사상과 표현의 자유는 물론 결사의 자유도 심각하게 제한됐다. 조선 말기에 홍대용은 "중국에서는 주자朱子를 반대하고 육왕학(송대의 신유학자인 육구연陸九淵과 명대의 왕수인王守仁의 학설을 뜻한다)을 존숭하는 이들도 성대하여 다 인정을 받으며 사문에 위배된다고 죄를 받는 일을 듣지 못했다"며 주자 일변도인 조선의 사상 풍토를 비판했다.[3] 그런데 조선 시대도 아닌 '자유세계'인 한국에서 「국가보안법」을 이용해 좌익은 물론 이승만을 반대하는 지식인을 구속·탄압하고, 경찰이 다짜고짜 시민들을 붙잡아 구타하거나 뺨을 때리기도 했다.[4]

이승만 정권 시기의 반공주의는 헌법 위의 가치였을 뿐만 아니라 일본의 천황제처럼 신앙의 대상이자 일본의 국가 종교인 국체国体(국가 형태를 뜻하는 국체國體가 아니라, 일본 건국신화에 기반하여 천황의 신성성과 군림 지속성의 근거가 된 특수한 개념이다) 개념과 비슷한 것이었다. 종교 지도자인 함석헌이 「생각하는 백성이라야 산다」라는 글을 『사상계』에 기고했는데, 검찰은 그를 「국가보안법」 혐의로 구속했다. 그의 글 중 남북한은 모두가 꼭두각시 정권이고 "우리는 나라 없는 백성이다"라고 말한 것이 남한과 북한 괴뢰를 동일하게 취급하여, '국체'를 부인했다는 것이다. 일제 때 「치안유지법」이 일본의 천황과 사유재산 제도를 비판하면 국체를 부인한 것으로 간주했는데, 함석헌에 대한 검찰의 기소 논리는 대한민국이 일제의 연장인 듯한 착각을 불러일으켰다.

소설가 박완서의 말처럼 "빨갱이라면 젖먹이 어린 것까지도 덮어놓고 징그러워하고 꺼리던" 시절을 겪은 뒤, 온 국민의 생각과 행동은 "오로지 빨갱이냐 아니냐의 문제에 의해 지배당하고 있었다." 경찰의 폭력이 어쩌나 가혹했던지 사람들은 "경찰서 소리만 해도 그는 안색이 단박에 바래면서 덜덜" 떨었다.[5]

그래서 1950년대 이승만 정권 시기는 '연장된 식민의 시기'로까지도 볼 수 있다. 일제의 군국주의 천황제와 「치안유지법」이 반공주의를 가장 중요한 사상적 기둥으로 삼았던 것처럼 이승만 정권도 반공주의를 통치의 최고 원리로 삼았고, 반공주의자라면 범죄자도 용서했다. 최인훈은 『광장』에서 주인공의 입을 빌려 이렇게 말한다.

명준은 자기가 마치 일본 경찰의 특고 형사실에 와 있는 듯한 생각에 사로잡힌다. (…) 빨갱이 잡는 것을 가지고 볼 때 지금이나 일본 시절이나 다름없다고 생각하고 있는 게 완연하다. 일제는 반공이다. 우리도 반공이다. 그러므로 둘은 같다는 삼단논법 (…) 그의 의견으로 볼 때 빨갱이는 어떻게 다루어도 좋다. 그는 옛날은 좋았다고 한다.[6]

1955년에 창당하여 오늘까지 일본을 지배하고 있는 자유민주당은 군국주의와 천황제를 옹호하던 전범들과 보수우익 세력의 주도로 만들어졌다. 이승만 정권 시기의 집권당인 자유당 역시 민족 독립 혹은 해방의 걸림돌이 되었던 부일 협력자들이 주도했다고 해도 과언이 아니다. 일본 자민당이나 한국 자유당의 '자유'는 미국의 냉전 정책에 회답하는 표현이며 동시에 일제의 식민지 지배와 전쟁범죄에 부역했던 권력층이 기득권을 유지하는 명분에 불과하다. 일본에게 자유는 과거의 침략과 식민지 지배에 대한 부정이었고, 한국인들에게는 민족과 항일 독립운동 세력에 대한 부정이었다. 민족이 독립해야 진정한 자유가 보장된다. 이 점에서 재일 동포 지식인 윤건차는 "식민지 경험이 있는 조선에서 민족을 논하는 것은 본질적으로 그 자체가 자유와 민주주의를 희구하는 것과 연결된다"고 말한다.[7]

이승만 정권은 6·25한국전쟁을 거치면서 일제 치하에서 항일 독립운동을 했던 좌익계 지도자들은 물론 중도 민족주의 성향의 지도자들까지 빨갱이로 몰아서 제거했다. 게다가 이승만 개인과 정권에 비판적인 보수우익 성향의 지도자까지 눈엣가시로 여기기 시작했다. 이승만 정권에서 정부·군·경찰 요직에 등용된 사람들은 기독교 인사이거나 이승만의 미국 망명 시절의 측근, 그리고 일본 천황과 총복부 제세에 협력하여 동포를 토벌하거나 핍박한 사람들이었다. 단독정부 수립에 반대한 김구 등 한독당 계열뿐만 아니라 단독정부 수립에 크게 기여한 극우 민족주의자인 이범석과 족청계(조선민족청년단)도 6·25한국전쟁을 거친 후 제거됐다.[8] 성균관대를 세운 항일 인사이자 유교 지식인인 심산 김창숙 같은 보수 민족주의자는 현실 정치에 가담하지 않았기 때문에 '빨갱이'로 몰리지는 않았으나, 이승만 정권은 그를 눈에 가시처럼 여겼다.

남한에서 좌익은 물론 극우 성향의 민족주의자들까지 배제된 것은 결국 미국발 냉전 질서가 민족주의 성향의 우파조차도 용납하지 않았기 때문이다. 미국의 의심을 산 그 어떤 정치 세력도 권력권에 진출하지 못한 것은 일본이나 한국이나 마찬가지다. 단지 북한과 마주하고 있던 남한은 일본보다 그 정도가 훨씬 심했을 뿐이다. 언론인 송건호는 한국의 반공주의를 가짜라고 말했다.

우리나라 반공은 가짭니다. 친일파들은 대세를 쫓은 거예요. 원래 친일파와 반공은 다른 개념이지만, 실제로 이들은 똑같은 사람들이에요. 친일파들이 반공을 한 겁니다. 대체로 일제 시대 친일파는 친미국, 친이승만으로 반공투사가 되었죠. 지나친 말인지는 몰라도 한국의 반공은 진짜 반공은 아니에요.[9]

결국 한국의 반공주의는 헌법상의 자유민주주의를 뒷받침할 수 있는 이념이나 실천과 무관한 것이고, 실제로는 친일파의 기득권 상실에 대한 두려움 혹은 권력 유지를 위한 욕망을 그럴듯하게 포장한 것에 불과하다는 말이다. 1972년 박정희 정권도 남북 정상회담을 비밀

국제구락부 사건
1952년 6월 이승만의 개헌안에 반대하는 시위 도중
체포되는 심산 김창숙. (ⓒ심산김창숙선생기념사업회)

리에 추진하면서 국민들에게는 반공으로 엄포를 놓고 뒤에서는 '괴뢰 정부'라고 부른 북한의 최고 권력자들과 만나서 거래했다. 그래서 최상천은 "7·4 남북 공동성명은 사기 문서다"라고 주장했다.[10]

1997년 대선 국면에서 발생한 총풍 사건도 마찬가지다. 당시 한나라당 후보였던 이회창의 지지율을 높이기 위해서 청와대 행정관 등 3명이 베이징에서 북한의 아시아태평양평화위원회 참사 박충을 만나 휴전선 인근에서 무력 시위를 해달라고 요청했다. 이처럼 집권 세력에게 반공과 반북은 주로 국내 정치용이었다.

) 삼권분립이 무의미한 신군주제 국가 (

한국의 「제헌헌법」에는 서구 여러 나라가 200년 이상 투쟁해서 얻어낸 공화제, 보통선거권, 삼권분립, 삼심제가 명시되어 있다. 이것은 3·1운동 직후 결성된 임시정부의 독립운동가들이 공화제와 삼권분립 정신을 이후 건설할 독립국가의 기본 정신으로 삼은 결과다. 그러나 삼권분립의 정신은 헌법 조문으로만 남았다. 이승만과 이후의 박정희, 전두환은 삼권분립, 사법부의 독립, 국회의 입법 활동에 대한 소신과 철학이 없었다.

이승만은 이씨 왕족의 먼 방계에 속했지만 왕실에 대한 향수와 왕족이라는 자부심을 버리지 못했다. 평생을 미국에서 보냈고 미국식 자유민주주의의 세례를 받았지만, 그의 비서였다가 이후 야당 국회의원을 역임한 박용만에 따르면 이승만은 "입으로는 민주주의를 외치나 반대파에 대해서는 몽둥이와 주먹을 휘둘러 상대방을 억압"하는 전형적인 권위주의자였다.[11] 일본군 출신 박정희 역시 국회의 정치 토론은 생산적이지 않으며, 자신의 명령이 곧 법이라고 생각했다. 한국의 법과 제도는 미국식 민주주의 모델을 따랐지만, 현실의 대통령들은 왕조 시대의 군주, 혹은 파시즘하의 총통과 같은 절대적 존재였다.

우리나라 대한 나라 독립을 위해
일생을 한결같이 몸 바쳐오신
고마우신 이 대통령 우리 대통령
그 이름 길이길이 빛내오리다.

• 〈이승만 대통령 찬가〉, 작곡·작사 미상.

학교에서는 〈이승만 대통령 찬가〉가 울려 퍼졌고, 살아 있는 사람의 동상이 세워졌다. 반공주의를 국가 종교처럼 신성시한 '자유' 대한민국은 국민에게 하나의 생각과 사상을 강요했고, 학교에서는 오직 하나의 역사만 가르쳤다. 일제 말의 전체주의와 마찬가지로 이승만 정권 시기나 박정희 정권 말기에 국회연단이나 라디오 방송, 뉴스나 영화관, 국군 장병에게 보내는 위문편지에 등장하는 목소리도 오직 하나뿐이었다.[12] 자유당 정부는 공공건물에 이승만 사진이 없으면 공산당으로 몰았다. 1960년 선거를 앞두고는 "이승만 박사와 이기붕 의장을 선출하지 않으면 일본과 공산당에게 나라를 빼앗긴다"고 공공연히 선전하여 국민들에게 공포감을 주었다.

오랜 세월 동안 왕조 체제를 경험했고, 이후 식민지 전제 체제를 거친 보통의 한국인은 이 상황을 심각한 문제로 생각하지 않았다. 대통령이나 국회의원을 선출하는 선거권을 제외하고는 국민주권과 권력에 대한 감시, 사법권 독립 등에 대한 신념은 약했다.

극단적인 반공주의와 기독교 근본주의는 서로 통하는 점이 많다. 이승만식의 반공주의나 '자유'를 맹목적으로 옹호했던 가장 중요한 반공 세력은 앞서 말한 월남자들, 특히 월남 개신교 신자들이었다. 한국군에게는 거의 신적인 존재로 숭앙받던 유엔군 사령관 맥아더와 후임자인 매슈 리지웨이Matthew Ridgway도 성경을 문자 그대로 해석하는 극히 보수적이고 근본주의적인 기독교 신자였기 때문에 한국의 기독교인들이나 정치 지도자들도 알게 모르게 그들의 영향을 받았을 것이다. 특히 전쟁 이후 미국의 기독교 근본주의 교단은 한국의 산하 교단에 선교사와 후원금을 보내서 영향력을 확대했다. 이리하여 북한에서 내려온 반공주의 개신교 세력과 미국의 근본주의적인 영향이 합쳐져서 전쟁 이후 남한의 개신교는 강한 보수 성향을 가지게 됐다.[13]

맥아더를 비롯한 미국의 보수 기독교인들은 신을 부정하는 공산주의를 반문명, 야만, 사탄, 심지어 악마와 같은 것으로 보았다. 해방 이후에 한국으로 파송되어온 미국인 선교사들도 대체로 복음주의 신앙을 가졌거나 근본주의적 성향의 교단에서 온 사람들이었다.[14] 해방 직후 북한에서, 그리고 6·25한국전쟁 당시에 인민군 치하에서 탄압을 받았던 기독교인들은 공산주의를 '괴물', '악마', '붉은 용' 등으로 묘사했다. 전쟁을 겪으면서 '공산주의는 사탄'이라는 생각이 일반화되었으며, 기독교의 구원 사상과 선민의식은 전쟁의 참화를 겪은 한국이 세계 반공전선의 최전방에 서서 사탄을 물리칠 임무를 부여받았다는 허황된 논리와 결합했다.

1950년대에 한국 개신교회의 지도자들은 전 세계 반공주의의 보루인 미국 개신교도들보다 더 반공주의적이었다. 전쟁 중인 1951년 이승만은 세계교회협의회WCCWorld Counsil of Churches가 '용공조직'이라는 내용의 팸플릿을 목사이자 국회의장인 이규갑 등에게 전달했고, 이후 25명의 국회의원이 WCC는 물론 회원교단인 '대한예수교장로회총회'도 용공단체라는 내용의 성명서를 발표했다. 1954년에 열린 WCC 총회에서 한국 개신교는 공산주의는 '세계적인 제국주의'이며 결코 이들과 공존할 수 없다는 강경한 반공주의 태도를 드러냈고, 중국을 승인하려는 WCC나 미국 교회와 관계를 단절해야 한다는 주장까지 내놓아 반공주의의 본산인 미국의 기독교인을 놀라게 했다.[15]

목회자가 아닌 민간인 신분으로 한국교회협의회 활동을 오랫동안 했던 오재식은 이승만 정권하에서 기독교 반공주의의 망령을 다음과 같이 질타했다.

> 그들은 부패한 이승만 정권에 대한 시민의 불만과 원성이 높을 때, 그 정권을 옹호하고 나아가 하나님의 사자使者인 양, 축복하면서 강단을 지켰다. (…) 그들은 기독교의 이름을 가지면서도 사회 정의와, 비리를 고발하고 개혁하려는 의지를 보이기는커녕 부작위의 죄책감을 반공이라는 열광으로 상쇄했다.[16]

한국 기독교의 주류인 복음주의 신앙과 근본주의는 1987년 민주화운동으로 전두환 정권이 무너질 때까지 거의 그대로 지속되었고, 그 사이에 형성된 대형 교회는 현재까지 한국의 집권 여당과 보수주의를 떠받치는 가장 든든한 표밭이자 기둥으로 남아 있다. 이들 세력은 꿈건, 제국주의의 억압에 대항하여 자유를 쟁취한 이력이 없다. 단지 미국이 주도하는 냉전 질서와 천민적인 물질주의를 절대적으로 추종하면서 조금이라도 자신들을 위협하는 세력은 모두 공산주의로 몰았다.

이승만과 자유당이 내세운 자유는 사실상 미국이 주도하는 냉전 질서에서 미국과 한 몸이 되자는 논리였다. 동시에 반공주의, 민주주의의 다른 이름이었고, 사유재산을 거부하는 공산주의의 위협 앞에 자신의 재산을 지키겠다는 생존본능과 욕망의 표현이었다. 18, 19세기에 유럽과 미국에서 '해방'의 이념으로 등장한 자유liberty의 개념은 1950년대 한국에서 정반대의 길을 걸었던 사람들에 의해 정반대의 방식인 강압과 폭력으로 나타났다.

이승만 독재를 무너뜨린 4·19혁명 당시의 학생들은 "자유가 아니면 죽음을 달라"고 외치며 "언론·출판·집회·결사 및 사상의 자유의 불빛은, 무식한 전제 권력의 악랄한 발악으로 깜박이던 빛조차 사라졌다"고 선언했다. 이것은 프랑스혁명 때 '제3신분'이 외쳤던 구호다. 한국판 절대군주 이승만에 맞서, 한국판 제3신분인 학생들이 이승만의 가짜 자유에 맞서서 진정한 자유의 주체임을 선언했다. 마산에서 3·15부정선거에 항의하는 학생과 시민들이 거리로 나오자, 이승만은 이 난동 뒤에는 공산당이 있다고 협박성 담화를 발표했다. 그러나 12년간 정치적 반대 세력의 항의나 비판을 공산주의로 몰던 수법은 더 이상 먹히지 않았다. 마침내 4·19 당일에 학생들과 거리의 청소년들은 '가짜 자유'의 상징인 서울 시내의 반공회관을 불태우고 이승만 동상을 끌어내렸다.

) 나는 새도 떨어뜨린 반공의 화신 김창룡 (

대한민국에는 마음만 먹으면 무엇이든지 할 수 있는 정부 조직이 있다. 바로 국가정보원(구 중앙정보부, 안기부)과 기무사(구 보안사)다. 두 조직의 뿌리로 거슬러 올라가면 이승만 정권 시기의 특무대(방첩대)가 나온다. 반공이 국가 종교처럼 된 나라에서 '빨갱이' 잡는 '특별' 수사기관은 언제나 법 위에 서 있는 국가 위의 국가였다. 원래 특무대는 군 수사기관이기 때문에 대공 업무나 군대 내부의 비리를 수사해야 하지만 법과 규정을 위반하면서까지 국내 정치나 민간인 사찰, 더 정확히 말하면 대통령의 권력 유지를 위한 첩보 업무를 관장했다. 박정희 정권 시절 중앙정보부는 「반공법」과 「국가보안법」 관련 사건의 수사권을 갖고 있었기 때문에 반체제·반정부 인사를 체포·수사하는 일을 했다.

오늘날 보통의 국민은 대통령 다음가는 권력자는 국무총리이며, 지방의 각 도에서는 도지사가 최고 권력자이고, 국회의원 또한 강력한 권력을 손에 쥐고 있다고 생각할 것이다. 그런데 민주화 이전에는 그렇지 않았다. 이승만에게 2인자인 특무대장 김창룡이 있었다면, 박정희에게는 2인자인 중앙정보부장 이후락이 있었다.[17] 이승만 시기의 일본군 헌병 하사관 출신 김창룡과 박정희 시기의 일본군 하사관 출신 이후락은 국무총리는 물론 다른 어떤 장관보다 더 막강한 권력을 가졌다.[18] 각 시도에서는 현지로 파견된 중앙정보부 요원이 도지사보다 강한 권력을 갖고 있었고, 각 대학에 파견 나온 중앙정보부 요원은 학생 지도에서 총장이나 학장의 권한을 압도했다. 해외에서는 중앙정보부(안기부) 요원이 공식 직함을 가진 외교관 위에 군림하였다. 즉 나라의 대사관 업무도 사실상 이 요원들이 주도하였는데, 재외 동포를 감시·사찰하는 일이 바로 그것이었다.

중앙정보부와 보안사는 비밀리에 수집된 정보를 자산으로 정치가나 사회운동가들의 약점을 잡아 협박하는 등 지저분한 일을 도맡았다. 두 기관이 행사한 탈법과 월권은 국가 안보, 즉 북한과의 군사적 대치 상황이라는 명분으로 정당화되었으나, 실제로는 선거나 의회정치 등 민주주의의 절차와 국민주권 원칙을 짓밟았다. 활동과 예산 등 일체의 정보가 공개되지 않고, 대통령 직속 기관이지만 때로는 대통령도 통제할 수 없는 두 조직은 과거 상당수의 정치공작과 고문, 의문사 사건에 개입했고, 그 진실은 지금도 가려져 있다.

1950년대에 특무대를 이용해서 대한민국을 주무른 인물이 있으니, 이승만 정권의 2인자 특무대장 김창룡이다. 1948년 8월 15일 대한민국 정부 수립 후 육군본부에 설치된 특별조사대SISSpecial Intelligence Service를 모태로 한 한국의 특무대는 해방 이후 남한에 주둔한 미군 24군단 소속의 정보기관인 방첩대CICCounter Intelligence Corps를 본뜬 것이다. 그 창설 멤버는 미군에게 훈련받은 군 정보요원들이었다. 5·16쿠데타 세력이 만든 중앙정보부는 미국 중앙정보국CIA을 본뜬 것이다. 그러나 두 조직의 운영 매뉴얼과 조직 문화는 항일운동가들을 잡아서 고문하고 살해한 일제의 특고와 헌병의 것과 같았다. 8·15 직후 미군은 일본에 진주하자마자 일본 제국주의 침략전쟁과 전쟁범죄의 핵심이자 첨병 노릇을 한 비밀경찰, 즉 특고를 해체하고 그 요원들을 처벌했다. 일제하에서 특고는 천황에 반대해 '선전·선동을 일삼는 공산주의자'는 물론 조선인 항일운동가, 식민지 체제에 비판적 생각을 갖는 자들도 모두 반체제 인물로 간주하여 「치안유지법」에 따라 체포했다.

그런데 8·15 이후 한국에서는 반대의 상황이 전개되었다. 일제의 특고와 헌병에 소속되어 일본인의 지휘 아래 항일투사들을 사찰하고 고문하던 인물들이 거의 그대로 살아남았고 또 요직에 기용됐다. 일제 고등계 형사로 활동하던 노덕술이 해방 후 미군정청 경찰로 특별 채용되어 항일투사 김원봉을 잡아다 뺨을 때리고 모욕을 준 사건이 상징적이다. 특고와 헌병의 심부름꾼 역할을 한 조선인 경찰과 군인들은 미군정의 반공 노선이 강화되자 경찰의 사찰과나 군 특별조사대에 발탁되었고, 정부 수립 이후 좌익 세력 검거 활동이 필요해지자 단기간에 그 역할과 권력을 키워나갔다.

특무대는 이승만의 정적을 제거하는 일에 앞장섰다. 김구 암살에도 특무대가 관여한 흔적이 있고, 김구 암살범인 안두희 역시 미 방첩대 요원으로서 '이승만이 가장 총애하는 측근'이라는 미군의 기록이 남아 있다.[19] 안두희는 부유한 지주 집안 출신으로 반공·반북을 신앙처럼 말하던 월남 청년이었다. 그는 미군정 시기에 서청의 핵심 간부였고, 대북 첩보공작을 주도한 전문가였다. 또한 미군 971방첩대 파견대와 긴밀한 연계를 맺어온 정보요원으로 미국이 보증한 인물이다. 안두희는 1992년 "단정 수립에 반대하는 백범을 제거해야 한다고 김창룡 특무대장이 세뇌시켰다"고 증언하기도 했다.

특무대는 진보당 당수이자 1956년 대통령 선거에서 이승만의 간담을 서늘하게 한 조봉암을 간첩으로 몰아 사형시키는 데도 관여했으며, 공개 투표와 내리 투표를 통해 진 짱녕의 99피센드의 지지표를 연어낸 이른바 '비둘기 작전'이라는 부정선거를 단행했다. 바로 이 '특무'를 이끌던 김창룡은 1950년대를 주름잡으며 그 위세가 "지상의 별은 말할 나위도 없고 천상의 별까지 떨어뜨릴 만했다."[20]

함경남도 영흥군에서 태어난 김창룡은 식민지하에서 출세욕을 불태웠다. 만주의 일본군 헌병대의 군속으로 일하다가 꿈에도 그리던 관동군 헌병이 되었으며, 이후 헌병 오장(하사관)으로서 중국의 조선인 항일 세력과 좌익 세력을 체포했다. 해방 후 북한에서 친일반동분자로 체포되어 두 번에 걸쳐 사형선고를 받았으나 감옥에서 탈출한 뒤 1946년 5월에 월남했다. 이후 "공산당 때려잡는 것이 소원"이 되었고, 이를 위해서라면 물불을 가리지 않았다. 1947년 경비사관학교 3기를 졸업하고 대공첩보 분야에서 승승장구했다. 여순 사건 직후에는 군대 내부의 좌익을 색출하는 작업에서 공로를 세웠으며, 6·25한국전쟁 때는 같은 이북 출신의 오제도 검사와 함께 군·검·경 합동수사본부를 이끌면서 인민군에게 부역한 사람을 선별하여 처형하라는 학살명령을 내렸다. 한국전쟁 시기 최대의 비극인 국민보도연맹원 학살 사건에도 그가 개입한 흔적이 있다.

대공 업무와 좌익 제거 분야에서 큰 공적을 올리자 이승만 대통령은 김창룡을 전적으로 신임했다. 그래서 그는 영관급 장교였을 때 이미 계급 서열을 뛰어넘어 대통령에게 직접 보고할 수 있게 됐다. 대통령과 독대를 할 수 있었다는 사실은 곧 그의 힘이 얼마나 대단했는지 말해준다. 미군정 당시 미국 첩보요원이기도 했던 고정훈은 이렇게 말한다.

진보당 사건
법원의 판결을 듣고 있는 피의자들. 맨 앞에 서 있는
인물이 조봉암이다. 1958년 7월 31일 교수대에서
숨을 거둔 그는 53년 만인 2011년 1월 20일
대법원에서 무죄를 선고받았다. (ⓒ경향신문)

실은 육군참모총장의 지휘하에서 대내 방첩을 충실히 수행해야 함에도 불구하고 이승만 대통령의 개인의 사람으로 신망을 받아 좌지우지하려는 야심에서 참모장을 경유하지 않고 직접 대통령과 직통하여 군인과 정치가와 민간인 할 것 없이 자기에게 사감만 있으면 여지없이 중상과 모략으로서 매장해버리고 말았다. (…) 군의 사기를 저락시키는 한편 특무대원은 거리낌 없이 민폐를 끼쳤다.[21]

이런 무소불위의 권력을 갖고 있었기 때문에 상관인 국군참모장도 김창룡을 두려워했을 정도였다. 그는 아무런 죄가 없는 사람들을 공산당으로 몰아 재판에 회부하고, 법관을 협박하여 중형을 선고하게 하고, 그 일을 경무대에 보고하여 대통령에게 칭찬을 받기도 했다. 이런 권력 남용과 패륜적 행동 때문에 그는 1956년 1월 30일 부하인 허태영 대령에게 저격당해 사망했다. 이승만은 그가 사망하자 매우 이례적으로 직접 조문을 가기도 했다.[22]

김창룡은 반공의 이름으로 진행된 이승만 정권기의 대통령 정적 제거, 민간인 학살, 고문, 간첩 조작 등 거의 모든 사건에 개입했다. 6·25전쟁 전후에 반공주의라는 광풍이 휘몰아치던 시대는 곧 김창룡의 시대이기도 했다. 그가 길러낸 첩보요원과 그들의 활동 방식은 오늘날까지 특무대-보안사-기무사, 중앙정보부-안기부-국정원으로 이름만 바뀐 채 살아 있다. 어떤 공식 기록에도 잘 나타나지 않지만, 김창룡은 실로 한국 현대사 최대의 주역 중 한 사람이다. 일본군 헌병 하사 출신으로 두 번이나 사형을 선고받은 그가 이승만 정권의 2인자가 되어 산천초목을 떨게 했다는 사실, 그가 만든 수사정보기관이 지금도 간첩 조작과 선거 개입 등의 방식으로 한국의 민주주의를 비웃고 있다는 사실이 오늘의 대한민국을 말해준다.

'국시'라는 전체주의의 용어가 1980년대까지 사용된 것도 참 어이 없지만, 공안기관이 여전히 한국의 국시는 자유민주주의가 아니라 반 공이라고 생각하는 것도 기가 막히는 일이다. 헌법상의 민주주의와 법의 지배라는 가치는 반공·반북의 논리 앞에서 빛이 바랜다. 2012 년 대선에 국정원이 개입한 사건도 '대북 심리전'이라는 명분으로 정 당화되었다. 이명박 정권 시기에 국정원은 탈북자 유우성이 탈북자 정보를 북한에 넘겼다며 그를 간첩으로 기소했는데, 결국 증거 조작 임이 드러났다. 그런데도 그를 간첩으로 조작한 국정원 직원과 검사 들은 어떤 처벌도 받지 않았다.

일제 말의 파시즘이 제대로 청산되지 않은 채 냉전에 편입된 한국 에서는 자유·민주·국민주권이라는 국민의 기본권 실현이 요원하다. 한국의 반공주의는 공산주의를 반대하는 것이 아니라, 공산주의는 더 불어 함께할 수 없는 '병균'이기 때문에 '박멸'해야 한다고 생각한다. 때문에 이 병균을 죽여 없애자는 국가기관, 그리고 그런 일을 기획·지 시한 공안기관 간부들의 모든 탈법과 폭력이 정당화된다. 반공이 국 시인 한 생각의 차이, 관용, 헌법상의 자유와 민주, 인권 등을 보장하 는 제도나 조치는 언제든지 휴지 조각으로 변할 수 있다.

9장
한미
관계는

외교 관계?

도널드 트럼프 미국 대통령은 20일 한미 방위비 분담금
협상과 관련해 한국의 제안을 거절했다고 밝혔다. 트럼프
대통령은 "그들(한국)이 우리에게 일정한 금액을 제시했지만
내가 거절했다"면서 현재 상황은 공평하지 않기 때문에
큰 비율의 방위비 부담을 한국에 요구하고 있다고 말했다.
"그것(협상)은 (주한미군) 감축에 관한 문제가 아니다"라며
"그것은 그들 자신의 나라 방위에 대해 그들이 기여하는 의지에
관한 문제"라고 말했다. 이어 "우리는 매우 부자인 나라를
방어하고 있다"라며 "그들은 텔레비전을 만들고 배를 만들고
모든 것을 만든다"고 강조했다. 또 "우리는 80년 넘게 그들을
방어하고 있다. 한국이 1년에 10억 달러를 지불하고 있다"며
"그것은 (전체 비용의) 단지 일부"라고 언급하기도 했다.
트럼프 대통령은 한국과 "관계는 훌륭하지만 공정한 관계는
아니다"라며 "우리는 8500마일 떨어진 다른 나라를 방어하기
위해 군대에 지불하고 있다"고 말했다.

• 트럼프 "방위비 분담금 한국 제안 거절…큰 비율로 지불해야",
  연합뉴스, 2020년 4월 21일.

) 미국, 외국이 아닌 '혈맹' (

한국과 미국의 관계는 보통의 국가 관계인가, 특수한 관계인가? 만약 후자라면 오직 이익에 의해서만 맺어지는 냉혹한 국제 질서에서 '특수'는 무슨 의미인가? 1945년 9월 9일 미군이 경성(서울)에 들어왔을 때 다음과 같은 환영 플래카드가 걸렸다.

미국인과 한국인은 주님 안에서 친구다.[1]

한편 1950년 9월, 인천상륙작전 후 서울을 탈환한 다음 맥아더와 이승만은 지금은 철거한 중앙청 건물에서 함께 기도했다. 이러한 장면에 감격한 어떤 목사는 다음과 같이 외쳤다.

하늘에 계신 우리 아버지는 미국인의 아버지요 한국인의 아버지시오, 이승만의 아버지요, 트루먼의 아버지시오, 인류의 하나님이다. 그러므로 미국 사람과 한국 사람은 한 아버지의 아들이요 한 형제인 고로 형제가 난을 당할 때 형제가 구원합니다.[2]

그 뒤로 한국과 미국은 '피로 맺은 형제血盟'가 됐다. 전쟁 이전에 이승만은 단독정부 수립으로 미국에게 죽어도 갚을 길 없는 은혜를 입었다고 말했다.

미국 대통령 트루먼 씨를 비롯하여 미국 의회와 미국 정부의 고관 들 (…) 우리 대한민국 국민의 행복을 위하여 지대하고 동정적인 관심을 가진 데 대하여 또한 사의를 표하는 바입니다. 차제에 우리는 대한민국의 탄생과 더불어 우리 반도 강산의 남반부에서나마 자유와 독립을 누릴 수 있는 것은 우방 미국의 은혜가 많다는 사실을 다시 한 번 상기하시기 바랍니다. 뿐만 아니라 우리 한국 국민, 그리고 우리 자손들은 미국의 이 같은 온정에 대한 사의를 영원히 간직할 것입니다. 세계의 모든 국가가 예외 없이 인접 국가를 착취하는 데 분주한데 타국에 대하여 물자 원조를 스스로 제공하는 국가가 있는가는 여러 사람들의 이해에 곤란할 정도입니다.[3]

작가 김동리도 6·25한국전쟁을 거치면서 한미 관계는 피로써 맺은 관계가 됐다고 읊었다.

이번에 한국을 도와준 위대한 은인들
맥아더 장군, 릿쥬웨이 장군, 트루맨, 아이젠하워 대통령 등
그 수많은 이름을 내 맘은 길이 잊지 못할 것입니다.
그러나 당신처럼 내 가슴에 고동을 주고
내 목에 흐느낌을 일으킨 이는 많지 않을 것입니다.
친구가 친구의 원수를 갚되
형제가 형제의 원수를 갚되
어느 의인이 또한 나의 수도를 당신같이
아끼며 사랑하며 지켜주었겠습니까?[4]

미국이 한국 국민의 생명을 지켜주고 한국인의 행복을 위해서 특별

히 물질적인 원조를 제공했다는 생각은 이승만뿐만이 아니라 전쟁 통에 미국 덕에 목숨을 건진 대한민국 사람들 상당수가 품고 있었다. 실제로 1945년 이후 미국의 대외 경제 규모를 보더라도 한국은 최대의 수혜 국가였다. '남의 나라'에 와서 4만여 명의 자국 군인을 희생시켰고 막대한 무상 원조를 제공했으니 미국은 한국인들에게 갚을 길 없는 은혜를 베푼 나라가 맞다. 1949년 미군이 철수하자 '사형 집행을 당한' 상태로 패닉에 빠졌던 한국의 집권층과 국민들에게 6·25 이후 다시 돌아와서 나라를 구해주고 목숨도 살려준 미국이 '구세주'가 아니고 무엇이란 말인가?

8·15 직후 미군을 통해 미국이라는 나라를 접한 조선인들에게 그들은 앞선 일본과는 비교할 수 없을 정도로 우호적이고 우수한 문명국이었다. 특히 미국인들의 인권 의식은 경탄할 만한 것이었다. 미국인은 "B29 비행기 한 대를 잃더라도 그 조종사를 어떻게 살려야 하는지가 더 중요한 문제"라고 생각했고, 그것은 "사람 목숨보다 소총 한 자루가 중요하다는 일제의 사고방식보다는 훨씬 인도주의적이었다. 미군은 전쟁 중에도 불쌍한 사람을 돕고 고아들을 데리고 다니며 (…) 사회사업가와 연결시켜 주었다."[5] 이 모습은 일제의 혹독한 지배에서 막 벗어난 조선인들에게 신선한 충격과 감동을 주었다.

이승만은 이미 조선 말 청년 시절에 러시아에 대해서는 반감을, 미국에 대해서는 우호적인 감정을 가졌다. 1917년 러시아의 공산화를 확인한 뒤 이런 생각은 더욱 확고해졌다. 그는 미국에서 오래 생활하면서 미국식 민주주의를 몸에 익혔다. 이승만은 냉전 초기에 반공반소의 입장에 서서 '자유세계'라는 말을 자주 했던 트루먼의 생각을 고

전쟁 중 어린이에게 먹을 것을 주는 미군 병사.(ⓒ국가기록원)

스란히 받아들였다. 그것은 미국식 자유주의를 온 세상에 확산시켜서 '공산주의라는 콜레라를 막고' 세계 인류를 평화와 번영으로 인도한 다는 종교적 확신과 같았다.[6]

앞서 살펴본 것처럼 한국은 전쟁 초기에 미국에게 작전권을 넘기고 「대전협정」을 맺어서 치외법권까지 행사할 수 있도록 했다. 전쟁 초기에 한국의 정치·군사적 주권 자체를 양도했다고 봐도 좋을 것이다. 6·25한국전쟁 중 맥아더가 지휘한 유엔군의 성급한 북진이나 후퇴 작전은 군사 전문가 사이에서도 큰 과오였다는 비판을 받고 있지만, 그런 작전에 대해 한국 정부는 어떤 발언도 할 수 없었다. 1951년 초부터 미국과 중국은 이미 휴전을 검토하고 있었지만, 이승만은 아무런 힘도 없는 처지에서 "압록강, 두만강에 태극기를 꽂자"라며 북진 통일과 휴전 반대만 외쳤다. 1953년 7월 27일의 휴전협정에 한국은 당사자로 참가하지 못했다. 휴전협정이 한국의 의지와 무관하게 미국, 북한, 중국 사이에 맺어진 것은 자기 땅에서 벌어진 전쟁에서 한국이 어떤 주권도 행사하지 못했던 딱한 처지를 보여준다.

사실 대한민국이 미국 정부의 정책에 아무런 영향력도 행사하지 못한 것은 아니었다. 이승만 정부는 인천상륙작전 후 전세가 역전되고 미군이 38선을 넘어 북진을 시작하자 전쟁을 북진 통일로 마무리하자고 강력하게 요구했다. 그러나 1951년 초 이후 미국 정부는 전쟁을 질질 끌면서 애매한 태도로 임했다. 결국 이 일로 맥아더가 트루먼 대통령과 충돌하다 해임된 것은 널리 알려진 사실이다. 이승만 입장에서 보면 남한 정권을 수립한 실질적 주체이자 전쟁의 가장 중요한 당사자인 미국이 적당히 체면만 세우고 휴전으로 마무리하려는 태도를 노서

맥아더와 인천상륙작전
1950년 9월 15일 인천상륙작전에 성공한 맥아더가
김포로 이동하며 전황을 듣고 있다.(ⓒ국가기록원)

히 납득할 수 없었다. 그것은 수많은 희생을 치렀음에도 전쟁에 승리하지 못한 채 남한을 북한의 위협 속에 그대로 두는 너무나 무책임한 일이었기 때문이다.

이승만은 미국이 일본, 필리핀 등과는 안보조약을 체결하고 한국과는 체결하지 않는 상황에 항의했으며, 휴전협정 직후 한국에 온 존 포스터 덜레스 국무장관에게 "우리 민족 전체의 생명과 희망이 「한미상호방위조약」에 달려 있다"고 간청했다. 미국은 결사적으로 휴전을 반대하는 이승만을 달래기 위해 「한미상호방위조약」 체결을 '수락'했다.[7] 겉으로는 이승만이 벼랑 끝 전술을 써서 미국의 큰 양보, 즉 주한미군 주둔을 얻어낸 셈이다. 그러나 그것의 실상은 미국이 동아시아 각 나라를 수직적·쌍무적 조약 관계에 둠으로써 동아시아 지역의 군사 패권을 유지하는 전략의 일환이었다.

1953년 10월 1일 맺은 「한미상호방위조약」 제4조에서 대한민국은 미국에게 "육해공군을 한반도와 주변에 배치할 권리"를 주었다. 이로써 미군 주둔과 관련된 모든 사안에서 한국은 미국의 요구를 모두 받아주는 수세적인 입장에 서게 됐다. 한편 조약 제6조에 따라 "본 조약은 무기한으로 유효하다." 즉 이 조약은 한국의 안보 불안에 대한 미국 측의 응답으로 체결된 것이기 때문에, 한반도에 전쟁이 발생할 경우 미군 장성인 유엔군 사령관이 작전지휘권을 갖고, 그것은 무기한으로 유효하다. 동시에 미군은 언제든지 한국의 동의 없이 군대를 철수시킬 권리도 있다.

휴전 후 인천광역시의 자유공원에 맥아더 동상이 세워졌다. 유엔군이 낙동강까지 밀린 상황에서 진격적인 인천상륙작전으로 선세를 뒤집은 맥아더는 한국인들에게 거의 구세주와 같은 존재였다. 지옥의 문턱까지 갔다가 살아난 한국인은 그를 국가의 은인으로 여기고 동상까지 세웠다. 하지만 전쟁 이전에 맥아더는 남한의 전략적 가치를 그다지 높게 평가하지 않았고, 미군 철수를 주장하기도 했으며 한국을 특별히 배려한 적도 없다.[8] 그런데도 이후 박정희 대통령은 맥아더를 "우리 한국인의 가슴속에 아로새겨진 영원한 벗"으로 칭송했다. 이처럼 '혈맹'은 미국이 아닌 오직 한국의 희망을 표현한 단어이다.

) 외국군이 작전지휘권을 갖고 있는 주권국가? (

아마도 미국이 6·25한국전쟁에 참전하지 않았으면 대한민국은 무너졌을 것이다. 목숨을 살려준 '은인'에게 시시비비할 수 없는 것은 당연하다. 한국의 대통령, 정치 지도자나 군부는 미국에게 여러 가지 형태의 내정 간섭을 당해도 그냥 감내할 수밖에 없었다. 1953년 7월 27일의 휴전협정에 한국은 당사자로 참가하지 못했고, 그 과정이나 내용 역시 한국의 동의를 거치지 않은 채 미국·북한·중국 사이에서 결정되었다. 이후 미국은 이승만 대통령의 반대에도 불구하고 계속 철군을 단행했다. 한국전쟁 중 33만 명에 달하던 주한미군 병력은 곧 8만 명 수준으로 줄었다. 1970년 동서 데탕트와 더불어 한국 주둔 명분이 약해지자 미국은 완전한 철군을 추진했다. 1970년 7사단 철수와 지미 카터Jimmy Carter 대통령의 지상군 전투병력 철수 계획에는 주한미군을 크게 감축하는 내용이 있었으나 미 군부와 의회의 반발로 6000명 정도만 감군했고, 이후로는 3~4만 명 내외의 병력을 유지했다.

주한미군에는 다른 나라에는 없는 제도가 있다. 바로 한국에서 병역 의무를 가진 청년이라면 대부분이 선망하는 곳, 즉 카투사 KATUSA다. 카투사라는 이름 자체가 '미군에 배속된 한국군Korean Augmentation Troops to the United States Army'이라는 뜻이다. 6·25한국전쟁 초기에 미군의 지휘 체계 안에 한국군이 배속된 이후 지금까지 유지되고 있는 제도다.

1970년대 들어 동서 데탕트로 안보 위기를 느낀 박정희 정부는 미국에게 한미연합사령부 설치를 요구했다. 한미연합사령부는 과거 이승만 정권기의 「한미상호방위조약」과 마찬가지로 한국의 안보 불안을 덜어주기 위한 미국의 '후의'로 사령관은 미군 대장이, 부사령관은 한국군 대장이 맡게 됐다.

카터 대통령은 1976년 대선 유세 기간 동안 한국에 700기의 핵무기가 배치되어 있으며 대통령이 되면 모두 철수시킬 것이라고 공약했는데, 그때까지 한국인들은 핵무기가 자기가 살고 있는 곳 인근에 배치됐다는 사실을 전혀 몰랐다.[9] 1994년 미국은 북한이 핵 사찰을 거부할 경우 선제공격을 할 것이라고 결정했다. 1994년 3월에 북한 대표가 판문점에서 "서울 불바다" 발언을 한 이후 6월에 클린턴Bill Clinton 대통령은 북한 영변 핵 시설을 폭격하기로 했다. 한반도에서 전쟁이 일어날 일촉즉발의 상황이었는데, 미국은 한국의 김영삼 정부와는 어떤 상의도 하지 않았다. 전쟁 직전까지 갔던 상황에서 전 대통령인 카터가 북한을 방문하며 갈등은 극적으로 봉합되었고 전쟁을 막을 수 있었다. 이처럼 군사주권이 없는 상황에서 한국은 자신의 운명을 좌우할 전쟁 직전까지 가게 되었다.[10]

전쟁이 끝나고 긴 세월이 흘렀지만 한국군의 작전권은 여전히 미군이 쥐고 있다. 미군정의 민간인 요원으로 한국에 왔던 그레고리 헨더슨Gregory Henderson은 다음과 같이 말했다.

작전지휘권 문제는 세계적으로 유일하며 경악할 만한 일이다. 미군 사령관이 미군은 물론, 한때 주둔했었고 앞으로 다시 주둔할 수도 있는 국제군, 북한의 위협에 대처하는 모든 한국군을 지휘한다. 한미연합사령관으로서 미군 사령관은 오직 미국 참모총장의 명령만 따를 뿐이며 한국 정부의 명령을 받지 않는다.[11]

물론 한국 정부는 대한민국 국군의 지휘권은 대한민국 대통령이 보유하며, 북한에 대한 전시 작전통제권만 한미연합사령관에게 위임한 것이라고 말할 것이다. 그러나 한국군은 주로 북한과의 전투를 대비해서 조직되고 운영될 뿐만 아니라 평시의 작전 임무는 사실상 결정적으로 중요한 것이 아니므로 국군의 실질적인 군사 작전은 한국 대통령의 권한 밖에 있다고 해도 과언이 아니다.

1989년 소련 사회주의가 무너지면서 미군이 한반도에 주둔해야 할 명분이 약해졌다. 호전적인 북한이 건재하기는 했지만 군사적으로 북한이 미국의 맞수가 되지 않는 상황에서 이제 미국은 동아시아 전체, 특히 중국을 잠재적인 적으로 보았다. 그러나 한국 측의 요청으로 미군은 계속 주둔했고, 그렇게 요청한 이상 한국은 주둔비를 더 많이 낼 수밖에 없었다. 경제대국이 된 한국의 군사력이 북한에 비해 월등하다는 지적도 많았지만, 미군은 북한이 감히 도발을 하지 못하게 하는 인계철선 역할을 하기 때문에 한반도에 계속 주둔해야 한다는 보수 세력의 주장이 그대로 통용됐다. 주한미군의 병력은 3만여 명에 불과하지만, 대북 억제력과 그들이 가진 각종 군사 정보와 첨단 무기는 그 이상의 중요성이 있다는 것이다.

「한미상호방위조약」 제4조에 따라 대한민국에 주둔하는 미군의 지위와 한국 정부가 그들에게 제공하는 시설 및 구역에 관한 사항을 규정해놓은 협정이 바로 SOFA(Status of Forces Agreement), 즉 「한미주둔군지위협정」이다. 한국전쟁 이후 주한미군에 의한 범죄가 계속 신문 지면을 장식해 한국인들의 자존심을 크게 상하게 만들었다. 1962년 미군에 의한 총격 린치 사건을 계기로 한미 행정협정 체결을 요구하는 데모가 일어나기도 했다. 그래서 "미군의 공무 중 범죄에 대해 한국은 1차 재판권을 갖는다"는 내용의 「한미주둔군지위협정」이 1966년 체결됐고, 이것이 오늘날까지 이어지고 있다. 그러나 이 협정에는 "미군이 한국에 재판권 포기를 요청하면 이를 호의적으로 고려하고 재판권 행사가 중요하다고 결정하는 경우를 제외하고는 한국의 일차적 권리를 포기한다"는 내용이 있어서 한국이 실제로 미군 범죄를 재판하는 것은 거의 불가능했다.

이후 한국의 요구로 불평등한 조항들이 다소 없어지기는 했지만, 여전히 SOFA는 한미 관계의 불평등을 가장 잘 보여주는 상징적인 협약으로 남아 있다. 1990년까지 한국에서 벌어진 미군 범죄에 대해 한국이 재판권을 행사한 경우는 4퍼센트에도 미치지 못했다.[12] 결국 한국은 미군에게 치외법권 지대였다는 말이다. 2000년대 들어서 한국의 재판권 행사는 7퍼센트로 늘어났고 2003년에는 31퍼센트가 됐다.[13] 그러나 경기도 화성 매향리 등의 미군 사격장, 전국 어디 미군 주둔지 인근에서 발생한 강간 살인 사건 등 인권침해, 소음, 환경오염 등으로 한국인들이 입은 심각한 피해는 거의 구제나 배상을 받지 못했다. 2002년 미군 장갑차에 깔려 죽은 두 여중생의 비극은 국민의 분노를 일으켜 촛불 시위가 일어나기도 했다.

물론 형사재판권 조항만 보면 한국과 미국이 맺은 SOFA가 독일과 미국이 맺은 SOFA에 비해 특별히 불리하지는 않다는 지적도 있다. 독일은 미군에 대한 재판권을 거의 행사하지 않기 때문이다. 그러나 일본이 미국과 맺은 SOFA와 비교해보면, 한미 SOFA는 '기소 시 신병 인도 대상 범죄가 12개로 제한'되어 있는 반면 일미 SOFA는 대상 범위에 제한이 없다. 한편 한미 SOFA에는 환경 규정이 있어서 일미, 독미 SOFA보다 더 진전된 점이 있다고 볼 수도 있다.[14] 그러나 이것은 실제 적용 과정을 무시한 해석이다. 가장 선진적이라고 평가받는 독미 SOFA의 경우 미군이 육해공로를 통해 독일 영토를 경유하려 할 경우, 반드시 독일 정부의 승인을 받아야 한다. 한국에서 미군은 「한미상호방위조약」에 의거 영토, 영해, 영공의 무제한적 사용권을 갖고 있다.

유럽에서는 냉전이 종식되었지만 남북한의 긴장은 계속되었기 때문에 한국이 미국에 안보를 의존하는 상황이 줄곧 이어졌다. 미국인들도 지적하듯이 한국은 1953년 휴전 당시 거의 어린아이와 같은 상태에서 시작해서 이제 성인이 됐다. 아시아에서 가장 가난한 나라였던 한국은 비약적인 경제 성장을 이루어 세계 12위(국내총생산 기준, 2018년 세계은행 발표)의 경제대국이 됐다. 그사이 남북한 간의 경제력과 군사력도 완전히 뒤집혔다. 남한의 국방비 지출이 북한의 30배 이상에 달한다는 보고도 있다. 그런데도 한국의 집권 세력과 군부는 북한의 핵 개발과 기습 공격, 대량살상 무기 소지 등을 이유로 한국은 스스로 안보를 책임질 수 없다며 주한미군에 계속 의존하려 한다. 한국이 미국에게 계속 보호를 요청하는 한, 미군 주둔비를 포함한 모든 일에서 미국의 요구를 들어줄 수밖에 없다.

한국은 미국과 중국 간의 전쟁이 발생했을 때 미국의 지원 요청에 "No"라고 할 수 있을까? 1905년부터 1941년 진주만 공습 이전까지 그러했듯이, 최근 들어 미국은 다시 일본의 재무장을 지지하고 있다. 한국 정부는 그것은 일본의 주권 문제라고 하는데, 과연 그럴까? 미중 간이나 남북한 간에 군사적 충돌이 일어나면 청일전쟁 때 그랬듯이 미국의 지원을 받는 일본이 '자국의 안보'를 이유로 다시 한반도에 들어올 가능성은 없을까? 그와 같은 위기에 처한다면 한국은 일본과 한편이 되어 북한과 싸워야 할까?

주한미군이 전시작전권을 계속 갖고 있기 때문에 한국군은 독자적인 안보체계 구축이나 전투력 향상을 위한 노력과 의지가 약하고, 군 운영에 대한 책임감도 별로 없다. 만성적인 군 비리와 군부대 내 구타 사망 사건 등도 한국군이 스스로 국방의 철학과 이념, 군대 운영의 방향과 목적을 갖지 못한 데서 온 것은 아닐까?

독립국가를 건설한 지 70여 년이 지나도록 여전히 미군이 주둔하고 있는 상황은 독립국가로서의 위신을 갖추지 못했다는 것을 보여준다. 특히 주한미군의 범죄, 미군 주둔지의 환경오염, 미군 사격장 인근 주민의 피해는 수십 년간 지속되어온 문제다. 한국이 계속해서 미국은 단순한 '외국'이 아니라 '혈맹'이라고 말하는 한 모든 문제는 그냥 참고 넘어가야 하는 일로 남을 것이다.

） 주한미군의 존재 이유 （

미국은 1823년 남아메리카 대륙에 대한 유럽의 간섭을 배제하면서 이 지역에 대한 미국의 간섭주의 정책을 공식화한 먼로 독트린Monroe Doctrine 이후 대외 팽창주의 노선으로 나갔다. 이후 미국은 쿠바와 필리핀을 식민지로 만들었다. 미국의 필리핀 경영에는 선교사의 파송이 뒤따랐는데, 윌리엄 프랜시스 클라크William Francis Clarke 대주교는 선교 사업은 "우리의 제국을 확장하는 것"이라고 말하기도 했다. 1890년 무렵부터 선교사들은 전 세계 미국 상인들의 연락관 역할을 하기 시작했다. 이들은 기독교의 전파와 더불어 미국의 이미지 개선 작업에 진력하였다. 즉 선교사들은 미국의 팽창이라는 세속적인 사업을 문명화라는 이름으로 정당화하는 역할을 했다. 그러나 미국은 결코 자신을 제국주의라고 말하지 않았으며, 점령국을 식민지라고 부르지도 않았다. 미국은 피점령민을 정신적으로(기독교) 그리고 물질적으로 (시장경제) 구원해주기 위해 왔다고 설명하였다.[15]

　미군 주둔이 미국의 이타주의에서 나온 결과가 아니라는 것을 설명하기 위해 국제정치학 이론까지 끌어들일 필요는 없다. 미 대통령 트루먼은 6·25한국전쟁이 발발하자 "우리는 우리 자신의 국가안보와 생존을 위하여 한국에서 싸우고 있다"고 분명히 밝혔다.[16] 6·25 발발 이전 일본을 방문한 이승만과의 면담 자리에서 맥아더는 "캘리포니아를 보호하듯이 한국을 보호하겠다"고 말해서 이승만을 감격시키기도 했다. 그러나 그는 자신의 조국인 미국을 위해서 싸웠을 뿐, 한국을 위해 전쟁을 승리로 이끌어야 한다고는 말한 적도 생각한 적도 없다. 그가 전쟁 중 북한을 격퇴하기 위해 38선을 넘어 압록강까지 진격한 것도 한반도의 통일을 위해서가 아니라 미국의 국익, 즉 전쟁을 승리로 이끌려는 미국 군인의 입장에서였다.

미국은 한국전쟁 직전인 1948년 철군 때도 그랬고, 1960년대 이후 중국과 관계를 개선하며 한국에서 군대를 철수시키려 할 때도 '우방국'인 한국의 안보보다는 명백히 자국의 정책 노선과 국가 이익에 따라 움직이는 모습을 보여주었다. 이런 행동은 한국의 정치 지도자들을 극도의 불안과 패닉 상태에 빠트렸다.[17]

미국은 19세기 말 이래 동아시아 전략 구상에서 한국을 특별히 고려한 적이 없고 언제나 일본 등 이웃 나라에 포함된 지역으로 간주했다. 러일전쟁 후 「가쓰라태프트조약」을 맺고 일본의 조선 병합을 묵인한 것도 그렇다. 1945년 8·15 직후 일본을 민주화시킬 계획은 분명했으나 한국에 대해서는 일관된 정책이 없었고, 일본은 1951년까지 점령했으나 남한에서는 1947년부터 철군을 계획한 것도 그 때문이다. 인구가 일본의 반에도 못 미치고, 자원은 물론 경제력이나 기술력도 없는 조선이 미국의 관심을 끌지 못한 것은 당연하다.

미국은 줄곧 유럽에 관심을 두었으나 6·25한국전쟁의 발발로 아시아에 다시 개입하게 됐다. 그러나 그 후 지금까지 아시아보다는 같은 서구 문화권이자 소련과 맞닿아 있는 유럽에, 아시아 중에서는 일본의 경제 부흥에 주로 신경을 써왔다. 1917년 러시아혁명 이후 미국이 견지한 자유주의적 반공주의에 기초한 전쟁 개입 노선은 미국의 새로운 패권주의를 달리 표현한 것이라는 비판도 있지만, 미국 정치권 내부에서 전통적으로 존재해온 불간섭주의(고립주의) 우파와 일부 진보

세력의 반대를 넘어서는 정치 노선이기도 했다. 1945년 이후 자유주의적 반공주의를 집약한 것이 바로 애치슨이 초안을 만든 「국가안보회의보고서68(NSC68)」이다(냉전 정책에 관한 가장 중요한 문서 중 하나로 공산 세력 확대의 봉쇄에 높은 우선순위를 부여한다는 결정을 담고 있어 그 후 20년간 미국 외교 정책에 지대한 영향을 미쳤다). 북한의 6·25한국전쟁 도발은 바로 「NSC68」 전략의 시험대였다.

미국은 전쟁을 수행할 때도 '최소의 비용으로 최대의 안보와 수익'을 얻는 자본주의 이윤의 논리를 철저하게 적용한다. 비용이란 인명 손실과 전비 지출이고, 수익은 일차적으로는 자원 및 시장 확보를 의미하고 항구적으로는 정치적 지배권 행사를 뜻한다.

미국이 2차 세계대전 후 지상군을 파견한 것은 6·25한국전쟁이 처음이었으며, 이후 미국이 자기 영토 밖의 분쟁에 개입하여 기지를 건설하는 계기가 되었다. 그러나 그것은 이승만이 말한 것처럼 미국이 한국만을 특별히 배려해서가 아니었다. 북한의 침략을 그냥 둘 경우 미국은 자기가 만든 나라가 위기에 처해도 방치한다는 신호를 전 세계, 특히 공산주의 국가들에게 줄 수 있기 때문이었다. 그럴 경우 세계 반공전선에서 미국의 위신이 흔들릴 수 있었다. 그래서 미국은 신속하게 6·25한국전쟁에 개입했고 휴전협정을 체결했으며 이후 이승만의 요구를 못 이기는 척 받아 「한미상호방위조약」을 체결했을 것이다. 2차 세계대전 후 소련과의 대결은 상호 멸망의 가능성이 있는 핵 대치였기 때문에, 전면전은 피하고 소련과의 접경지대에 있는 작은 국가의 분쟁에 개입하는 방식으로 진행됐다.

맥아더와 트루먼의 갈등도 이런 관점에서 이해할 수 있다. 사실 맥아더는 한국보다 전후 일본을 새 국가로 탄생시킨 주역이다. 그래서 일본에서도 맥아더 동상을 건립하려는 시도가 있었으나, 결국 성사되지 않았다. 일본인을 비하한 발언 때문이었다. 일본 패망 후 맥아더는 일본에서 거의 황제 같은 존재였지만, 도쿄에서 근무하면서도 일본인과 만남다운 만남을 가져본 적이 없고 그들의 생활을 눈으로 확인하지도 않았다. 그는 동양인의 마음oriental mind이란 태생적으로 승자 앞에 엎드리게 마련이라고 생각했기 때문에 일본인들이 자기 말을 믿기만 하면 민주주의가 뿌리내릴 것이라고 생각했다. 맥아더는 일본인은 전쟁에서 이기면 유치한 잔혹성에 휩싸이고, 지면 마치 노예라도 된 듯 승자에게 의존한다고 말했다. 또한 공공연하게 자신이 믿는 것은 워싱턴과 링컨의 초상화, 그리고 예수 그리스도뿐이라고 말했다.[18]

1951년 맥아더는 트루먼과의 갈등으로 해임되어 떠나면서 일본의 미래에 대한 질문에 다음과 같이 대답했다.

앵글로색슨이 인간 발달 과정상 과학, 예술, 종교, 문화에서 마흔다섯 살 정도의 연령대라고 한다면 독일인도 이와 같습니다. 하지만 일본인은 오래전부터 있어왔지만 누구의 지도를 받아야만 하는 상황이었습니다. 근대 문명의 척도로 말한다면 우리가 마흔다섯 살 정도의 성숙한 연령에 있는 것과 비교해서 열두 살 소년 정도일까요?[19]

이 발언이 일본인들을 격노케 해서 동상 건립 이야기는 쑥 들어가고, 그에게 명예시민권을 주는 문제도 더 이상 거론되지 않았다. 그렇게 맥아더는 일본인들의 기억에서 사라졌다.

트루먼과 맥아더

1950년 10월 15일 미국의 트루먼 대통령과 맥아더
장군이 웨이크섬에서 만나 한국전쟁 전황을 논의했다.
그해 겨울 유엔군은 북부전선에서 중공군의 공세에 밀려
참패했고, 이듬해 4월 10일 트루먼은 맥아더를 유엔군
사령관에서 해임했다.(ⓒ맥아더기념관)

맥아더는 미국의 정계나 군부에서 유럽보다는 아시아가 미국의 이익에 중요하다고 강조했던 아시아주의자다. 이는 그가 필리핀을 비롯해 거의 평생을 아시아에서 보냈기 때문일 것이다. 맥아더는 아시아 중에서도 일본과 타이완을 미국의 직접적 이해가 걸린 지역으로 봤고, 한반도는 그냥 '주요 이익 지역' 정도로 간주하여 큰 관심을 보이지 않았다.[20] 그는 철저한 반공주의자였고, 매우 보수적인 기독교 신앙을 가진 사람이기도 했다. 8·15 이후 일본에 머무르는 동안 일본 천황을 기독교로 개종시키기 위해 미 해군장관과 논의를 할 정도였다.

일본에 대해 이렇게 생각한 사람이 일본의 지배를 받았던 조선인들과 이승만의 대한민국을 어떻게 생각했겠는가? 맥아더의 최측근인 정보참모 찰스 윌로우비Charles Willoughby는 강한 인종주의적 사고를 가진 인물로, 북한군을 '무표정한 얼굴을 한 반인간half-men'이라고 부르기도 했다.[21] 맥아더의 후임으로 한국에 온 리지웨이 장군은 자신의 어머니에게 쓴 편지에 한국인을 '야만 상태의 피조물creatures in their natural state'이라고 묘사하기도 했다.[22] 북한 침략 직후 전선에 투입된 미군이 남북한의 군인과 민간인을 구분하지 못한 것은 너무나 당연한 일이었다. 미군은 코리안을 어린아이, 원시인, 다람쥐, 훈련된 원숭이 trained monkeys 등으로 여겼다. 태평양전쟁기에 남양군도 사람들을 그렇게 불렀듯이 코리안을 지칭할 때도 입만 열면 '국gook'(야만인이라는 의미)이라는 경멸적인 단어를 사용했다. 당시 미국의 주류 백인은 흑인을 자신과 같은 종류의 인간으로 보지 않았으니 황인종인 코리안을 이렇게 보았다는 것이 놀라운 일은 아니다.

맥아더는 전쟁 영웅이고 위대한 전략가였으며 자기 조국인 미국의 이익을 위해 애쓴 애국자였음에는 틀림없지만 필리핀, 일본, 한국에서는 '벌거벗은 황제The Naked Emperor'였을 뿐이다. 그에 대한 평가를 둘러싸고 한국인들끼리 폭력까지 동원해서 싸우는 것은 참으로 서글픈 장면이다. 이승만 대통령이나 한국인들은 미국을 혈맹 관계라 말했지만, 미국의 대통령이나 최고위 지휘관 중 누구도 그렇게 말하지 않았다. 영어권 학자들은 2차 세계대전 이후 미국과 동아시아 몇 나라의 관계를 '보호자와 피보호자patron-client' 관계라고 말한다.

냉엄한 국제 정치에서 자선이나 이타주의는 있을 수 없다. 더욱이 패권국가가 피후원국가에게 거저 주는 것이 있을 리 없다. 자본주의의 종주국 미국은 조건과 대가 없이는 단 1달러도 쓰지 않는 나라다. 한국인들에게 '해방'이 공짜가 아니듯이 침략을 당해서 무너지기 직전의 나라를 구해준 것도 절대로 공짜가 아니며, 그 빚을 이자까지 몇배, 몇십 배 갚아야 할 수도 있다. 임진왜란 후 조선이 재조지은再造之恩을 갚는다며 망해가는 명나라에게 조공을 바치고 성가신 요구를 들어주느라 나라 재정이 파탄난 일이 있지 않았던가?

) 새로운 천하 질서의 수립 (

한반도의 역사를 살펴보면 고려 때는 친원파와 친명파 사이에서, 조선 시대에는 명나라와 청나라 각각에 대한 사대事大 문제로 국내 정치 세력 간의 대립이 있었다. 조선 말에는 친청, 친러, 친일, 친미로 사분오열됐다가 해방 후에는 친미와 친소로 나뉘어 분단으로 이어졌다. 한국전쟁 이후 남한 사회는 친미와 반미를 놓고 갈등해왔다. 즉 8·15

이후 한국 사회는 미국에 대한 태도를 기준으로 갈라졌다고 말할 수 있다.

이승만이나 장택상, 조병옥 등 미국에서 유학했던 정치 지도자들은 미국은 영토 욕심이 없는 나라이기 때문에 믿어도 좋다고 생각했다. 그러나 미국 유학 후 개화를 역설했던 사람들이 모두 친미로 경도된 것은 아니다. 유길준은 1885년 저술한 「중립론」에서 "미국은 우리의 위급함을 반드시 구해주는 우방으로 믿을 바 못 된다"고 경고했다.[23] 그는 미국을 배우고 기독교에 대해서도 연구하고 조선의 개화를 적극 지지했으나, 조선의 전통을 무시하지 않았으며 독립국의 길을 모색했다. 그래서 윤치호와 달리 일제의 병합을 강력하게 반대했다. 그러나 대부분의 조선말 급진개화파 지식인들과 그 후예들은 조선의 전통을 부끄러워하며 버려야 할 것이라고 생각했다. 일제강점기에는 일본을, 8·15 이후에는 미국을 일방적으로 따라가는 것이 문명화라고 생각했다.

일제 패망 이후 냉전이 시작되자 동아시아에서는 공산주의와 민주주의가 '적과 나'의 이분법적 구도로 이해되었는데, 여기서 미국을 맹주로 하는 자본주의 진영은 곧 '문명'이었고, 소련이 지도하는 공산주의 진영은 '야만'으로 간주됐다. 세계 최강의 군사력과 경제력을 가진 미국을 감히 누구도 비판할 수 없었다. 이승만 정권 이후 지금까지의 한국 현대사는 사실상 미국 문화를 무비판적으로 수입해온 과정이다. 1950년대에 김하태는 "명예 박사학위 수여의 통속화, 기독교적 배경과 의미를 상실한 크리스마스 이브, 문화적 박력을 결여한 재즈밴드, 행복을 찾는다는 이유로 오는 이혼과 가정 파탄" 등이 미국화의 어두

운 점이라고 보았다.[24]

미국식 자유 바람, 한국전쟁 후 전통적 속박의 해체는 도시의 '욕망'을 폭발시켰다. 당대 최고의 베스트셀러였던 정비석의 소설 『자유부인』은 권력욕, 물욕, 성욕의 추구를 인간의 가장 자연스러운 행동으로 인정했다. 소설의 주인공 오선영에게 자유는 민주주의인 동시에 욕망의 추구를 의미했는데 한국인이 받아들인 미국 문화도 이와 다르지 않았다.[25]

6·25한국전쟁 이후 이승만과 한국의 주류 세력은 그들이 보고 싶은 대로, 혹은 한국인들의 전통적인 사대주의 세계관에 기댄 채 미국을 바라봤다. 조선 말기에 한 러시아인 관찰자는 조선을 "상류 사회는 모두 중국을 모방하려고 했으나 평민들은 민족적이었다"고 지적했다.[26] 전통적으로 사대주의는 지배층이 기득권을 유지하려는 명분의 표현이었다. 이렇게 본다면 이승만, 박정희, 전두환 등 역대 대통령이나 한국의 군, 경, 관료 수뇌부, 학계와 문화계 인사들도 그냥 친미 인사는 아니었다. 그들은 좋게 보면 한국이 살기 위해, 나쁘게 보면 자신의 권력과 이익을 지키기 위해서는 미국의 힘에 기대는 것이 불가피하다고 생각했던 사람들이다. 전두환도 "우리는 미국을 항상 붙들고 있어야 합니다. 아무리 붙들어도 자기나라 이익에 위배되면 떠나는 것이 나라의 관계예요"라고 말했다.[27]

19세기 말까지 조선인이 생각한 천하는 중국과 그 주변 나라들로 이루어진 세상이었다. 8·15 이후 미국이 천하제일이라는 사실이 분명해지자 예전에 중국을 바라보던 것처럼 미국을 바라보게 됐고, 중국 대신 미국에 사대하는 쪽으로 온 신경을 집중했다.[28] 한국인들의 전통적인 '천하관天下觀'이 새로운 천하관으로 변해 국익을 냉정하게 따질 여유도 없이 일방적으로 미국을 추종한 것이다. 당시 한국은 세계에서 가장 낙후되고 가난한 나라였기 때문에 미국에게 절대적으로 의존할 수밖에 없었다.

우리가 미국을 알았을 때, 우리사회는 나약한 하나의 나라였고 미국은 냉전 체제 가운데 초강대국으로 등장하던 때다. (…) 그러한 미국이 (…) 우리의 눈에 비쳤을 때, 그것은 곧 천하일 수밖에 없었다.[29]

1950년대 이후 미국의 동아시아 연구자나 지식인들은 한국과 일본을 수시로 들락거리면서 냉전 혹은 미국의 국익을 전파하느라 분주했고, 그들이 올 때마다 한국은 융숭하게 대접했다.

동북아세아연구소는 스칼라피노라는 늙은 교수가 왕좌에 앉은 듯이 만세일계로 몇십 년 동안 지배하고 있는 연구소입니다. 스칼라피노라는 이는 대한민국 정부와 내로라하는 지식인, 국회의원, 정치인, 실업인, 교수 (…) 들이 미국에 왔다 하면 그 앞에 줄지어 참배하러 오는 소위 한국 문제의 이른바 '석학'(이 칭호가 중요합니다)이 아닙니까? 한국과 한반도 문제라면 그의 한마디 진단이 '신앙'처럼 숭상되고 있는 것이 한국의 언론기관, 정부, 지식인 사회의 실정이 아닙니까. 한심한 일이지요.[30]

한국의 경제력이 커지고 민주화를 이룬 뒤에도 어떤 문제가 생기면 그 해법을 미국의 식자에게 묻고 그들의 논평을 매우 비중 있게 인용하는 경우가 빈번하다. 미국이나 유럽의 저명한 인물이라면 설혹 그가 좌파라 하더라도 보수 언론까지 나서서 인터뷰를 하려 한다. 그들이 '나는 한국에 대해 잘 모른다'고 손사래를 쳐도 끝까지 그들에게 충고를 구한다. 같은 이야기라도 미국 학자가 이야기하면 주목하고, 그들의 시선을 통해 한국을 보려고 한다. 한국에서 외국 유학은 곧 미국 유학이며, 언론에서 준거로 삼는 '외국'은 주로 '미국'이다. 미국 유학을 해야 서울 주요 대학의 교수가 될 수 있고, 영어로 논문을 써야 인정을 받는다. 2010년 교수신문의 보도에 따르면 서울대, 연세대, 고려대의 사회과학 분야 교수 633명 중 국내 학위자는 30명에 불과하다.

한국 정도의 경제 규모를 가진 나라들 가운데 이 정도로 정치 문화와 학문의 사대주의에 빠진 나라는 찾기 어렵다. 특히 문화와 학문의 사대주의는 언어의 사대주의에 기초하고 있다. 물론 냉전 이후 영어는 세계어가 됐다. 이것은 영국 제국주의가 미국에게 남긴 가장 큰 선물이다. 미국의 직접적인 영향을 받는 한국에서 영어는 출세를 위한 필수요소가 됐다.

영어는 세계어이기 이전에 미국의 언어다.[31] 영어를 공부하는 목적은 단순히 세계어를 배우는 것이 아니라 미국의 표준을 따르겠다는 말이다. 현대 한국인에게 미국 유학 경력이나 미국 대학의 학위, 그리고 영어 실력은 국제용이 아니라 국내용인 경우가 더 많다. 조선 시대 양반들이 관리로서 출세하고 지식인으로 대접받기 위해서 한문 공부와 사서삼경을 달달 외우는 일에 평생을 쏟아부은 것처럼, 이제는 출세하려면 영어를 잘해야 하고 영어를 잘하기 위해 돈을 쏟아부어야 하며 미국으로 유학을 가야 한다.

한국에서 영어는 곧 계급이다. 한국인은 영어 잘하는 사람을 부러워하고 못하면 열등감을 느낀다. 백인을 만나면 응당 미국인으로 생각하고 그가 어느 나라 사람인지 물어보지도 않은 채 영어를 꺼낸다. 그래서 미국 관리나 학자들은 한국인과 이야기할 때 당연하다는 듯이 영어를 사용한다. 1986년 초에 미국 상원의원 3명이 한국에 왔을 때, 국내 기업인, 관리, 교수 등 300여 명이 참석하는 회의가 열렸다. 회의는 영어와 한국어 동시통역으로 진행되었는데, 한국인 토론자들은 한결같이 영어만 사용해서 참석자들을 어리둥절하게 만들었다.[32]

리영희 교수는 5·18에 관하여 주한 미국대사와 서신을 교환하면서 대사관 관내가 아니라면 한국어로 견해를 교환하자고 제안했다. 그는 미국 관리들과의 만남에서 마치 모국어처럼 미국말로 지껄이는 것을 자랑으로 착각하는 한국 지식인들을 경멸하는 심정에서 그렇게 제안했다고 말했다.[33]

물론 역대 한국의 대통령들이 일방적으로 미국의 노선을 추종한 것은 아니다. 미국은 한국전쟁 이전부터 한국의 이승만을 전폭 지원하기보다는 제거하려고 시도하거나 계속 애매한 태도를 취하면서 심각한 내정 간섭을 자행했다. 그래서 이승만, 박정희, 전두환 등 역대 대통령은 미국에 대해 의존과 불신이 뒤엉킨 양가적 태도를 갖고 있었다. 그중에서도 미군의 철수 압박이 이들을 가장 괴롭힌 사안이었다. 그들은 '국익'을 위해 미국이 필요하다고 자기 최면을 걸었을 것이다. 박정희와 5·16쿠데타 세력이 반공을 국시로 내세운 것도 사실은 국내용이 아니라 미국을 안심시키기 위한 조치였다. 김종필은 자신이 이 내용을 「혁명공약」제1조에 집어넣었다고 말하면서, 그것은 박정희의 좌익 경력을 의심하는 미국을 안심시키기 위해서였다고 했다. 그들은 미국의 심기를 건드리면 직전의 이승만이나 제3세계의 독재자들처럼 자신도 미국에게 버림받을 수 있다는 것을 알고 있었다.

) 도전받는 '신화' (

1982년 4월 22일 강원대학교 학생들이 "양키 고홈"을 외치며 성조기를 불태웠다. 주동자 8명은 전원 체포되어 「국가보안법」 제7조 1항의 '북괴 동조죄'로 최고 2년 6개월의 실형을 살았다. 지금도 한국 사회에서는 '주한미군 철수' 구호가 정치적으로 금기다. 많은 국민이 '주한미군이 철수하면, 나라가 무너진다'는 생각을 신앙처럼 갖고 있다. 한국에서 반미는 곧 '용공容共'이었기 때문에 한국인들은 공개적으로 미국을 비판할 수조차 없었다.

그러나 미군이 주둔하던 기지촌에서 미군에 의한 강간, 폭력 사건이 지속적으로 발생했고 '양공주'의 비애를 다룬 소설이 꾸준히 출간되면서 '미국 찬양'에 금이 가기 시작했다. 남정현의 소설 『분지』(1965)는 미군 상사의 현지치 노릇을 하는 어동생의 도움으로 미제 물건을 팔던 청년을 주인공으로 하고 있다. 이 밖에도 천승세의 『황구의 비명』(1974), 신상웅의 『분노의 일기』(1972), 전광용의 『꺼삐딴 리』(1962), 조해일의 『아메리카』(1971) 등은 모두 미국의 부정적인 측면을 부각시켰다. 공개적으로 말은 못 해도 대중들 사이에서는 미국에 대한 거부감이 점점 커졌다. 한국의 경제 발전과 국력 향상, 민주화가 진전됨에 따라 미국에 대한 시각도 크게 변하기 시작했다.

1980년 광주5·18민주화운동 전후에 미국이 군사 정권을 지지한 것은 그들이 한국의 민주주의를 지켜준다는 그동안의 기대를 무너뜨렸다. 독재자 이승만의 하야를 종용한 것도 미국이고 인권 외교라는 이름으로 박정희 독재를 위기로 몰아넣은 것도 미국이었기 때문에, 한국인들은 미국을 민주주의의 보루라고 믿고 있었다. 하지만 1960년 3·15부정선거가 학생들의 항의 시위로 폭발하기 전까지 미국은 여전히 이승만 정권을 지지했고, 5·16쿠데타와 1972년의 유신 쿠데타를 승인한 것도 미국이다. 미국은 이승만 정권이 민주주의를 지키지 않은 것을 못마땅하게 생각했고, 박정희 정권의 인권 침해에 대해서도 비판했지만, 큰 틀에서는 한국의 독재 정권을 일관되게 지지했다. 한국의 역대 대통령들도 반공 노선을 확고하게 하는 한 미국이 자신을 지지할 것이라는 점을 알고 있었다.

한국군의 작전지휘권을 가진 미국은 1980년 광주에 계엄군이 투입되어 시위대를 학살할 때 신군부를 제지하지 않았다. 이후 그 사실이 국민에게 알려지면서 반미 의식이 고조되는 가장 중요한 계기가 됐다. 리처드 워커Richard Walker 전 주한 미국대사는 미국의 관심사는 북한의 동태 파악이었으며 한국군의 이동에는 별다른 관심을 기울이지 않았다고 변명했다. 그리고 진압에 투입된 특전사는 한미연합사의 작전지휘권 밖에 있었다고 주장했다.[34] 제임스 릴리James Lilley 대사 역시 연합사의 목적은 대북 관계이며, 5·18이 국제 문제와는 연관이 없으므로 미국이 배후에서 학살을 조종했다는 비난은 비현실적이라고 답했다.[35] 한국의 사회운동 진영은 이 사건을 통해서 미국이 자신의 이익에만 부합하면 독재 정권이라도 옹호한다는 사실을 깨달았다.

마침내 반미의 무풍지대였던 한국에 공공연한 반미 구호가 등장했다. 1980년 광주5·18 이후 학생들이 부산과 서울의 미국문화원에 불을 지르기도 했고, 앞서 말한 것처럼 성조기를 태우기도 했다. 미국을 대한민국 민주화와 통일의 후원자가 아니라 방해 세력으로 보게 된 것이다. 대학생들의 의식은 급격히 반미로 돌아섰다. 당시 서울대학교에서 전국의 대학생 551명을 대상으로 한 조사에 의하면 응답자의 41퍼센트가 미국이 분단을 초래한 장본인이며 통일의 장애 요소라고 답했고, 68퍼센트는 미국이 한국의 권위주의 정권을 지지했다고 응답했다.[36] 물론 이 결과가 모든 대학생이나 평균적인 한국인의 생각을 반영하는 것은 아니다. 그러나 친미 일색이던 대미관이 극적으로 돌아선 것은 획기적인 일이었다.

1987년 민주화 이후에는 그때까지 감히 건드릴 수 없었던 주한미군 반대, 즉 미군 철수·감축운동, 기지반환운동, SOFA 개정운동이 활발하게 일어나기 시작했다. 미국은 대학생들의 반미운동을 '히트 앤 드 런' 작전(홍보 효과를 노린 행동)이라고 경멸하듯이 평가했다. 하지만 이 운동의 바탕에는 미국의 세계 전략이 철저하게 자국의 이익만을 위한 것이며, 특히 동아시아에서 미국은 개화기 이래 대체로 일본을 편들면서 한국을 희생양으로 삼아왔다는 인식이 깔려 있었다.

국제 정치에서 강자가 약자에게 무관심하고 무지한 것은 당연한 이치다. 미국은 한국을 잘 모르고, 또 알 필요를 느끼지도 않았다. 한국이 어떻게 되는가는 그들에게 그다지 심각하거나 중요한 사안이 아니었다. 하지만 개구리는 아이들이 무심코 던진 돌멩이에도 목숨을 잃을 수 있다. 국가 간의 힘이 극도로 불균등한 국제 관계에서 약소국은 강대국의 심기를 언제나 살펴야 하고, 그들의 위세에 편승하지 않을 수 없다. 반면 강대국, 특히 세계를 움직이는 패권국에게 약소국은 바둑판의 돌에 불과하다. 그들은 전체 판 안에서 거시적인 정책을 결정하기 때문에, 작은 나라에 대해서는 특별히 적대적이거나 우호적이지 않다. 반면 약소국 사람들은 패권국가에 과도하게 매달리거나 격렬하게 증오를 표시하기도 한다. 집권 세력은 자신의 입지를 유지하는 데 강대국의 지원이 필요하고, 집권층을 비판하는 입장에서는 그러한 외세 의존적인 태도가 못마땅하기 때문이다. 친미도, 반미도 사태를 제대로 못 보는 데는 별로 다를 바 없다.

10장
왜 일본은
사과하지

않을까?

일본에서 강제동원 피해자들에 대한 사과와 배상을 요구하며
시위를 펼쳤던 일본 시민단체가 코로나19 여파로 중단한
'금요행동'을 4개월여 만에 재개한다. '금요행동'은 지난
2007년 7월20일 일본 시민단체가 일제강점기 강제동원된
여자근로정신대 피해자들에 대한 책임 있는 사과와
배상을 촉구하며 도쿄 미쓰비시중공업 앞에서 시작됐다.
이번 시위는 미쓰비시 본사에서 열리는 주주총회에 맞춰
진행된다. 시민단체는 총회에 참석하는 주주들을 상대로
원고들이 90대 고령에 있는 만큼 미쓰비시가 한국 대법원
판결 결과에 따라 조속히 배상해야 한다고 촉구할 계획이다.
근로정신대 시민모임 관계자는 "강제동원 피해자들이 한 분
한 분 돌아가시는데 손을 놓고 있을 수 없어 일본 시민단체가
금요행동 재개의 뜻을 전해왔다"고 밝혔다. 이어 "강제동원
문제가 조속히 해결돼야 한일 양국 관계는 물론 국민들 사이의
불신과 갈등이 해소될 것이다"라며 "진정성 있는 사과와 배상이
양국 간 신뢰로 가는 첫 출구가 될 것이다"라고 이야기했다.

• "강제동원 사과·배상 촉구 일본 금요행동 4개월 만에 재개",
  뉴시스, 2020년 6월 25일.

) 독도는 누구의 땅일까 (

이웃 일본에게 36년간 압제를 받은 굴욕은 그 시절을 경험한 사람은 물론 8·15 이후에 태어난 모든 한국인에게 큰 상처로 남아 있다. 그런데 8·15 이후 한국인은 그 상처를 치유할 기회를 갖지 못했다. 한국인은 일본 정부와 국민이 식민지 지배의 과거를 부인해서 그렇다고 생각한다. 과연 그럴까? 잘못의 상당 부분은 오히려 한국, 특히 역대 집권 세력에게 있는 것 아닐까? 말로는 일본에 적대적 언사를 늘어놓으면서 내심 일본의 집권 우익들과 한 배를 타고 있다고 생각하며 행동한 것은 아니었을까?

한일 간의 가장 민감한 사안은 독도 문제다. 한때 〈독도는 우리 땅〉이라는 노래가 유행한 적이 있다.

> 울릉도 동남쪽 뱃길 따라 이백 리 외로운 섬 하나 새들의 고향
>
> 그 누가 아무리 자기네 땅이라고 우겨도 독도는 우리 땅
>
> • 〈독도는 우리 땅〉, 박인호 작곡·작사.

한국인은 모든 기준에서 보더라도 '독도는 우리 땅'이라고 철석같이 믿고 있다. 하지만 국제법을 따져보면 독도의 영유권은 논란거리가 될 수 있다. 여기서 영유권 분쟁을 구체적으로 다룰 수는 없지만, 분명히 짚고 넘어가야 하는 사실이 있다. 한일 독도 분쟁의 원인 제공자는 2차 세계대전 이후의 동아시아 질서를 만든 미국이었고, 역대 대한민국 정부도 그 책임으로부터 완전히 자유로울 수 없다는 사실이다.

1949년 미국은 전범국가인 일본이 국제 사회에 복귀하는 수순으로 샌프란시스코 강화회의를 준비하면서 영토 반환 문제를 논의했는데, 한국과 관련된 사안에서 독도 반환 문제를 빼놓았다. 미국은 1949년 12월 29일 삼부조정위원회의(SWNCC, 59/1) 초안에서 독도는 일본령이라는 입장을 정했다. 이 결정이 나오기까지 주일 정치고문인 윌리엄 시볼드William J. Sebald의 역할이 컸던 것으로 알려져 있다.[1]

이후 1951년 9월 8일 「샌프란시스코강화조약」이 조인되고, 이듬해 4월 29일 발효되었을 때 일본이 반환하기로 한 구 식민지 영토 중에서 독도는 빠졌다. 딘 러스크 미 국무부 극동 담당 차관보는 샌프란시스코 강화회의가 열리기 한 달 전인 1951년 8월 10일에 독도는 일본 영토라는 내용이 담긴 서한을 양유찬 주미 한국대사에게 보냈다. 이상하게도 이승만 정부는 이토록 중요한 사안에 대해 미국에 공식적으로 항의하지 않았다. 이후 「샌프란시스코강화조약」이 발효되었을 때 제2조 a항에는 "일본은 한국의 독립을 인정하고 제주도, 거문도 및 울릉도를 비롯한 한국에 대한 일체의 권리와 소유권 및 청구권을 포기한다"고 명시되었다. 이후 독도 영유권이 논란이 되었을 때, 미국은 과거 독도 문제에서 자신들이 일본의 손을 들어준 사실과 한국 정부가 그것에 항의하지 않았던 사실 등을 공개하지 않음으로써 한국 정부가 곤란에 빠지지 않게 배려해주었다. 한미 간에 무슨 뒷 논의가 있었는지는 아직까지 알려진 바 없다.

이후 한일 국교 정상화 논의 과정에서 독도가 걸림돌이 되자 대통령 박정희는 "한일 수교 협상에서 암초로 작용하는 독도를 폭파해 없애버리고 싶다"고 말했고, 당시 권력 2인자이자 한일 국교 정상화를 물밑에서 추진하던 김종필은 독도의 관리를 제3국에 맡기자고 제안하기도 했다.[2] 또한 역대 대통령들은 국민들을 향해서는 독도가 한국 땅이라고 큰소리를 치고 심지어는 이명박 대통령처럼 독도로 날아가는 쇼를 연출하기도 했지만, 실제로는 미국과 일본을 포함한 국제 사회에 독도가 한국의 영토임을 알리고 설득하는 외교적인 노력을 기울였다는 자료를 본 기억이 없다.

한국과 일본 간의 독도, 일본과 러시아 간의 북방 섬들, 중국과 일본 간의 센가쿠열도가 분쟁 지역으로 남은 데는 다분히 미국의 의도가 개입된 것으로 보인다. 일본 외교관 마고사키 우케루孫崎享는 이는 영국이 식민지에서 철수할 때 언제나 독립국들 사이에 분쟁의 씨앗을 남겨두던 수법과 같은 것이라고 지적했다.[3] 그는 영국이 2차 세계대전 이후 인도에서 철수하면서 카슈미르를 분쟁 지역으로 남겨 인도·파키스탄 분쟁의 씨앗을 뿌려놓은 것을 대표적인 예로 들었다.

「샌프란시스코강화조약」의 목표는 일본에게 식민지 지배의 책임을 묻는 것이 아니라 태평양전쟁의 책임을 물은 다음, 다시는 외국을 침략할 수 없는 '평화국가'로 만들어 국제 사회에 복귀시키는 것이었다. 일본은 물론 영국도 패전국 일본의 영토였다는 이유로 한국의 참가를 강력하게 거부했다. 한국 정부는 주영공사 윤치창을 통해서 영국을 설득하였으나 실패했다. 비슷한 시기에 미국의 대일 강화조약 특사는 일본 측에 한국의 참가를 예고했다. 그러자 요시다 시게루吉田茂 총리는 한국이 연합국 지위를 얻게 될 경우 대부분 '좌익'인 재일조선인들로 인해서 일본에 큰 혼란이 올 것이라며 반대했다. 결국 당사자인 한국의 의견은 무시한 채 이후의 한일 관계를 좌우할 매우 중요한 내용이 결정되었다. 이 중요한 회담에서 한국이 배제된 것은 미국이 애초부터 한국을 연합국으로 인정하지 않았고, 식민지 청산 문제에 대해 관심도 없었을뿐더러 그것을 거론할 의사조차 없었기 때문이라고 볼 수 있다.[4]

1948년 이후 남한에서 내전적 갈등이 심화되고, 1950년 6·25 이후 남북한이 전쟁을 하느라 어느 쪽도 대일 과거사 청산 문제를 거론할 여유가 없을 때, 일본은 이후 연합국이 요구할 배상 문제 등을 철저하게 대비했다.

물론 조선 지도자들도 8·15 이후부터 대일 배상 요구액을 산정하는 등 전후 일본에 책임을 묻기 위한 준비를 하긴 했다. 1946년 6월 18일 조선상공회의소가 「대일배상요구청원서」를 미군정에 제출했고, 남조선 과도정부도 대일배상요구조건조사위원회를 만들었다. 1948년 1월에는 다섯 가지 대일 배상 요구 항목을 결정하여 제출했으며, 정부 수립 이후에는 대일배상청구위원회를 결성하여 대일 배상 요구액을 24억 7676만 달러로 확정했다. 그러나 이런 시도는 모두 전쟁의 포화 속에 묻히고 말았다.

남북한 코리안들은 6·25한국전쟁으로 서로 죽기 살기로 싸우는 바람에 대일 과거사 정리 문제를 거론할 여유가 없었고 결국 자기 발등을 찍은 셈이 됐다. 미국은 대소 방어를 위해 서둘러 샌프란시스코 강화회의를 진행했고, 일본에 징벌적인 조치를 취하려던 계획을 수정해서 일본을 '방공 십자군'으로 격상시키고 '자유' 진영의 중요 파트너로 활용하는 쪽으로 전략을 바꿨다.[5] 한 발 더 나아가 미국은 「샌프란시스코강화조약」을 통해 일본의 전쟁범죄를 단죄하기는커녕 일본을 국제 사회의 주역으로 복귀시키려 했다. 미국은 그 조약을 '민주주의 국가 간의 우호와 협력'이라고 보면서 일본의 경제 회복과 자립을 최우선 순위에 두었다. 결국 이 회담을 통해 일본이 한국 등 주변 국가를 침략·지배한 일을 사과하거나 배상할 가능성은 거의 없어졌다.

미국의 일본 편애를 우려한 이승만 대통령은 미국에게 일본의 팽창주의를 경계해야 한다고 말로는 경고했다. 그러나 북한의 침략으로 국가 존망의 기로에 놓여 미국의 절대적인 지원이 아니면 생존이 불가능했던 남한이 일본을 동아시아 자본주의의 보루로 만들려는 미국의 전략에 제동을 걸고, 일본의 과거 잘못에 대해 따지는 것은 가망 없는 일이었다. 오히려 이승만은 전쟁 직전인 1950년 2월 16일 도쿄 도착 성명에서 "성장하는 공산주의 팽창으로부터 일어나는 공통의 위험은 한국과 일본을 단결시켜야 하며, 과거의 적대는 망각되고 현재의 제 곤란이 해결되어야 한다. 반공이 가장 중요하다. 이를 위해 필요하면 일본과의 관계 개선을 적극 수용하겠다"고 말했다.[6] 이후 이승만은 샌프란시스코 강화회의에 대한 미국의 입장을 지지한다고 밝혔고, 1951년 1월 26일에는 일본과의 과거사 문제에 대해 관용적인 태도를 갖는다고 말했다.[7] "공산주의라는 공적을 향해 한일이 단결하자"는 이승만 대통령의 성명은 일본 중심의 동북아시아 반공전선을 구축하려던 미국이 하고 싶었던 말을 대신한 것으로, 이후 독도 문제나 식민지 배상 문제에서 한국의 입지를 결정적으로 약화시켰다.

남북한이 분단도 모자라 전쟁까지 벌인 덕분에 일본은 국제 관계에서도, 경제적인 측면에서도 기사회생할 수 있었다. 6·25한국전쟁은 2차 세계대전의 패전국 일본이 경제적으로 부활하여 아시아의 수도 국가로 다시 태어나는 가장 중요한 계기로 작용했다.

우리는 독도를 자기 땅이라고 우기는 일본에 분개하기 전에 패전
국 일본 위에 군림하면서 동아시아 국제 질서의 틀을 짠 미국, 그리고
8·15 이후 일제 잔재 청산을 유보하고 내전으로 돌입했던 우리 민족
의 어리석음을 되돌아봐야 한다.

) 또다시, 공짜 점심은 없다 (

신생국인 대한민국이 일본 등 이웃 나라에 위엄을 갖추고 발언권을 가
지려면 무엇보다 내부의 식민지 유산을 청산하고, 특히 민족의 자주
독립을 훼방놓던 부일 협력 세력을 엄하게 처벌해 국가의 기본이 되는
정의를 수립했어야 한다. 그래야 일본에게 사과나 피해 배상을 요구할
명분이 서고, 이후 관계를 회복해서 '좋은 이웃'으로 지낼 수 있기 때문
이다. 그러나 북한이 시위를 당긴 6·25한국전쟁은 동아시아 반공전선
구축의 필요성, 즉 미국이 애초에 원했던 대로 일본과 한국을 다시 결
속시킬 필요성을 강력하게 환기하는 계기가 되었다. 이런 상황에서 한
국은 일본에 면죄부를 주려는 미국의 입장을 거스르면서 일본에 과거
식민지 지배에 대한 사과나 배상을 요구하기 어려웠다.

「샌프란시스코강화조약」으로 과거 일본의 식민지였다가 일본의
항복으로 해방이 아닌 '분리'의 과정을 일차적으로 거친 나라들, 즉 일
본제국이 주권을 '포기'한 지역에는 일본이 배상을 할 의무가 사라졌
다. 일본의 배상은 필리핀, 베트남 등 태평양전쟁에서 일본과 맞서 싸
운 공적이 인정되는 '연합국'에만 해당되는 것이므로, 연합국으로 인

정받지 못하고 샌프란시스코 강화회의에 초청받지도 못한 한국과 타이완은 해당 사항이 없었다. 따지고 보면 미국이나 영국도 식민지를 경영한 제국주의 진영에 속해 있었기 때문에, 일본에 식민 통치의 책임을 지라고 말할 처지는 아니었다. 한국이 일본에게 배상을 요구하려면 식민지 지배의 불법성과 강압성을 국제 사회에 입증했어야 한다. 물론 국제 질서는 여전히 일본과 한편인 영국 등 구 제국주의 국가들과 패권국가로 등극한 미국이 좌우하고 있었기 때문에 설사 한국이 철저하게 준비를 했다고 해도 그 목소리는 전달되기 어려웠을지 모른다.

이승만 정부도 일본의 조선 지배는 불법이라는 전제하에 강제동원 피해자의 「대일배상요구조서」를 작성하기도 했다. 그러나 이미 미국이 8·15 이전의 조선 사람들은 통일된 망명정부의 지휘하에 효과적인 독립투쟁을 벌이지 않았다고 판단했기 때문에 조선은 연합국의 자격으로 강화회의에 참가하지 못했고, 당연히 배상받을 권리도 얻지 못했다. 남북한 단독정부 수립, 한국전쟁, 「샌프란시스코강화조약」, 「한미상호방위조약」으로 이어지는 일련의 흐름은 미국의 동아시아 정책에 따라서 진행되었기 때문에 반공전선의 첨병인 한국 정부가 독자적으로 일본과 교섭할 여지는 아주 좁았다. 과거 제국주의였던 유럽 국가들은 물론이고 미국 역시 한국인들과 구 식민지 사람들이 갖고 있던 민족적 분노나 굴욕감, 과거 식민 통치에 대한 사과와 배상 요구를 이해할 수 없었다. 미 국무장관인 덜레스의 저작 『전쟁 또는 평화 War or Peace』에는 이러한 제국주의적 시각이 전형적으로 드러난다. 그는 "과거 수 세기 동안 서구 제국이 물질적, 지적, 정신적으로 활발함을 유지한 결과 미개발 지역에 대한 차관이 이루어져 철도, 항만, 관개

사업, 기타의 형태로 거대한 투자가 이루어졌다. (…) 서구 여러 나라의 지배가 확대된 것은 이러한 서구의 정치적 우월성 때문이"라고 생각했다.[8]

강화조약이 체결되면서 재일조선인들은 졸지에 일본에 불법 체류하는 신세가 되었다. 일본이 국민 총동원 시기의 피징용자들에 대한 「원호법」을 제정했을 때도 조선인은 일본 국적을 박탈당했기 때문에 아무런 보상도 받을 수 없었다. 조선인 출신 일본군과 군속들은 전선에서는 연합군에 잡혀 전범으로 처벌당하고, 일본 본토에서는 비국민으로 버려졌다.

미국과 영국 등이 확실히 자기편이라는 확신을 갖고 있었던 일본은 더 이상 조선을 식민 지배한 죄책감을 느낄 필요가 없었다. 곧바로 일본 정치가들의 망언이 이어졌다. 구보다 간이치로 한일협상단 수석대표는 1953년 10일 6일부터 시작된 제3차 한일회담 재산 및 청구권 위원회 석상에서 "일본은 조선에서 36년간 철도를 부설하고 항만을 건설했다. 만일 그때 일본이 조선을 점령하지 않았더라면 조선은 다른 나라에 의해 점령되었을 것이다. 그리고 일본에 의한 점령보다 훨씬 더 비참한 경험을 감당했을 깃이다"라면서 일제의 지배가 한국인에게는 이익이었다고 말했다.[9] 그러면서 "만약 한국이 피해 보상을 요구한다면 일본은 한국에 남겨놓고 온 자산의 반환을 요구하겠다"라고 망언을 쏟아냈다.

역대 한국 정부는 일본의 주장에 효과적으로 반박했을까? 1957년에 한일회담이 재개되었을 때 일본은 8·15 이후 조선 땅에 두고 온 30~40억 달러의 재산을 반환하라고 요구했다. 이승만 정부는 일본에게 강제동원자들의 임금, 약탈해 간 금과 문화재 등 총 80억 달러를 배상하라고 맞받아쳤다. 그러나 그것은 실현 가능성도 없는 엄포에 불과했다. 일본의 자민당 보수파나 대다수 정치가와 지식인들은 일본의 조선 병합이 도덕적으로는 문제가 있을 수 있으나 불법은 아니었다는 입장을 확고하게 취하고 있었기 때문이다.

반면 한국 정부는 강제병합의 불법성은 물론 징용, 징병으로 끌려간 사람들이 어떤 피해를 입었고, 몇 사람이 끌려가서 어느 정도의 임금을 받지 못했는지 등에 대한 자료를 준비하지 못했고, 또 그것을 근거로 협상을 진행할 능력도 갖추지 못했다. 이승만 정부가 이미 출발부터 독립운동가들을 배제하고, 자유당과 각료 거의 전원을 일제에 협력했던 사람들로 채운 상황에서 일본에 대해 위엄이나 외교력을 발휘할 수 없었던 것은 당연한 일이었다.

) 무책임한 한국 정부 (

1949년부터 동아시아의 지역 통합을 추진하던 미국으로서는 한일 양국의 국교를 정상화시켜 동아시아 반공전선을 구축하는 것이 큰 과제였다. 1951년 한일 양국이 협상을 시작할 때부터 미국은 배후에서 두 나라를 강력하게 압박했다. 1960년 4·19혁명으로 이승만이라는 걸림돌이 제거되고, 1961년 5·16쿠데타가 일어나자 한일 교섭은 급물살을 타게 됐다. 미국은 군사 정권을 전방위적으로 압박해서 한일 국교 정상화를 성사시키려 했다. 미국의 린든 존슨Lyndon Johnson 대통령은 박정희 대통령에게 한일 국교 정상화가 동북아시아 안정에 매우 중요한 기여를 할 것이라 강조했고, 이후 한일회담에 대한 대학생들과 정치가들의 반대 시위가 일어나자 야당 지도자인 윤보선에게 미국의 입장을 전달했다.

쿠데타로 집권했기 때문에 정통성이 취약했던 군사 정권은 경제 개발에 온 힘을 쏟았고, 그러자면 자본이 필요했다. 결국 1961년 10월 12일 한국의 김종필 중앙정보부장과 일본의 오히라 마사요시大平正芳 외무장관이 비밀리에 만나 일본으로부터 '청구권 자금'이라는 이름으로 3억 달러의 무상차관, 2억 달러의 유상차관(장기 저리의 해외 협력 자금), 1억 달러의 상업차관을 받는 것으로 대략 합의했다. 이 협상은 이후 한국인 피해자 개개인이 일본 정부나 기업을 상대로 소송을 해서 배상을 받을 수 있는 가능성까지 가로막았다. 박정희는 "지난날의 감정에서 벗어나 자유 진영의 굳건한 결속을 위해 결단을 내려야 한다"면서 협상을 강행했다.[10]

결국 이승만 정권과 마찬가지로 박정희 정권도 자신들의 정치적 필요와 빈곤에서 벗어나 잘 먹고 잘살아보자는 국민적 요구에 편승하여 달라진 미국의 동아시아 냉전 정책, 즉 한국을 일본의 경제 성장을 위한 배후시, 하청기지로 편입하는 정책을 받아들였다. 한국 정부는 한일 관계에서 미래에 제기될 수도 있는 많은 미청산 과제를 깊이 검토할 여유도 없이 당장의 경제 개발 자금 확보에 목을 매달았다.

지루한 협상 끝에 양국은 1965년 6월 22일 「대한민국과 일본국 간의 기본 관계에 관한 조약」과 「대한민국과 일본국 간의 재산 및 청구권에 관한 문제 해결과 경제 협력에 관한 협정」을 체결했다. 그 결과 일본은 무상 3억 달러와 유상 2억 달러의 차관을 한국에 제공하기로

했다. 일본은 한국에 제공한 5억 달러를 '경제 개발 지원금' 혹은 '독립 축하금'이라고 불렀으나, 한국은 청구권 문제가 해결된 것으로 해석했다.[11] 실제로 그 돈은 일본이 조선을 지배한 모든 과거사를 일단락 짓는 것을 의미했다. 박정희 정권은 일본이 식민지 지배를 통해 한국인들에게 미친 모든 피해를 너무 싼값에 해결하고 말았다. 이는 이후 지속적으로 제기된 강제동원 노동자들의 개인 차원의 손해 배상 청구, 원폭 피해자와 위안부 여성에 대한 일본 측의 공식 사과나 배상을 요구할 수 있는 모든 여지를 차단하는 효과가 있었다. 1965년 한일 국교 정상화는 군사 쿠데타로 집권하여 정당성이 취약한 군사 정권이 외국 자본을 동원해서 서둘러 경제 성장 정책을 추진해야 했던 필요성과 미국의 동아시아 정책이 맞물린 결과이다.

박정희 정권의 경제 개발 주역들은 포항종합제철의 성공을 예로 들며 청구권 자금이 제2~3차 경제개발계획에 유효적절하게 사용되는 등 한국의 경제 발전에 크게 기여했다고 평가했다. 다른 나라로부터 협력자금을 받은 나라가 모두 한국처럼 경제 성장을 이룬 것은 아니기 때문에 일정 부분 동의할 수도 있다. 그러나 박정희 정권이 한일 국교 정상화를 졸속 단행한 이후 일제 식민지 체제하에서 한국인들이 입은 피해에 대한 보상은 한국 정부의 몫이 됐다. 재일동포의 법적인 지위, 조선인 원폭 피해자, 사할린 동포 문제 등이 계속 제기되었으나 역대 한국 정권은 문제 해결에 매우 소극적이었고 회피로 일관했다.

1987년 한국에서는 군사 정권이 무너졌고, 1989년 소련과 동구의 사회주의가 붕괴하면서 국제적으로는 냉전이 종식되는 새 국면이 열렸다. 위안부 피해자들의 증언이 잇달아 나오고 한일 시민사회 진영

「한일협정」비준

박정희 대통령이 1965년 12월 18일 청와대에서 정일권 총리(왼쪽에서 세 번째), 이동원 외무부장관(오른쪽에서 세 번째), 김동조 주일대사(오른쪽에서 두 번째) 등이 지켜보는 가운데 한일조약 제협정의 비준서에 서명하고 있다.(ⓒ국가기록원)

에서 일본의 사과와 배상을 요구하는 등 과거사 문제를 다시 끄집어내야 한다는 요구가 제기됐다. 1965년 맺은「한일협정」에 대한 비판이 거세지면서 일본에서도 1993년 8월 고노 요헤이河野洋平 관방장관이 일본군 위안부 강제동원에 대한 일본군의 책임을 인정했다. 고노 관방장관은 "위안소는 당시 군 당국의 요청에 의해 설치된 것이며, 위안소의 설치·관리 및 위안부 이송에 구 일본군이 관여했다"고 발표하면서 위안부 피해자들에게 사과와 반성의 마음을 올린다고 말했다. 1995년 8월 15일에는 무라야마 도미이치村山富市 총리가 일본의 식민지 지배로 아시아 사람들에게 손해와 고통을 주었다는 담화를 발표했다.

그러나 이후에 일본 정부는 일제 말 전시 상황에서 위안소를 설치하고 강제로 조선인 여성을 위안부로 동원한 사실을 공식적으로 인정하지 않았다. 민간업자가 이들의 동원에 개입한 점을 강조하며 국가 차원의 책임을 부인했다.[12] 1965년에 이 문제가 일단락됐다는 사실을 알고 있는 한국 정부는 일본 정치가들의 식민지 지배를 정당화하는 발언들, 한국인을 무시하고 폄하하는 말들, 그리고 과거사에 대한 부인을 제대로 비판하기보다는 3·1절이나 8·15 때 연례행사처럼 엄포를 놓는 정도로 그쳤다.

위안부 피해자들은 물론 일제에 강제동원된 피해자의 가족들은 "솔직히 말해서 한국 정부한테 더 화가 난다.「한일협정」때 받은 돈으로 경제가 발전했는데 강제동원 희생자를 기리는 추모 시설이나 이들이 겪은 아픔을 치유할 수 있는 시설 마련에 정부가 나서야 한다"고 요구했다.[13] 결국 2004년 노무현 정부는 강제동원위원회 등 대일 과거사 청산을 위한 여러 개의 정부기구를 구성했고, 정부 차원의 조사 결과를 바탕으로 강제동원자들에 대한 보상을 실시하는 등 약간의 진전이 있었다.[14]

일본은 식민지 지배 등 과거 자신이 저지른 잘못에 전혀 죄책감을 느끼지 않으며 그에 대한 사과와 배상을 거부하고 있다. 미국을 비롯한 국제 사회는 물론 피해자인 한국조차 식민지 지배의 불법성을 제대로 입증하거나 강하게 주장하지 않았다. 일본이 이런 태도를 취하는 것은 도덕적으로는 분명히 문제가 있지만, 구 제국주의 국가들이 주도한 냉엄한 국제 정치 현실에 비추어보면 오히려 일반적인 태도일지도 모른다.

일본인들은 강대국인 중국에 대해서는 사죄의 마음을 드러낸 적도 있지만, 한국에 대해서는 거의 그런 생각을 갖지 않았다.[15] 이는 사실 한국인, 특히 역대 한국 정부와 대통령과 여당 정치가들이 자초한 측면이 크다고 할 수 있다.

이승만 정권 당시 보상 문제를 놓고 벌인 한일 정부의 시소게임, 그리고 박정희 군사 쿠데타 이후 일본과 국교 정상화를 추진하는 과정에서 한국 정부가 공개적으로 배상을 요구하지 못했던 이유는 두 정권이 미국의 동아시아 정책의 기본 방향을 이미 잘 알고 있었기 때문이다.[16] 즉 한국 정부는 국민에게 일본의 무성의를 공격하는 체하였지만, 실제 외교에서는 이 문제를 다르게 처리했다. 한일 관계는 언제나 국내용과 미국용, 일본용이 별도로 존재했던 셈이다. 일제와 무력투쟁하여 독립을 쟁취하지 못한 한국은 미군 주둔이라는 후원 속에서 이승만 정부가 탄생했고, 전후 미국의 기본 구상과 정책을 따라 일본의 전후 복귀를 인정했다. 이후에도 한국이 국제 사회에서 발언권을 갖지 못하고 미국의 정책을 수용할 수밖에 없었던 사실 등이 모두 한 궤로 이어져 있다.

2018년 10월 30일, 강제동원에 관한 한국 대법원의 판결은 이 점에서 획기적인 전환점이 되었다. 대법원은 일본 식민지 지배의 불법성을 인정함과 동시에 1965년 한국이 일본으로부터 받은 무상 3억 달러의 청구권 자금에는 일본의 반인도적 불법 행위로 인한 강제동원 피해자들의 손해 배상금은 포함되어 있지 않다고 결론을 내렸다. 결국 이 문제로 일본의 아베 정부는 무역 보복 조치를 취하고, 한일 간의 갈등이 심화되었다.

) 일본의 친한파는 누구인가? (

1965년 한일 국교 정상화 이후 한일 간의 경제 교류는 일본 제국주의 전범, 극우 세력과 한국인 파트너가 새롭게 유착하는 과정이다. 1965년 당시 한일회담의 한국 측 대사는 일제강점기에 경찰로 부역하면서 징용자들의 저항을 밀고한 김동조가 맡았다. 그는 이 협상에 기여한 공로로 초대 주일 한국대사로 부임했고, 이후 일본 정치가들에게 뇌물을 갖다 바친 매수꾼으로 재일조선인들 사이에서 악명을 떨쳤다.[17]

한편 미국의 반공전선 구축 정책에 따라서 총리가 된 기시 노부스케岸信介나 일본 선박진흥회 회장 사사카와 료이치笹川良一 등은 친한파로 알려져 있지만, 사실 이들은 과거의 전범이다. 이들은 전후 친미·반공 인사로 변신한 뒤 한일 국교 정상화의 막후에서 실력을 행사했다.[18] 사사카와는 한국 학자들의 연구를 지원하는 재단을 세우기도 했다. 1995년 연세대 송자 총장은 한일수교 30주년을 기념하여 그에게 '한일협력연구기금'을 받아(당시 75억 원 규모) '아시아연구기금'이라는 이름으로 교수들의 연구 활동을 지원했으며, 이후에도 한국의 여러 단체와 개인이 그의 지원금을 받았다.[19]

일본 경제계의 실력자 세지마 류조瀬島龍三는 1965년의 한일회담, 1983년의 나카소네 야스히로中曽根康弘 총리의 방한 등 한일 외교사의 중요한 고비 때마다 막후에서 활약했다. 그는 2차 세계대전에 일본 만주군 소속으로 참전했으며, 일본군 시절 박정희 전 대통령의 직속 상관이자 박정희가 가장 존경하는 인물이기도 했다. 그는 자서전에서 한국의 식민지화는 당연한 조치였으며, 태평양전쟁은 '자위전쟁'이었다고 규정했다. 그는 박정희·전두환·노태우 정권에 두루 실력을 행사했고, 일본 상공회의소 특별고문 등의 직함을 달고 청와대를 무려 15번이나 방문했다.

과거 일본의 전쟁범죄 세력은 1960년대 이후 한·미·일을 연결하는 반공 연맹의 주역이자 친한파로 알려졌지만, 실제로는 한국인을 가장 멸시한 이들이었다. 구보다 망언에서 나타난 것처럼 일본의 우익 정치 지도자들은 식민지 지배가 한국의 발전에 긍정적으로 작용했다고 주장한다. 그들은 1945년 일본의 항복이 조선의 독립을 의미하는 것은 아니었다고 보며, 중국에 대해서는 약간의 죄의식이 있지만 한국에 대해서는 거의 그런 생각을 갖지 않는다.

통일교의 문선명이 일본에 가서 1967년 세계반공연맹, 1968년 국제승공연합을 창설할 때, 이들 극우 세력은 모두 발기인이 되어 반공이라는 끈으로 함께했다. 2005년 공개된 CIA 극비문서를 통해 사사카와, 극우 세력의 거두 고다마 요시오兒玉譽士夫, 요미우리신문 사장 쇼리키 마쓰타로正力松太郎, 기시 노부스케 전 총리 등이 북한과 중국에 대한 정보를 수집하고 일본공산당을 감시·견제해온 것이 드러났다. 이들은 1948년 도조 히데키東條英機가 처형된 다음 날 모두 불기소 처분으로 석방되어 미국의 반공 정책에 협력하는 임무를 수행했다.

이 반공 연대를 위해 재일조선인, 조선인 강제동원자, 위안부 여성, 원폭 피해자 등 일제 식민지 지배의 피해자들의 문제가 묻히고 말았다. 특히 재일조선인은 남북한의 분단과 이승만 정부의 무책임한 정책으로 국적 없는 난민이 되었음에도 박정희·전두환 정부는 그들에게 대한민국에 충성할 것을 요구했다. 다른 한편으로는 공산주의가 합법화된 나라인 일본에 살며 북한과 내왕을 했다는 이유로 사찰·감시를 하거나 때로 간첩으로 몰았다.

역대 대통령들은 일본 총리들의 망언이나 과거사 부인 발언이 나올 때 공격적인 성명을 내기는 했으나, 그것은 한국 국민들의 상처와 민족주의 정서를 정치적으로 활용하기 위한 제스처에 가까웠다. 그들이 대일 과거사를 덮어둔 까닭은 미국의 동아시아 정책의 틀을 거역할 수 없었고, 또 그럴 의지도 없었기 때문이다. 1951년 이후 한국 정부가 식민 지배 자체에 대한 법적 책임과 피해 보상을 일본에 공식적으로 요구한 적은 단 한 차례도 없다.

대일 과거사 정리 문제는 미국의 의중을 가장 중요하게 생각하는 한국 입장에서는 처음부터 이룰 수 없는 과제였는지 모른다. 한일 '우효' 이 주역인 기시 노부스케 같은 일본의 시노자들은 과거 일본 제국주의를 앞세워서 아시아를 침략했던 사람들이며, 그들과 '친했던' 한국인은 박정희 등 대한민국의 최고 권력자였다. 대일 과거사 문제가 여전히 정리되지 않은 채 남은 이유는 일차적으로는 미국의 '친일본 동아시아 정책'과 반성 없는 일본 탓이지만, 역대 한국 대통령과 정치가들이 자초한 부분도 있다.

1980년대 이후 일본의 친한파 인사 대부분은 과거 일제의 주변 국가 침략을 정당화하는 '새로운 역사 교과서를 만드는 모임'(이하 '새역모')을 후원하거나 그 일원으로 적극 활동한 극우파이다. 1997년 1월 출범한 새역모는 일본 집권 자민당 내 우익 의원 모임과 기업, 우익 언론 등 일본 내 우파의 지원을 받고 있다. 이들은 2차 세계대전 이후의 역사관은 전승국들이 강요한 '자학自虐사관'이라고 비판하며 자신들의 이념을 '자유주의 사관'이라 칭한다. 이것은 탈냉전 이후 일본에 등장한 네오내셔널리즘의 일환이다.[20] 일본의 자유주의 사관은 식민지 지배와 전쟁에 대한 책임을 부인하고, 전사자를 애도하였으며, 「평화헌법」개정을 적극적으로 추진하였다. 1990년대 이후 주요 정치 지도자들의 야스쿠니 신사참배는 과거에 아시아 주변 국가를 침략한 것을 정당화하고 군사대국화를 지향하는 오늘날 일본의 국가 성격을 집약해서 보여준다. 2014년 4월 22일 '다함께 야스쿠니 신사를 참배하는 국회의원 모임' 147명이 야스쿠니 신사를 참배하기도 했다.

일본은 한일 강제병합 100년을 2년 앞둔 2008년부터 식민지 지배를 정당화하는 작업을 대대적으로 벌였다. 그에 반해 이명박 정부는 더 진전된 사과를 받아야겠다고 일본 정부에 통보한 것 외에는 어떤 준비도 대응도 하지 않았다. 오히려 일제의 식민지 지배가 한국의 자본주의 발전에 기여했다는 뉴라이트 지식인들을 적극적으로 기용하거나 그들의 주장을 받아들여 8·15를 건국절로 바꾸고 '좌편향' 교과서를 개편하려 했다.

아베 일본 총리는 2015년 '패전 70주년' 담화에서 위안부 문제에 대해서는 "전쟁 속에서 명예에 깊은 상처를 입은 여성들이 있다"고 언급하고, 침략에 대해서는 "힘에 의한 곤궁의 타개를 시도했다"며 에둘러 표현해 일본이 조선과 중국을 침략했다는 점을 인정하지 않았다. 그런데도 박근혜 대통령은 이 담화에 대해 "사죄와 반성을 근간으로 한 역대 내각의 입장이 앞으로도 흔들리지 않을 것이라고 국제 사회에 분명하게 밝힌 점을 주목한다"고 긍정적으로 평가했다. 한국 정부와 달리 중국 정부는 외교부 공식 논평을 통해 "군국주의 침략전쟁에 대해 진정한 사과를 하라"고 촉구했다. 중국 정부는 물론 일본 언론도 비판하는 아베의 담화를 긍정적으로 평가한 한국 대통령의 2015년 광복절 발언을 우리는 어떻게 받아들여야 할까?

3부

싸우면서 일하고,
일하면서 싸워라
-근대화의 그늘

11장
부활하는 식민 통치,
박정희의 유신과

그 이후

롯데가 한국에 진출한 건 산업화 시작과 함께였다. 1965년
한일 국교 정상화를 계기로, 한국에 진출했다. 1967년 설립된
롯데제과가 한국 롯데의 출발점이다. (…) 한국에선 기회가
훨씬 많았다. 롯데의 진출과 산업화 시작이 겹친다. 정부는
자본에 목말랐고, 외자 유치를 위해서라면 어떤 특혜건 내줄
준비가 돼 있었다. 게다가 5·16군사쿠데타로 이른바 '만주
인맥' 후배들이 권력을 잡았다. 박정희 전 대통령은 만주 관동군
하급 장교 출신이다. 신격호 총괄회장과 아주 가까웠던 기시
노부스케는 만주국 고위 관료 출신이다. 요컨대 신격호는
박정희의 '만주 인맥' 선배와 절친한 사이였다. 최고 권력과
통하는 인맥까지 확보한 셈. 한국 롯데는 한국 경제의 가파른
성장 곡선을 타고 함께 올라갔다.

• "롯데 신동빈은 어떻게 형을 꺾었나?", 프레시안, 2015년 8월 17일.

) 만주 인맥과 10월 유신 (

일본군 출신으로 만주에서 항일 독립군을 토벌하던 간도특설대에서 복무한 백선엽이 100세의 천수를 누리고 2020년 7월 11일 사망했다. 6·25한국전쟁의 '영웅'으로 칭송되어온 그는 대전 국립현충원에 안장되었다.

미국의 한국 현대사 연구자 브루스 커밍스Bruce Cumings는 국군과 인민군이 맞붙은 6·25한국전쟁을 1930년대 말 만주에서 벌어진 조선인 출신 일본군과 이에 맞선 같은 조선인 항일 게릴라 세력 간 싸움의 제2라운드라고 말한다.[1] 휴전 후 다시 20여 년이 흐른 뒤 1970년대 10월 유신을 주도한 인물들 역시 젊은 시절에는 만주를 주름잡던 일제의 군인·관료였다. 일제의 만주 경영의 역사가 한 세대 건너 대한민국에서 반복되었다.

일본인은 1930년대의 만주를 제국 경영의 영광스러운 시절로 기억한다. 식민 통치 시절 한몫 잡거나 출세해보려고 일본의 '마름'을 자처한 조선인들에게도 만주는 부와 권력과 지위를 모두 얻을 수 있는 기회의 땅이었다.

> 너희는 모른다. 내가 긴 칼 차고 대장이 되어 돌아오면 군수보다 더 높다.[2]

대구사범학교를 졸업하고 초등학교 교사로 부임한 뒤 일본인에게 무시당하던 박정희가 일본군 장교 양성 기관인 만주의 신징新京군관학교로 떠나면서 한 말이다. 그에게 군인의 칼은 권력의 싱징이자 일본인들에게 무시당하지 않고 대접받으면서 살 수 있는 수단이었다. 그는 군관학교를 최우등으로 졸업하고 일본 육사에 편입·졸업한 후 8·15까지 항일 독립군을 토벌하던 일본 관동군 장교로 복무했다. 박정희는 일본이 항복을 한 이후 일본 군복을 벗었다. 반면 일제의 서슬이 아직 시퍼렇게 살아 있을 때 학병을 탈출한 장준하는 이런 박정희에 대해 일본이 패망할 때까지 일본군에 남아 있었으며, 만약 일본이 계속 득세했다면 일본인 장교로서 독립운동가를 살해했을 것이라는 점을 강조하면서 기회주의자라고 비판했다.

10·26 이후 전두환이 권력을 장악한 1980년 전후에 국무총리를 지낸 신현확은 1943년 경성제국대학 재학 시절에 23세로 일본 고등문관 시험 행정과에 합격했다. 그는 조선인 고등문관 합격자로서는 처음으로 도쿄의 중앙관서 가운데 하나인 상무성에서 근무했다. 8·15 이후 동향인 경북 출신 정치가 장택상의 권유로 1951년 상공부 공업국 공정과장으로 취임하여 대한민국의 관료가 됐다. 그는 이승만에게 일제강점기에 행정 관리로 일한 경력과 실무 처리 능력을 인정받아 부흥부차관을 맡게 되었고, 이후 부흥부장관이 되어 경제개발계획을 세웠다. 4·19혁명으로 이승만 정권이 무너지자 신현확은 3·15부정선거 혐의로 2년 동안 옥살이를 했다. 이후 민간기업 등에서 일하다가 1973년에 동향인 경북 출신의 기업가 김성곤의 추천으로 공화당 공천을 받아 국회에 진출했다. 1975년 말 보건사회부장관, 1978년 박정희 정권의 경제 정책을 총괄하는 경제기획원장관 겸 부총리로 임명됐다. 1979년 12·12쿠데타로 실질적인 권력을 장악한 전두환의 신군부는 곧바로 내각을 개편했는데, 신현확을 국무총리로 임명했다.

신현확은 이승만 정권부터 전두환 정권까지 여러 번 기용되며 정부 경제 정책의 정점에까지 오른 대구경북권의 핵심 인물이자 정치 관료, 기업 엘리트들 중의 엘리트였다. 그는 신군부가 정권을 장악한 1980년에 헌법개정심의위원회 위원장을 맡아 전두환의 제5공화국 헌법을 추인했고 1981년부터 1988년까지는 국정자문위원회 위원을 지냈다. 일제강점기 이후 양지로만 돌면서 전문 관료 역할만 한 것이 아니라 10월 유신과 12·12쿠데타, 광주학살과 5공화국이라는 우리 시대의 가장 어두웠던 시절의 주역으로 활동했다. 그런 신현확에게 2000년 서울대 법대 동창회는 '자랑스러운 서울 법대인' 상을 주었다. 서울대 법대 스스로 일제의 식민지 현지 대리인 양성 기관이던 경성제국대학의 후신이라고 인정한 셈이다.

'안보'와 '경제', 이 두 가지가 일제가 패망한 이후 무려 30년이 지난 시점까지 신현확이 대한민국 최고 관료의 지위를 누릴 수 있게 만든 명분이었다. 1980년 3월 11일 아주 및 미주 지역 공관장 회의에 참석한 신현확은 "정치는 우리 국내에서 우리 사람끼리 모여서 논의해서 어떻게든 해나갈 수 있는 문제입니다. 안보는 그렇지 못합니다. 경제도 그렇지 못합니다. 우리 마음대로 되는 것이 아닙니다. 총력을 기울여도 될까 말까 한 문제입니다"라고 밝혔다.[3] 일제가 일본과 조선의 가난한 청년들을 전쟁의 불쏘시개로 만들었던 논리가 바로 '국방'이었다. 그 시절 일제의 관동군 하급 장교였던 박정희가 이후 대한민국의 대통령이 되어 1972년 10월 17일 「유신헌법」을 선포하고 대통령 1인 영구집권 체제를 수립할 때 내세웠던 논리 역시 '안보', '경제', '효율'이다. 그들에게는 충성해야 할 국가가 일본이든 한국이든 중요하지 않았을지 모른다. 과거에 백선엽, 박정희, 신현확에게 애국이란 천황제 일본에 대한 충성이었다. 커밍스가 말했듯이 1930년대 말에 일본이 만든 만주가 1970년대 한국에서 부활했는데, 두 시기와 지역을 관통하는 가장 중요한 개념은 바로 '근대'이다.

) 오직 한 사람을 위한 나라 (

국가 경영에서 안보와 경제가 가장 중요한 것은 사실이다. 그러나 거의 모든 나라에서 '안보 위기'는 기존 체제나 권력의 위기를 달리 표현한 경우가 많고, 권력자의 입맛에 따라 과장되거나 공안기관이나 언론에 의해 부풀려진다. 독일의 아돌프 히틀러, 스페인의 프란시스코 프랑코Francisco Franco, 칠레의 아우구스토 피노체트Augusto Pinochet, 타이완의 장제스가 '안보 위기'와 '경제'를 명분으로 집권했다. 「유신헌법」을 선포하면서 박정희는 '능률을 극대화'하자고 했는데, 최고로 능률적인 정부는 의회나 시민사회의 토론 기회를 없애거나 정치적 반대를 묵살하고 권력자 1인의 명령대로 일사불란하게 움직이는 정부다. 이 지점에서 실제 전투 현장과 경제 '전쟁'에서의 '능률'은 동일한 논리구조를 갖고 있다.

파시즘과 전제정치는 소신과 주체적 판단력을 가진 사람을 껄끄러워 하고, 명령이 떨어지면 군소리하지 않고 기계처럼 움직이는 관리를 좋아한다. 이승만과 박정희가 기용한 최고위 관료들 역시 과거 일제에 충성을 바쳤던 사람들이다. 이승만 하야 직전의 마지막 각료 12명 중 독립운동 경력을 가진 사람은 단 한 명도 없었다. 대부분이 일제

4·19혁명 직전, 이승만 정부의 내각

직책	인물	일제강점기 행적
외무부장관	최규하	만주국 수습 관료
내무부장관	홍진기	총독부 사법관시보
재무부장관	송인상	식산은행 근무
법무부장관	권승렬	변호사
국방부장관	김정렬	일본 항공군 대위
문교부장관	최재유	의사
부흥부장관	신현확	일본 상무성 근무
농림부장관	이근직	강원도 원주군수
상공부장관	김영찬	조선은행 근무
보건사회부장관	손창환	의사
교통부장관	김일환	만주국 육군 대위
체신부장관	곽의영	총독부 충북상무과장

하 조선총독부나 기업에서 일했던 이들이다. 이승만 정권 시기에 기용된 각료나 자유당 핵심 인물 가운데 항일운동 과정에서 투옥되었거나 수난을 당했던 사람은 찾아볼 수 없다.

박정희 정권도 거의 같았다. 일본군 중위 출신 박정희 대통령을 비롯해 일본군 하사 출신 이후락이 2인자인 중앙정보부장을 차지했고, 국회의장인 정일권은 박정희의 만주군관학교 선배이자 만주군 장교였다. 국방부장관 서종철은 일본군 장교 출신이며, 대법원장 민복기는 일제하 중추원 부원장을 지낸 민병석의 아들로 일제 고등문관 시험에 합격한 후 1940년 경성지방법원 판사로 부임해 독립운동가 이초생, 남국태, 이찬우, 문세현 등의 재판에 관여했다. 민복기는 1975년 인민혁명당 사건의 사형 판결 당시 대법원장이었고, 1980년에는 전두환 정권의 국정자문위원으로 위촉되었다.

'유신維新'이라는 용어도 일본의 메이지明治유신에서 온 것이지만, 박정희의 유신 체제를 지탱한 「반공법」이나 긴급조치 등 각종 명령조치 역시 1930년대 중반 이후 이들이 경험한 일제하 만주의 상시적 계엄 상태를 그대로 본뜬 것이다. 박정희 정권, 특히 유신 체제를 지지했던 종교 지도자들 또한 일제 말에 신사참배에 응하고 전쟁을 지지하는 등 일제에 협력했던 사람들이다. 천주교의 노기남 주교가 대표적이다. 반면 노기남과 함께 사제서품을 받은 윤형중 신부는 정반대의 길로 걸어가 유신 체제를 비판했다.

이승만·박정희 정권 시기에 항일운동가와 그 자녀들의 생활은 비참했다. 임시정부 국무위원을 지낸 차리석의 장남 차영조는 다음과 같이 말한다.

이승만과 박정희 친일 정권이 들어서면서 독립운동가와 후손들은 탄압을 피해 외국으로 달아나거나 숨죽이고 살아야만 했다. 나는 동암(차리석)의 아들이란 사실을 숨기고 살았다. 어머니는 차車씨 성에서 두 획을 지워 신申씨로 바꿔 초등학교에 입학시켰다. 차씨가 아닌 신씨로 살아야만 했던 비극적인 삶은 19세에 겨우 끝났다. (…) 어렸을 때는 문전걸식으로 허기를 채웠다. 초등학교 6학년 때 어머니가 중풍으로 쓰러지면서 학업을 중단하고 아이스케키 장사, 여관 보이, 국밥집 배달원 등 밑바닥 생활을 전전했다. 보훈 정책이 생긴 뒤로는 한전 검침원으로 일하다 중동 리비아와 아프리카 나이지리아까지 가서 건설 노동자로 일했다. 딸은 대학 시간강사로 입에 겨우 풀칠하고 산다. 그런데 친일파 후손인 여당 대표의 딸은 비슷한 나이인데 대학의 정교수가 됐다. 독립운동가의 후손이 열사의 나라에서 일할 때, 친일파 후손은 정계의 거물이 됐다. 임시정부 요인인 우리 집안과 친일파 후손인 여당 대표 집안의 모습이 건국 70주년의 현실이다. 예전에는 독립운동을 하면 2, 3대가 망한다고 했는데 지금은 그보다 더 심해져서 4, 5대까지 망하는 것 같다.[4]

3·1운동 참가 등의 이유로 일제에 의해 투옥되고 감시와 탄압을 받았던 함석헌은 이런 대한민국을 보고 개탄했다.

대한민국이 후진들에게 애국심을 길러주는 대신 애국자들의 참담한 말로를 보여주었으며, 예와 덕을 주는 대신 무례와 패륜을 주었고, 선의 선양宣揚보다는 악의 번영을 주었다.[5]

1975년 남베트남의 패망으로 박정희 정권이 큰 위기에 빠졌을 때 박정희의 오랜 정치적 라이벌인 장준하가 의문 속에 사망했다. 장준하는 일본군 학도병에서 탈출하여 광복군에 편입한 뒤, 이후 미국 CIA의 전신인 OSS 대원으로 훈련을 받으면서 국내 진공을 준비하던 항일운동가였다. 바로 이런 경력 때문에 독립군 토벌 작전에 나섰던 일제 관동군 출신의 박정희와 모든 면에서 대비됐다. 1966년 삼성 재벌계열의 한국비료에서 대량의 사카린을 밀수한 사건이 발생했을 때 그는 박정희 대통령을 '밀수 왕초'라고 규탄했으며, "일본 패망이 없었으면 박정희는 여전히 독립투사를 토벌하는 일본군 장교로 남아 있었을 것"이라고 공격했다. 장준하는 1975년 8월 17일, 「긴급조치 9호」가 선포되고 준전시 체제의 분위기가 조성된 시점에 등산을 갔다가 시체로 발견됐다.

일제가 만주국을 경영하던 시대에 군인이나 관료로서 실력을 갈고 닦은 사람들은 이후 미군정과 이승만·박정희 정권에 기용되어 승승장구했다. 반면 만주에서 항일투쟁을 하던 사람들과 그 가족들은 비참하게 살았다. 박정희가 만주의 헌병대나 특별고등경찰을 모델로 해서 만든 중앙정보부는 이후 안기부로 이름을 바꾸었다가 다시 국정원으로 변신하여 국내 정치에 깊숙이 관여해왔고, 2012년 대선에 불법적으로 개입했다. 그 결과 박정희의 딸 박근혜가 대통령이 되었다.

2006년 186억 원의 재산을 상속하여 당시 공무원 중 최고의 재산가로 언론 지면을 장식한 신철식 전 국무조정실 정책차장은 신현확의 외동아들이다. 또한 박정희가 총애한 10월 유신의 설계자이자 공안검사 출신의 김기춘은 검찰의 조작으로 밝혀진 1991년 강기훈 유서대필 사건 당시 법무부장관이었으며, 이후 박근혜 정권의 비서실장으로 화려하게 부활하여 국정을 좌지우지했다. 그는 세월호 사고 당시 박근혜 전 대통령에게 첫 유선 보고를 받은 시각 등을 사실과 다르게 적어 국회에 제출한 혐의로 재판에 넘겨졌으나 집행유예 선고를 받았다.

) 식민지 유산의 부활 (

이승만과 박정희, 북한의 김일성은 모두 미소 간의 냉전과 남북한 분단에 편승하여 권력을 유지했다고 해도 과언이 아니다. '혈맹' 미국이 반소반공의 이념을 슬쩍 약화시키고 소련 혹은 중국과 유화적인 분위기를 조성한다면 공산주의를 악마화해왔던 남한의 권력자들은 난처한 상황에 빠지게 된다. 상식적으로 생각했을 때 미국이 냉전 질서하에서는 '적'이던 소련 혹은 중국과 화해하면 냉전의 최전선 국가인 남한도 북한과 화해해야 한다. 그런데 상황은 반대였다. 남북한 정권 모두 냉전적 대결이 정권의 탄생과 유지의 가장 큰 명분이었기 때문에, 동서 화해는 오히려 체제 정당성의 상실, 즉 최대의 국가 위기였다.

박정희에게 닥친 위기가 바로 1970년대 '혈맹' 미국과 '공산주의' 중국의 긴장이 완화되던 이른바 데탕트다. 박정희는 정권의 위기를 오히려 정치적으로 활용했다. 위기가 닥치자 남북한 정권은 물밑에서 비밀리에 접촉했다. 그것도 권력 2인자이자 간첩 잡는 일을 책임지고 있던 중앙정보부장 이후락이 몰래 북으로 가서 '간첩 두목'을 만난 것이다. 반공 교육을 철저하게 받던 국민들로서는 상식적으로 납득할 수 없는 일이었다. 그러다가 양국은 돌연 대화를 중단했고, 남한은 10월 유신을 선포하고 북한은 주체를 내세웠다. 양쪽 모두 '자주', '우리식'을 강조했는데 그것은 믿고 따르던 큰 형님의 배신, 즉 정권의 위기를 달리 표현한 말이었다.

「유신헌법」에 따라 국민 대신 통일주체국민회의 대의원들이 체육관에서 대통령을 선출했고, 국회의원의 3분의 1은 대통령이 임명했다. 대통령이 임명한 '유신정우회' 의원직은 주로 유신 체제를 이론적으로 뒷받침한 학자나 언론인 등의 지식인을 포섭하는 데 활용됐다. 한편 국회의 동의 없이 대통령이 내린 명령이 최고의 법이 됐다. 긴급조치가 그것이었다. 이 법은 유신 체제의 성격을 가장 잘 집약하고 있다. 1974년에 발표된 「긴급조치 4호」의 경우 위반자를 계엄령에 의거하여 비상군법회의에서 심판하도록 했다. 전시가 아닌 평시에 민간인을 군법회의에 회부하는 일은 입헌민주주의 국가에서는 있을 수 없는 일이다. 1975년 5월, 남베트남 붕괴 직후에 선포된 「긴급조치 9호」는 그중에서도 가장 악명이 높았다. 남베트남, 즉 월남의 붕괴는 박정희 정권에게 큰 위기인 동시에 기회였다. 월남이 붕괴하자 박정희는 '총력방위 체제', '확고한 자주국방 태세'를 강조했다. 이후의 유신은 일제 말 총력전 체제의 재판이 됐다. 이런 상황에서 발효된 「긴급조치 9호」에는 "「유신헌법」의 부정·반대·왜곡·비방·개정 및 폐기의 주장이나 청원·선동 또는 이를 보도하는 행위를 일절 금지하고 위반자는 영장 없이 체포한다"는 내용이 들어 있다. 「긴급조치 9호」는 10·26사태 직후 폐기될 때까지 무려 4년 이상 지속되면서 국민의 기본권을 짓밟고 800여 명에 달하는 지식인·청년·학생을 구속했다.[6] 급기야 박정희 정권은 북한만이 아니라 남한 내의 '분열 세력'도 안보를 위협하는 적으로 간주하였다.

박정희는 "북한이 남한 침투 공작을 거듭하다가 전면적인 남침을 감행할 수도 있기 때문에 정규전과 비정규전, 무력전과 심리전, 지상전과 해공 전쟁을 감행할 수 있고, 따라서 국가 총력전에 대비하는 방위 태세를 효율적으로 조직화할 필요가 있다"고 강조했다.

금년이 북한 공산 집단이 무모한 불장난을 저지를 가능성이 농후한 해이며 이제는 북괴의 남침 위협이 있다, 없다는 정세 토론을 할 시기는 지났다. (…) 수도 서울은 절대로 철수해서는 안 되며 전 시민과 정부가 이대로 남아 끝까지 서울을 사수하고 대통령도 시민과 같이 서울을 사수하겠다. (…) 이제 국민 모두가 전사라는 결의를 다져야 한다.[7]

과거 천황제의 군국주의 일본은 국체라는 개념을 내세우며 국가가 진선미의 모든 도덕적 가치를 독점한다고 했는데,[8] 유신 체제 역시 국가를 거의 신의 위치로 승격시켜서 국가를 비판하는 어떤 행동이나 주장도 용납하지 않았다. 박정희는 "국가 없는 민족의 번영과 발전이라는 것은 있을 수 없"으며 "무엇보다도 국민 총화를 굳게 다져가야" 한다고 말했다. 또한 "국가의 생존이 개인의 자유에 우선한다"고 여러 자리에서 말했다. 그는 한국 정부의 인권 탄압을 계속 비판한 지미 카터 미국 대통령의 인권 정책에 대항해서 "3500만 한국인의 생존권이 최고의 인권이다"라고 응수했다.

한편 일본의 「메이지헌법」 3조에는 '천황의 신성불가침' 조항이 있고, 형법에는 '황실에 대한 죄' 조항이 있었다.[9] 이 조항을 근거로 천황제를 비판한 사회주의자나 무정부주의자들이 처벌을 받았다. 그런데 현대판 황실모독죄로 볼 수 있는 '국가모독죄'가 유신 치하인 1975년 3월 25일 제정되어 1988년 12월 30일까지 대한민국 「형법」 제104조 2항에 포함되어 있었다. '국가원수모독죄'라고도 불린 이 법에 의해 장준하는 두 번이나 투옥되었는데, 이 법의 정신은 국가를 인격체로, 혹은 대통령을 군주로 본다는 말과 같다. 박정희는 자신과 정권을 국가와 동일시하면서 정권 비판자들을 국가모독죄로 위협했다. "내국인이 국외에서 대한민국 또는 헌법에 의하여 설치된 국가기관을 모욕 또는 비방하거나 그에 관한 사실을 왜곡 또는 허위사실을 유포하거나 기타 방법으로 대한민국의 안전·이익 또는 위신을 해하거나, 해할 우려가 있게 한 때에는 7년 이하의 징역이나 금고에 처한다"는 이 조항을 1975년 3월 19일 공화당과 유정회가 야당을 배제한 채 날치기로 통과시켰다. 1988년 말 법제처는 형법에서 국가모독죄 조항을 폐지하면서 그 이유로 "국가 발전을 위한 건전한 비판의 자유를 억제할 우려 등"을 들었다.

「긴급조치 9호」 발표, 학교의 군사 교련 실시, 예비군 훈련과 민방위 훈련 강화 등은 일제 말에 미군 폭격을 대비하던 총동원 군사 체제를 그대로 재연한 것이다. 박정희 정권은 국론 분열과 유언비어를 단속하는 법도 만들었다. 장발과 미니스커트 단속 조치, 대학생 군사 교련 실시 등으로 온 나라가 군대처럼 운영됐다. '기합'은 일본 군대에서 사용하던 말인데, 일본에서는 사라졌지만 유신을 거치면서 한국에는 지금까지 남아 있다. 군대뿐만 아니라 학교나 기업에도 상명하복과 군기 잡기 관행이 남아 있다. 1976년에는 '국기에 대한 경례'를 거부하는 학생에 대한 징계 조치가 정당하다는 판결이 내려진 일도 있을 정도였다. 학생들의 반정부 시위는 모두 '북괴'의 대남 적화통일을 돕는 '이적 행위'로 간주되어 탄압받았다.[10]

공안기관이 '국가 위의 국가'로 군림하면서 온 나라에 간첩 색출 캠페인을 벌인 것도 일제 말의 판박이였다. 단지 일제의 헌병과 특별고등경찰이 중앙정보부로 이름을 바꾼 것만 달랐다. 1961년 5·16군사쿠데타 직후에 결성된 중앙정보부는 대통령이 직접 지휘하는 '국가 위의 국가', '법의 제한을 받지 않는 기관'으로서 군림했다. 유신 이후에는 그 정도가 더욱 심해져 야당은 물론 대통령의 심기를 건드리는 여당 정치인들까지 잡아다가 고문했다.

원래 중앙정보부의 역할은 대북한 정보 수집과 간첩 색출이다. 그러나 국내외 비밀 정보를 수집하고 수사할 권한까지 갖다 보니 자연히 대통령은 중앙정보부가 수집한 비밀 정보를 활용할 유혹을 느끼게 됐다. 중앙정보부 조직은 이승만 정권 시절의 방첩대, 특무대가 그랬듯이 선거 조작에 개입하거나 대통령이나 정권을 비판하는 정적을 제거하는 등 국내 정치 공작에까지 손을 뻗었다. 중앙정보부는 정치, 사법, 학원, 언론, 노동 영역으로 활동 무대를 넓혀 일반 국민을 공포에 떨게 만들었을 뿐 아니라 기업의 부정 대출, 심지어는 밀수에도 관여했다.[11] 단순한 노사 분규나 노조위원장 선거에도 경찰력과 중앙정보부가 개입했다. 1987년 민주화 이전은 물론 그 이후에도 큰 사업장 노동자들의 집단 저항이나 파업에 공권력이 투입되지 않고 노사 합의로 갈등이 해결된 사례는 찾아보기 힘들다.

있지도 않은 간첩 사건을 조작해서 공포를 조성하고 국민들의 복종을 유도하는 통치술 역시 일제가 주로 사용한 방법이다. 일제 식민 통치하에서 훈련을 받은 한국의 사찰경찰과 군 특무대는 이승만 정부 시기부터 좌익, 간첩 사건을 조작해 대통령의 권력을 강화하는 데 재미를 붙였다. 유신 이후 1980년대까지는 중앙정보부와 보안사, 공안검찰이 멀쩡한 사람을 간첩으로 '제조'하는 일에 함께했다. 박정희 정권 시절에는 북한을 왕래할 기회가 있었던 재일동포, 북한에 납치되어 사상 교육을 받은 납북 어부, 8·15 이후 정국이나 4·19 직후 사회민주주의나 민족주의 활동 경력을 가진 혁신계 인사들, 서독에 유학하여 북한의 노선이나 사회주의 사상에 노출될 기회가 있었던 유학생들이나 유럽에 거주하는 동포들, 6·25한국전쟁 당시 인민군에게 부역한 혐의가 있거나 의용군에 징집된 경력이 있던 사람들이 언제나 정치적으로 필요할 때 간첩으로 조작하기 좋은 '먹잇감'이 됐다.[12]

유신 체제의 간첩 색출 캠페인은 일제 말 총동원 체제에서 그러했듯이 국민 캠페인이 됐다. 거듭되는 간첩 사건과 공공기관이나 동네 곳곳에 게시된 간첩 신고 독려 포스터는 국민들의 일상을 지배했다. 다음과 같은 내용의 간첩 색출 포스터를 곳곳에서 볼 수 있었다.

"침투간첩 찾아내어 적화야욕 분쇄하자"

"온 국민의 신고정신 불순책동 막아내자"

"간첩은 휴식 없다. 내가 먼저 말조심"

"방첩하는 주부 되고 승공하는 남편 되자"

"반공하는 우리 가정, 승공하는 우리 국가"[13]

"옆집에 온 손님 간첩인가 살펴보자"는 포스터는 이웃이나 심지어 가족까지 간첩이 아닌지 살펴보자는 온 국민 상호 감시의 구호였다. 이런 나라에서 국민은 행여나 간첩으로 의심받을지도 모른다는 두려움 때문에 정권에 대한 불만을 표현하지 못하고 스스로 억제하게 된다. 권력이 외부에 머물지 않고 자기 몸 안에 들어와 사상과 행동을 자기검열하는 셈이다. 오랜 세월이 지난 후 조작으로 밝혀진 경우가 많았지만, 막상 당시에 간첩 사건이 언론에 대서특필되면 그 이웃에 사는 주민들은 겁에 질려 피해자들과 거리를 두고 그들을 따돌렸다. 학교의 가르침과 당국의 선전을 곧이곧대로 믿은 청소년들이 주변의 교사나 어른들이 정권을 비판하는 것을 보거나 들으면 간첩으로 신고하는 일도 잦았다. 언론이 앞장서서 공안당국의 발표를 받아쓰면, 온 국민이 경찰이 되고 검사가 되어 적을 색출하는 사회였다.

냉전의 이완과 베트남 붕괴로 위기를 맞은 박정희 정권은 외부의 북한과 내부의 학생·반정부 세력을 적으로 규정하고 전쟁을 벌였다. 일제 말에 만주의 무장 독립운동가들이 모두 비적匪賊으로 분류되어 비밀경찰의 추적을 받고 이웃의 밀고로 체포되었듯이 유신 말기의 반정부 인사도 간첩이라는 의심을 받았다.

'말 잘 듣는 국민, 즉 신민이나 양민은 착하지만, 말이 많은 국민은 위험하거나 빨갱이다.' 일제강점기의 조선에서 통용된 경구다. 이 말은 '정부나 윗사람에게 대드는 사람, 권리 주장하는 놈은 삐딱한 놈이다. 노조는 결코 허용될 수 없다. 시키면 시키는 대로 무조건 복종해야 한다. 공무원은 철저하게 정권의 돌격대 노릇을 해야 한다'로 바뀌어서 오늘의 한국 사회를 지배하고 있다.

일제 말 총동원 시기에 모든 사회단체가 전시 동원을 위한 관변단체가 되었듯이 유신 시절의 거의 모든 직능단체가 관변단체로 변했다. 가장 많은 회원을 거느린 단체는 반공단체였다. 재향군인회·재향경우회·상이용사회·승공지도자회·통일촉진회·실지회복이북동지회 등이 촘촘히 조직됐는데 이 단체의 구성원은 모두 반공연맹의 회원이었으며 각 지역에서 막강한 힘을 행사했다. 박정희 정권은 국민을 최말단 행정 조직인 통·반 단위로 조직한 다음, 매월 말일을 반상회의 날로 정해서 전국에서 일제히 반상회를 열도록 했다. 그리고 온 국민을 대상으로 새마을 교육·반공 교육·안보 교육·통일 교육을 실시했다. 국민의 의식을 개조한다는 명분으로 온 국가기관을 동원했다. 마을 단위로 국민반, 애국반 등을 조직해서 대동아전쟁 지지 활동과 황민화 교육을 벌인 일제와 판박이다.[14] 유신 시절에는 말단 공무원들도 국민을 동원하고 교육시키는 일을 통해 정권의 하수인 역할을 충실히 했다.

박정희 정권은 과거 일제의 농촌진흥운동이 그랬던 것처럼 새마을 운동을 일종의 '정신개혁운동'으로 설정했다. 그러나 일제강점기의 농촌 정신개혁운동은 천도교나 개신교가 주도했지만, 새마을운동은 국가가 앞장서서 유신 체제를 옹호하는 방향으로 진행했다는 점이 다르다. 농촌의 소득 증대, 청년 지도자 양성, 정신 개조 등을 내건 새마을운동은 1930년대에 일본이 실시했던 농촌진흥운동의 부채 정리, 자주자립 등 농가 갱생 계획과 유사하다.[15]

박정희 정권은 새마을 정신에 위배되는 사회 분위기를 추방하자는 계획을 세웠다. '저속한' 가요나 팝송의 방송을 금지했고, 유원지에서의 반새마을 정신 행위, 장발족, 나이트클럽이나 유흥업소 출입자를 집중 단속했다. 새마을운동이 곧 10월 유신이요, 10월 유신이 곧 새마을운동이라고 강조하면서 박정희 대통령이 직접 〈새마을 노래〉의 가사를 짓고, '싸우면서 일하고 일하면서 싸운다'는 구호를 내걸었다.[16]

한국 현대사 연구자 허은은 한국의 새마을 건설 계획은 말레이반도, 필리핀, 베트남에서 공산주의 세력의 영향력을 완전히 차단하려는 미국의 안보적 이해와 연관돼 전개되었다고 말한다. 2차 세계대전 뒤 공산주의 세력이 농촌을 중심으로 게릴라전을 벌였고, 동아시아의 농촌을 장악하는 일이 전후 세계 질서 재편의 중대한 사안이 되었다는 것이다. 그래서 새마을운동의 핵심은 농민들 간의 상호 감시 체제를 구축하는 것이었다.

이 시기에 모든 농민 조직은 행정기관의 직접 통제를 받았으며 단체의 장은 말단 행정기관의 끄나풀 역할을 해야 했다. 농민운동가였던 노금노는 1973년 봄 자신이 맡고 있던 직책을 열거했는데, 마을금고 회계·50여 호를 대표하는 수반장·새마을사업 추진위원·새마을 지도자·마을협동회장 등이었으며, 그 외에도 농협 총대·엽연초조합 총대·농지위원·지도소 자원 지도자·4H독농가·시범농가·산림계장·이장·민방위 대장·예비군 소대장·절미저축부인회·명예반장·명예파출소장·정당의 책임자·반공연맹 책임자 등이 있었다고 한다.[17]

유신 체제의 농민 통제는 일제 말 총동원 체제에서 모든 농민을 부락연맹에 가입시켜서 총독부의 명령을 그대로 이행하는 말단 조직으로 만든 것과 비슷했다. 당시를 경험한 사람들의 증언에 따르면, "공무원들은 걸핏하면 농민들을 무슨 교육이다 동원해가지고 '높은 양반'들 일장 훈시하는 데 댓 가지 숫자 채워주는 것이 고작이고, 새마을회관에 가서는 '때려잡자 김일성', '쳐부수자 공산당'을 외치고, 새마을사업 역시 마을 주민의 자발적 필요와는 무관하게 협조하지 않으면 찍히는 마을이 되기 때문에 '국가 시책'에 충실히 따를 수밖에 없었다."[18]

이미 일제 말 전시 동원 체제하에서 각종 관제 집회나 조직에 참가했고, '산골 대통령'으로 불리던 경찰의 사찰과 보복을 체험했던 한국인들은 8·15 이후 6·25한국전쟁을 겪으면서 정권에 찍히는 것은 매우 위험한 일이라는 사실을 몸으로 익혔다. 「유신헌법」 찬성표 91.5퍼센트라는 수치는 이렇게 해서 나온 것이다.

) 다시 등장한 유신의 찌꺼기 (

1987년 이후 민주화와 대통령 직선제 개헌으로 사람들은 유신 시절과 같은 전체주의의 망령은 완전히 사라졌다고 생각했다. 이제 민주주의, 국민주권과 인권 보장의 시대가 비로소 시작되었다고 환호했다. 선거로 대통령이 선출되고 김대중·노무현으로 권력이 교체되기도 했지만, 안보의 이름으로 간첩 조작, 국민 사찰, 정치 탄압, 그리고 인권 침해를 자행했던 중앙정보부·안기부는 국정원으로 이름을 바꾸어 그대로 살아남았다.

2008년 이명박 정부의 등장으로 '잃어버린 10년' 동안 엄청난 상실감을 느끼던 박정희·전두환의 후계자들이 다시 전면에 등장했다. 이명박 정권은 가장 먼저 전직 대통령이 임명한 KBS, MBC 사장을 몰아냈다. 1987년 이전처럼 국정원, 검찰, 경찰 등 억압 기구가 정치의 전면에 나섰다. 국정원장에는 이명박의 서울시장 시절 심복이자 이북 출신의 반공 보수주의자인 원세훈이 임명되었다. 군은 장병들을 대상으로 한 전면적인 반공 교육을 부활했다. 장병들에게는 "(종북 세력은) 사회주의 건설이라는 궁극적 목표를 숨기고 '반유신 반독재 민주화 투쟁'을 내세워 세력 확산을 시도했다"며 "주한미군 철수, 「국가보안법」 폐지를 주장해 국가 안보에 균열을 가져오는 종북 세력은 대한민국의 암적인 존재"라는 내용의 교육을 실시했다.

이명박 정권은 교과서도 건드렸다. 역사 교육 정상화를 위해 학계와 교육계가 수많은 토론을 거쳐 만든 2007년 개정 교육과정을 무시했다. 교육부는 '좌파' 내용이 들어 있다는 이유로 금성출판사 역사 교과서의 수정을 권고했다. 이후 개정된 교육과정에는 위원회에서 논의된 적도 없는 내용이 추가되기도 했다. 민주주의라는 용어를 '자유민주주의'로 통일하도록 고시한 것이다. 이명박 정권은 '역사 교육과정 추진위원회'라는 조직을 통해 교육과정에 일일이 개입했고, 국가기구인 국사편찬위원회가 교육과정 개발, 집필 기준 작성, 검정까지 주도하도록 했다. 교과서의 내용에까지 정권의 입김이 작용하면서, 사실상 과거의 국정교과서 시절로 되돌아갔다.

2008년 8·15 해방일을 '건국절'로 기념하려 했던 시도 역시 독재 세력을 건국 세력으로 자리매김하고 민주화의 성과를 무無로 돌려서 이데올로기 고지를 확고히 하려던 것이었다. 언론이 과거 일본군 출신 백선엽을 국군의 '아버지'와 같은 존재로 떠받들면서 영웅 만들기 작업을 한 것이나, 국방부에서 불온도서 목록을 만들고 관변단체를 적극 지원한 것도 그 일환이었다.

박근혜 대통령은 여기서 한 걸음 더 나아가 아버지인 박정희가 했던 통치 방법, 스타일, 발언을 그대로 반복했다. 「유신헌법」의 설계자 김기춘을 최측근 비서실장으로 기용했고, 공안검찰이 정치의 전면에 나섰다. 모든 공영방송을 사실상 정권의 홍보 매체로 전락시켰고, 이명박 정부에서 제도화한 종합편성 채널을 통해 정부 측에 유리한 정보와 의견이 전달되도록 유도했다. 전교조는 법외 노조가 되었고, 헌법 재판소는 통합진보당을 불법화했다. 공공기관에서는 애국가 제창이 일상화되고 태극기 달기 캠페인이 벌어졌다. 공무원의 정권 도구화, 간첩 조작, '빨갱이' 담론, 대통령 비판 예술가 구속, 민간단체의 관변화, 정부를 비판하거나 피건 시명에 등침한 교수 감시, 시위 진력자 해고 조치 등 일제 말의 파시즘 혹은 유신 시절의 유물이 두 세대를 건너서 21세기에 다시 나타났다.

박근혜 정권은 국정교과서 부활을 시도했다. 만약 그 시도가 성공했다면 역사 교과서는 뉴라이트 학자들의 의견을 그대로 반영하여 1945년 8·15의 의미가 축소되고, 1948년 8·15가 건국일이자 해방일이며, 이승만이 건국의 아버지라고 설명했을 것이다. 반민족 행위 경력은 '건국 활동'의 공로 아래 감춰지고, 독재는 민주화의 밑거름이었다고 가르쳤을지도 모른다. 자라나는 학생들은 이 교과서에 실린 부일 협력 세력, 반공보수, 유신 세력, 그리고 뉴라이트의 자기 정당화 논리를 유일한 역사 해석으로 배웠을 것이다. 박근혜 정부의 역사 국정교과서는 사실상 항일 독립운동이나 민주화운동은 바보짓이었다고, 반공의 이름으로 자행된 테러와 폭력은 애국이었다고 가르치는 것과 다름없었다. 그것은 국민의 기억을 조작하고 현재와 미래를 지배하려는 시도였다. 다행히 그 시도는 2016~2017년의 촛불 시위로 무산되었다.

유신의 찌꺼기, 일제 말 전시 전체주의의 유산, 그리고 과거 부일 협력자들의 자기변명과 정당화 논리는 한 세기를 건너뛰어 남한에서 끈질기게 지속되고 있다. 여기에 냉전과 남북한 분단이라는 상황이 더해져 식민지적 전체주의가 부활할 수 있는 토양이 되었다.

12장
교육 천국과
교육 지옥

밤 10시가 넘은 시각, 분당 정자동 앞을 지나는데 차들이 도무지 움직이질 않았다. 출퇴근 시간에도 좀처럼 막히지 않는 왕복 10차선 도로다. 사고라도 났나 싶었지만 그게 아니었다. 도로 가장자리 2개 차선은 학원을 마친 학생들을 기다리는 학원 버스와 자가용으로 주차장이 되었다. 그러고도 주차할 자리를 찾지 못한 차들이 세 번째 차선마저 주차장으로 만들려는 판국이었다. (⋯) 수많은 학생들이 무엇을 위해 저 고생을 하는가. 목적은 단 하나, '스카이 캐슬' 입성이다. 저렇게 열심히 공부를 해도 모두가 목적을 이룰 수 없는 것이 입시 지옥의 현실이다. 남보다 앞서기 위해서는 한시라도 빨리 제 발로 지옥에 뛰어드는 길밖에 없다. 요즘은 초등학생도 밤늦게까지 '학원 뺑뺑이'를 면치 못하는 신세다. 전부 그렇다고는 못 해도 더 이상 특수한 사례는 아니다. 초등학생이 대학입시를 준비하는 오늘날의 교육 현실은 아무리 생각해도 정상이 아니다.

• 장유승, 대입, 공정한 지옥?, 경향신문, 2019년 12월 4일

) 절망한 국민의 유일한 탈출구 (

> 양반이나 잘사는 사람들은 자식들의 교육에 신경을 많이 쓰며 아주 어릴 때부터 선생을 두어 글공부를 시키는데 이건 이 민족이 아주 중시하는 일입니다. (…) 부모들은 자식 공부시키는 데 아주 많은 돈을 투자합니다. 그들은 목표인 관직을 얻지 못하는 경우도 적지 않으나 부모들은 자기 아들이 과거에 합격했다는 사실 하나만으로 만족하며 자기들이 희생한 보람을 느낍니다.[1]

400여 년 전 네덜란드인 헨드릭 하멜Hendrik Hamel이 쓴 조선 풍경이다. 여기서 '양반'이라는 단어를 빼고 '과거'를 '서울대'로 바꾸면, 오늘의 대한민국 바로 그대로다.

> 집 팔아서 학원비 써요. 한 달에 1000만 원 가까이 들지만 원하는 대학에 갈 수만 있다면 그게 문제겠어요?[2]

사교육 1번지인 강남 대치동 부모가 한 말이다. 강남 거주자 중 20퍼센트는 사교육비로 월 150만 원 이상을 쓴다고 한다. 이 가운데는 자녀 1인당 월 평균 1000만 원 이상을 쓴다는 사람도 3명이나 있었다. 전 세계에서 오직 한국에서만 볼 수 있는 기이한 현상이다.

교육 열풍, 정확히 말해 '좋은 학교'의 졸업장을 따기 위한 전쟁은 8·15 이후 불붙었다. 특히 6·25한국전쟁이 끝난 뒤에 마주한 절망과 혼란 속에서 한국인들은 오직 교육에서 살 길을 찾았다. 전쟁의 상처 속에서 가족 구성원 간의 결속은 더 단단해졌고, 모든 것을 잃어버린 한국인은 가족이라는 큰 자원을 발판으로 새로운 도약을 준비했다. 한국인은 가족을 위해 자신의 모든 것을 바칠 각오가 되어 있었다. 자식들은 부모에게 보답하고 가족을 일으키기 위해 '머리가 터지도록' 공부했고, 부모들은 '뼈가 빠지도록' 일했다. 이처럼 전쟁 후 가족은 한국인들에게 일종의 신앙의 대상이었으며, 한풀이를 위한 디딤돌이기도 했다. 1960~70년대 경제 성장의 가장 큰 동력은 여기서 마련되었다.

가족에 대한 집착은 교육열로 표출되었다. 교육열은 가히 폭발적이었다. 8·15 직후의 '교육 폭발'을 목격한 오천석 초대 교육부장관은 한국은 교육 천국, 정확히 말하면 사교육 천국이라고 설명하는데, 거기에는 교육을 만능열쇠로 보는 사고방식이 깔려 있다.

> 8·15 직후 학부모들은 모든 곤란을 무릅쓰고 그 자녀를 교육시키려는 열정을 쏟았고 결과로 청소년은 그야말로 문자 그대로 학교로 밀물같이 몰려들었다. 구세대는 그들이 친히 받지 못하였던 교육의 혜택을 그 자녀에게 입게 함으로써 영달의 길을 열어주려 하였고 신세대는 교육의 힘을 빌려 그 꿈을 실현시켜보려 했다. 이 현상은 마치 일정의 구속 밑에서 억제되었던 교육에 대한 열정이 둑을 넘어 격류가 되어 흐르는 것 같았다. 지방에서 대학을 세우기 위하여 제출된 수만 건의 시민의 청원서를 보고 그 정열에 감격한 적이 있었다.[3]

그 시절까지 '쌍놈', '아랫것'으로 불리면서 무식하다고 손가락질 받던 사람들은 '해방'이 되자 자식을 공부시키면 자신을 무시했던 사람들처럼 잘살 수 있을 것이라는 기대감에 부풀었다. 일제강점기 때는 민족 말살 교육에 대한 거부감 때문에 자녀를 학교에 보내지 않았던 사람들도 이제 자녀를 상급학교에 보낼 마음을 먹었다. 그래서 8·15 직후 전국에 수백 개의 대학과 중고등학교가 생겼고, 무허가 교육기관이 난립했다.

전쟁 전후 농지 개혁을 통해, 당시 인구의 70퍼센트 이상을 차지하던 농민들은 거의 비슷한 처지의 소농이 되었다. 거의 같은 조건에서 재출발할 수 있는 조건이 마련되었다는 의미였다. 근대 이후 한국 사회가 이렇게 평등한 적은 없었을 것이다. 피난민과 월남자 등 대규모 인구 이동이 일어났고, 서울과 부산 등 도시의 인구가 급격하게 늘어났다. 전체 인구의 25퍼센트를 차지하게 된 도시민들은 이제 이웃을 경쟁 상대로 의식하기 시작했다. 경쟁은 곧 자녀 교육을 통한 집안 일으켜 세우기 작전의 산물이었다.

이사벨라 비숍 여사는 『조선과 그 이웃나라들』에서 연해주의 조선인들은 번창한 부농이 되었고 우수한 성품으로 변해갔는데, 한반도의 조선인은 그렇지 못하다며 그 이유로 '흡혈귀' 같은 관리를 꼽았다.[4] 8·15 이후의 한국인들은 처음으로 '관리들의 학정', '일제의 차별'에서 벗어나 자유롭고 민주적인 세상을 맛보게 됐다. 적어도 형식적으로는 교육의 기회가 모두에게 주어졌고 신분 차별도 사라졌으니 '자식 농사'만 제대로 지으면 남부럽지 않게 살 수 있는 시절이 온 것이다. 반상 차별, 식민지, 전쟁, 지주 계급의 몰락을 겪으면서 대부분의 국민이 같은 출발선에 서게 된 한국에서 교육은 최고이자 최선, 아니 거의 유일한 희망이었다.

1950~60년대의 사회조사에 따르면 거의 대부분의 한국인이 자녀

를 상급학교에 보내고 싶어 했다. 인구의 대다수를 차지하던 농민들은 자신은 가난한 농민의 처지에서 벗어날 수 없더라도, 자식은 번듯한 직장을 갖기를 원했다. 사회학자 이만갑의 조사에 의하면 1950년대 말 조사 대상자 336명의 농민 중 자식이 농사를 짓기를 원하는 사람은 23.8퍼센트에 불과하고 나머지는 상업, 관리, 기술자, 사무원 등이 되기를 원했다.[5]

학력 간판을 얻어 남들 위에 군림하는 직업을 갖는 것은 한국인이 살아오면서 체득한 생활 철학이자, 무언의 사회 명령에 대한 적응 행동이었다. 대학생 친구 한 명 갖기를 그렇게 원했지만 결국 실패하고 분신한 전태일의 말처럼 한국에서 "인간이 배우지 못한다는 사실이 뜻하는 것은 끝없는 가난과 질병, 중노동과 멸시의 굴레에서 벗어날 수 없게 되는 것을 뜻"하며, 밑바닥 인생으로 살아가야 한다는 뜻이다. '손에 흙 묻히는' 노동자가 아닌 '펜대 굴리는' 관리로 살고 싶다면 배워야 했다. 1960년대 이후 시골에서 가난과 가부장주의 아래에서 성차별을 견디지 못한 어린 여성들도 일단 공장에 들어간 다음 돈을 벌어 상급학교에 진학하기를 꿈꿨다.

미국 바람도 교육 폭발에 한몫을 했다. 전후의 한국은 사회주의 북한에 맞선 '자유' 국가로서 정체성을 확고하게 세우며 미국의 복사판이 되어갔다. 일제강점기의 저항 세력이나 북한의 사회주의 체제에서 사용하던 좌파 용어인 평등이나 집단 같은 단어는 금기가 됐다. 반면 미국식 가치관인 물질주의와 능력주의, 즉 부모의 경제력과 개인의 재능이 출세의 발판이라는 생각이 국민들의 머릿속에 스며들었다. 국가가 국민에게 해줄 것이 없는 사회다 보니 더 그랬을 것이나. 이때부터 한국에서는 학력·재능·능력 만능주의가 일반화되었다. 현재 60대 이상의 장년층과 노년층이 이후 세대보다 능력주의를 지지하는 비율이 더 높은 까닭은 냉전 초기였던 1950~60년대에 자유주의와 능력주의가 당시 한국 청소년들에게 상당한 영향을 주었기 때문이다.

전후 한국에서는 1류 중고등학교, 1류 대학교에 합격하거나 사법·행정 등 고등고시에 합격하는 것이 '과거시험' 합격과 같은 것으로 받아들여졌다. 이는 조선 시대의 유산인 동시에 일제가 뿌려놓은 신식 교육제도의 효과이기도 했다. 즉 오랫동안 지속되어온 시험을 통한 관리 등용 제도가 현대식 교육제도와 독특하게 결합한 것이다. 지금도 한국인들은 '가진 것이 없는' 사람에게는 '고등고시' 합격을 통해 판검사나 관리가 되는 길이 권력과 부를 얻을 수 있는 가장 확실한 방법이라고 생각한다.

결국 한국에서 교육은 세속적인 가치인 부와 명예를 얻기 위한 수단이자 평생 따라다니는 신분증과 같은 것이 되었다. 좋은 학교 졸업장과 우수한 성적은 남을 지배하는 자리로 올라가는 통로이며 옛날식으로 말하면 양반이 되는 것을 의미한다. 새 시대의 '양반'이 되고자 하는 열망은 반공주의에 기초한 애국심을 뛰어넘을 정도였다. 이 교육열 덕분에 한국은 세계에서 가장 우수한 인적 자원을 확보할 수 있었다.

현대그룹 창업자인 정주영은 "사회 발전에 가장 귀한 것이 사람이고, 자본이나 자원, 기술은 그다음이다"라고 분석하며, 우수한 두뇌에 어느 민족도 따라올 수 없는 교육열이 더해져 한국 경제를 성장시키는 가장 큰 동력이 됐다고 말했다.[6] 한국인들의 강한 상승 열망, 즉 '온 국민의 양반 되기 전쟁'은 분명히 '압축 성장'의 에너지였다.

가족에 대한 집착과 엄청난 교육열은 조선 시대 이래 배운 자, 선비
에 대한 존중심을 가진 유교 문화와 가족을 모든 사회윤리의 기본 단
위로 보는 유교적 사고의 산물이기도 하다. 그러한 문화적 유산이 일
제강점기 동안 잠복해 있다가 '해방'과 더불어 전면으로 부상한 셈이
었다. 대표적인 친한파 학자인 임마누엘 페스트라이쉬Emanuel Pastreich
(한국명 이만열) 전 경희대 국제대학 교수 역시 이 점을 강조한다.

> 가령 '1954년 한국과 소말리아 GDP가 같았다'고 하는데 이런 단순 비교는 위험
> 해요. 한국 사람들이 열심히 일해서 선진국이 됐다는 점만 강조하면 놓치는 게
> 많습니다. 한국은 50, 60년대에 못사는 나라였지만 빵을 못 먹어도 기계공학 박
> 사도 있었고, 500여 년 역사의 우수한 행정 시스템도 지니고 있었어요. 그냥 문
> 화도 없었고 낙후된 나라가 아니었다는 점이 소말리아와 다른 부분이죠. 단순
> 비교는 오해를 낳을 수 있어요. 고도성장만 강조하면 이렇게 놓치는 부분이 많
> 아요.[7]

그럼에도 자녀 교육을 위한 한국 부모들의 희생은 대단히 놀라운
일이다. '공부 잘해서 출세하는' 신화는 한국인에게 거의 민간신앙과
같은 것이었다.

) 모범생을 기르는 사회 (

한국에서 모범생은 공부를 열심히 하고 부모나 학교, 그리고 사회가

가르치는 기성의 가치관을 그대로 받아들이는 순종적인 학생이다. 박정희 정권은 '국적 있는 교육', '충효 교육'을 강조했다. 일제 말 총력전 시대의 교육이 서양 문화의 부정적인 점을 비판하고 일본 정신을 주입하는 데 초점을 두었듯이 박정희 정권 시기 교육의 첫째 목표는 전사 혹은 반공주의로 무장한 충성스러운 국민을 양성하는 일이었다. 박정희 정권이 서양 문화의 개인주의와 이기주의를 배격하고 주체의식을 함양한다거나 실무 중심의 교육을 강조한 것은 모두 일본 메이지 시대의 교육, 그리고 일제 말의 총력전 교육을 그대로 본뜬 것이다. 일본은 서양의 개인주의나 인문주의를 접하면 비판적 사고가 길러질 소지가 있기 때문에 오직 공부로 출세해서 가문의 명예를 높이고 국가에 충성하는 일이 중요하다고 가르쳤다.

박정희 정권 시절에 중고등학교 학생이나 대학생들은 '학도호국단'으로 조직되어 국가와 교사의 명령을 일방적으로 따르는 미래의 전사, 국방과 경제를 위한 사실상의 도구로 취급됐다. 식민지 교육 정책이 식민지 지배에 순종하는 '어리석은 노예' 만들기에 초점을 맞추었듯이 박정희의 교육 정책도 그랬다. 박정희 정권 시절의 교육은 안보와 경제 성장에 필요한 인력 공급을 목표로 했는데, 학교는 군대 혹은 단일 제품을 생산하는 공장과 흡사했다.

등교 시 복장 검사와 소지품 검사, 애국조회 등 학교에서 흔히 볼 수 있는 모습도 메이지 이후 일본의 교육과 닮았다. "수업 시작 전 반장의 구령에 맞춰 교사와 학생이 인사하고, 종이 치면 운동장에 집합해 훈화를 듣는 일사불란한 모습 등 엄격한 학교 규율은 일왕이 이끄는 신민으로 쉽게 통제하기 위해 일제에서 배태된 것"[8]이었다. 학교 문화도 군대식이었다. 학생들은 교련복을 착용한 채로 군대식 사열과 군사훈련을 반복했으며, 교사와 학생의 관계, 상급생과 저학년 학생의 관계는 모두 군대식 규율에 따라 움직였다.

교련복에다 각반을 찬 학생들이 어깨에 목총을 메고 소대별, 중대별로 도열해 있습니다. 교장선생님이 운동장에 모습을 나타내자마자 군가조의 주악이 울리고 장내는 물을 끼얹은 듯 잠잠해집니다. 연대장이라 불리는 군도를 찬 학생이 "임석상관에 대하여 받들어 총" 하는 구령에 따라 수천 학생들이 일제히 "충효" 하는 소리와 함께 '받들어 총'을 합니다. (…) '호국'이라는 이름으로 혹은 '배우면서 싸우자'는 구호 아래 실시되고 있는 이 철저한 학생들의 군사화 대열을 보고 이상하고 의아해하는 교사들도 학생들도 없다는 것이 문제라면 문제입니다. 하루는 동료 노교사 한 분에게 "일제 말기에도 저러했습니까"라고 물었더니 그 분은 아주 자랑스럽게 "대열에 서서 눈동자 하나도 움직거리지 않았지"라고 말하더군요.[9]

과거 일본은 종교적인 리추얼ritual을 반복하면서 천황제 이데올로기와 국가주의가 자연스럽게 학생들의 의식 속으로 스며들게 했다. 박정희는 일제의 형식은 그대로 본뜨고 내용만 '신민' 만들기를 '국민' 만들기로 바꿨다. 고도로 중앙집권적인 교육과정, 사관학교와 비슷한 성격의 사범대학과 교육대학을 통해서 교원을 양성하는 지금까지의 제도도 일제의 유물이다.

전후 일본은 민주화 조치에 따라 교원 양성의 문호가 넓어졌지만 대한민국은 타이완, 중국, 북한과 함께 여전히 국가가 교원 양성을 꽉

교련

1968년 북한이 청와대에 무장간첩을 침투시킨 1·21사태가 발생하자, 이듬해인 1969년
안보 의식과 전시 상황에서의 대처 능력을 높인다는 명분으로 교련이 고등학교 필수
과목으로 지정되었다. 1980년대 후반 민주화운동의 영향으로 1988년 말에 대학생 교련이
폐지되었고, 중고등학교에서는 1997년 7차 교육과정부터 선택 과목으로 변경되며 사실상
교육 현장에서 퇴출되었다.

장하고 있다. 이 나라들은 국가가 교육과정을 만들고 단일한 국정교과서만 인정하는 경향이 있으며, 학교와 교사는 그 내용을 그대로 학생들에게 주입한다. 학생들은 그것을 암기해서 시험을 치르고, 치열한 경쟁을 거쳐 상급학교에 진학한다. 말 그대로 '국가 관리 교육과정'인 것이다. 이처럼 일제강점기의 교육 제도나 관행은 오늘의 일본보다 한국에 더 많이 남아 있다. 일본이 사용하던 '국민학교'라는 용어를 초등학교로 고쳐 부른 게 8·15 광복 이후 50년도 더 지난 1996년이다.

공부 잘하는 학생, 부모에게 순종하는 국민이 되라고 훈련받은 한국의 청소년들은 2014년 4월 16일 세월호에서 "가만히 있으라"는 지시를 받고 얌전히 기다리다가 배와 함께 침몰했다. 순종적인 학생을 길러내는 데 치중했던 일본 식민지 시대와 박정희식 노예 교육의 가장 비극적인 결과였다.

이 비극이 세월호에 탔던 학생들에게만 해당되는 것일까? 아이들은 매일 아침 어김없이 학교에 가고, 선생님들은 열심히 수업을 하니 문제가 없어 보인다. 하지만 특수목적고, 자립형사립고 등이 생겨난 후 일반고는 거의 '교육 불능' 상태에 빠졌다. 2015년 서울시의회와 경희대학교 교육학과 연구팀이 조사한 바에 따르면 서울의 교사 가운데 86.9퍼센트가 일반고가 심각한 위기를 겪고 있다고 응답했다. 특히 20년 차 이상의 교사들이 느끼는 무력감이 매우 컸다. 수업 시간에 떠들거나 자는 학생이 증가했느냐는 질문에 대해서, 경력 20년 미만 교사는 68퍼센트가 동의했지만 20년 이상의 교사는 대다수인 91.9퍼센트가 동의해 큰 차이를 보였다. 교실에서 한두 명만 수업을 듣고 나머지는 떠들거나 잔다는 뜻이다. 이 정도라면 학교가 아니라 수용소에 가깝다. 이런 상황이 폭발하지 않은 채 지속되는 것은 대상이 아직 항변이나 집단행동을 할 수 없는 청소년들이고, 부모들이 교육이라는 신앙에 사로잡혀서 아이들을 그곳으로 몰아넣고 있기 때문이다. 그러나 학생들은 교실에서 떠들거나 잠만 자는 게 아니다. 어떤 아이들은 학교를 뛰쳐나오거나 더 심한 경우 죽음을 택한다.

초등학교 5학년 어린이가 아파트 베란다의 가스 배관에 목을 매어 자살한 사건이 있었다. 도대체 그 아이가 감당해야 할 삶의 무게가 얼마나 무거웠으면 그 어린아이가 삶이 무엇인지 알기도 전에 스스로 죽음을 선택해야 했을까? 놀랍게도 그 아이를 죽음으로 몰고 간 것은 가난이나 질병도, 가정의 불행도, 친구들과의 불화도 아니었다. 그것은 오직 한 가지, "바다 속의 물고기처럼 자유로워지고 싶다"는 소망이었다.[10]

서울에서만 매년 1만 6000명의 학생이 학교를 떠나고, 전국적으로 거리를 배회하는 청소년이 적게는 17만 명, 많게는 36만 명이나 된다는 조사도 있다. 탈학교 아이들에게는 가정도 학교도 국가도 따뜻한 손길을 보내지 못하고 있다.

) 모범생들이 만든 사회 (

전국의 모든 학생을 성적에 따라 한 줄로 세우는 입시 교육, 오직 입신출세만을 목표로 하는 교육은 학생들을 치열한 경쟁에 지치게 했고,

학부모들을 과도한 사교육비에 신음하게 만들었다. 최상위 1퍼센트를 제외한 모든 학생이 패배자가 되는 한국에서 청소년 사망 원인 1위가 자살인 것은 당연한 결과일지도 모른다.

2014년 노벨물리학상을 받은 일본인 출신의 재미 과학자 나카무라 슈지中村修二는 아시아의 교육 시스템을 맹렬히 비난했다. 그는 "아시아 교육 시스템은 아주 잘못되어 있다"며 "후세대들은 다른 방식을 찾아야 할 것"이라고 했다. 그는 "일본의 입학 시험은 아주 최악이며 중국, 한국도 마찬가지"라고 말하면서 "모든 고등학생이 공부하는 목적은 이름난 대학에 들어가는 것 하나밖에 없다"고 지적했다.

상황이 이렇다 보니 한국의 대학은 학문 생산 기능을 제대로 하지 못한다. 대학의 학부에 들어가기 위해서 온 국민이 매일 전쟁을 하고 심지어는 수많은 '전사자'가 나오는 비극이 계속되지만, 정작 학문과 학자를 생산하는 대학원은 학부의 부속기관 정도에 불과하다. 이 또한 주변부 국가 대학의 전형적인 모습이다.

미국 대학에는 한국 유학생 7만여 명이 공부하고 있다고 한다. 학생 수로는 중국·인도에 이어 3위이지만 인구 비례로 보면 압도적 1위다. 한국 학생들이 1년에 지출하는 돈은 평균 잡아도 대략 2조 원이 훨씬 넘을 것이다. 이 돈이면 서울의 큰 대학 5개 이상을 운영하고도 남는다. (⋯) 대학의 역사가 60년이 지났는데, 아직 박사를 따려면 '미국'에 가야 하고, 학부는 오직 '간판', 특정 학벌 집단에 들어가기 위한 자격증 취득 기관으로만 남아 있다. 경쟁해서는 안 될 곳에서 과도한 경쟁이 이루어지고, 국가의 지원과 경쟁이 필요한 곳은 그냥 버려져 있다. 아무리 봐도 내 눈에는 한국에 대학이 없고 학문이 없는데, 실제로 대학은 사람을

죽이는 괴물이다.[11]

　한국에서 학교와 입시는 '노동자가 되지 않기 위한' 전쟁터에 가깝다. 공부 잘하면 출세하고, 공부 못해서 좋은 대학 못 가면 공장 노동자가 된다는 사회적 고정관념이 여전히 가정과 학교를 지배한다. 이런 학교에서 노동자의 권리를 제대로 가르칠 리가 없다. 공부 잘해서 출세한 사람은 습관적으로 노동자를 천시, 억압하는 말과 행동을 하고도 잘못했다는 생각을 하지 않는다. 부당한 대우를 당하는 노동자들도 자신이 공부를 못해서 그렇다고 생각한다. 회사에서 부속품처럼 취급당하다가 다치고 병든 노동자들은 자신이 무능해서, 즉 돈 없고 배경 없고 학벌이 안 좋아서 어쩔 수 없다고 생각하면서 살아간다.

　상급학교 진학이 입신출세라는 세속적 가치에 지배되다 보니, 어려운 시험과 수련 과정을 거쳐서 전문직이나 고위직에 올라간 사람들도 자리에 걸맞은 사회적 책임의식과 직업윤리를 갖추지 못한 경우가 대부분이다. 한국인들이 선망하는 판검사, 변호사 중에는 군사 정권 시절이나 지금이나 법률가로서의 직업윤리와 소신을 발휘해 부당한 검찰권 행사, 국가의 사법 개입에 저항한 사람이 거의 없다. 고시에 합격해서 관리나 외교관, 정치가가 된 사람들 중에도 공익을 위해 헌신하여 국민의 존경을 받거나 지금까지 기억되는 사람이 거의 없다. 이과에서는 우수한 학생들이 모두 의과대학으로 몰리다 보니 순수과학 분야에서 세계적인 명성을 떨치는 과학자가 드물다. 의사들은 대체로 과도한 특권 의식을 갖고 있다. 교육이 수단화되어 학벌 간판을 따는 데 치중하는 풍토에서 어떤 일을 그 자체로 즐기면서 몰두하는 전문가가 나오기는 어렵다. 한국에서 학문적 소양과 전문성 획득은 늘 입신출세보다는 덜 중요한 문제였다.

중앙집권주의 전통이 강한 한국에서 중앙의 좋은 자리는 모든 청년과 그 가족의 열망을 빨아들이는 블랙홀이다. 야심과 포부를 가진 젊은이들은 자기가 속한 직업 세계에서 전문성과 실력으로 사회적 인정을 받으려 하기보다는 출세를 위해 가장 중요한 자격증, 즉 학벌과 연줄을 확보하는 데 혈안이 되었다. 국가가 보증하는 '학력'과 일류학교 졸업장을 보완하거나 대체할 수 있는 다른 기준이 거의 존재하지 않는 한국 사회에서 이를 획득한 이들은 그들만의 집단 이익을 보장하는 카르텔을 고착시켰다. 결국 학벌이 권력과 부를 얻는 가장 결정적인 문화자본이 됐다.

물론 다른 국가에도 학력 차별과 학벌주의가 존재한다. 그러나 한국에서는 서울대와 비서울대, 서울 소재 대학과 지방대, 국내 학위 취득자와 해외(특히 미국) 학위자 간의 차별이 매우 심각한 수준이다. 그마저도 부모의 경제력과 학력에 크게 좌우된다고 하니 한국의 대학은 사실상 학벌 발급기관이 된 것이다. 이혜정 교육과혁신연구소 소장은 서울대 "최우등생 상당수의 목표는 그저 고시 합격, 대기업 입사, 또는 대학원 진학 후 교수 임용, 이 세 가지 범주에서 벗어나지 않는다"고 말했다. "주어진 내용을 최대한 빠르고 정확하게 흡수하도록 자기 자신을 잘 조절하고 견디는 능력이 현재 대한민국에서 최고의 인재들이 갖춰야 하는 능력"이 된 것이다.

1990년대 이후에는 경제자본이 학력과 학벌 획득의 중요한 자원이 됐다. 서울의 강남 출신, 전문직 자녀들이 상위권 대학에 주로 진학한다. 학비가 일반고의 5배에서 10배에 이르는 특수목적고나 자립형사립고 출신의 서울대 입학률은 일반고의 10배가 넘는다. 그들이 또 사법고시나 로스쿨 진학을 통해 젊은 법조인의 다수를 차지하고 있기 때문에 1970~80년대까지 지위 상승의 통로 역할을 했던 교육은 이제 계급과 계층을 고착화시키는 통로로 변했다고 할 수 있다. 1990년대 이후에는 학벌 서열, 학력 차별이 사실상 준신분적 차별로 굳어졌다.

한국에서 교육을 통한 성공과 지위 상승의 신화는 이제 거의 사라지고, 그늘만 짙게 드리워져 있다. 언제나 그러했듯이 교육은 비단 교육만의 문제가 아니다. 식민지, 개발독재 시절에는 짜맞춘듯 꼭 들어맞던 '한국적 교육'이 이제는 사회의 질곡이 되었다. '공부 잘하는 사람'들이 만들어놓은 '그들만의 리그'를 전면 개편하지 않고서는 국가나 사회가 지탱되지 않을 지경까지 왔다.

13장
왜 대한민국은
'재벌공화국'이 되었나?

"헌법 제1조, 대한민국은 삼성공화국이다." 삼성이 법 위에
군림하는 현상을 빗댄 말이다. 이재용 삼성전자 부회장의
뇌물공여 사건 재판을 계기로 논란이 다시 불거지고 있다.
재벌의 영향력이 크다 보니 일찍부터 '재벌공화국'이라는
용어가 회자됐다. 하지만 한 대기업의 이름을 따서 '공화국'으로
불리는 사례는 삼성이 유일하다. 거대 기업이 강력한 자금력과
정보력을 무기로 정치·행정·사법·언론·학계 등 사회 전
분야에 걸쳐 막강한 영향력을 행사하며 뇌물 제공, 정경유착,
법치주의 훼손, 노조 파괴 등 각종 사회적 폐해를 낳는 것은
민주주의에 대한 위협이라는 우려다. (…) 삼성은 뇌물공여,
바이오로직스 분식회계 증거인멸, 노조와해공작 사건에서
모두 유죄를 받았다. 지난해 대법원에서 이재용 부회장의
뇌물액이 87억 원으로 늘어나면서, 파기 환송심에서 실형이
유력시됐다. 드디어 '삼성공화국'이 '정상기업'으로 돌아오는
듯했다. 하지만 재판부가 준법감시제도 도입을 이유로 감형
의사를 밝히며 상황은 돌변했다. 촛불 정신은 공정과 정의, 적폐
청산이다. '삼성공화국'은 아직 사라지지 않았다.

• 곽정수, 삼성공화국, 한겨레신문, 2020년 1월 23일

) 박정희, 재벌과 손을 잡다 (

한국의 경제력은 GDP 기준 세계 12위(2018년)를 기록했고, 제조업 경쟁력은 세계 4위(유엔공업개발기구 발표, 2020년 6월 2일 기준)로 올라섰다. 수출시장에서의 비중도 세계 6위를 기록하고 있다. 1961년 한국의 국민소득은 82달러로 라오스나 캄보디아, 아프리카의 말리와 비슷한 수준이었는데 2018년 1인당 국민소득은 3만 1349달러에 달했다. 포브스가 2015년 8월 발표한 세계 IT 100대 부자 중 한국인이 5명이나 된다.

한국이 반세기 만에 경제 기적을 이룬 사실은 누구도 부인할 수 없다. 그런데 일반 국민들은 국민소득 3만 달러를 전혀 실감하지 못하는 것은 물론, 현재와 미래에 대해 전보다 훨씬 비관적이다. 2020년 30대 재벌의 사내보유금이 무려 957조 원에 달한다고 하는데, 거리에는 청년 실업자가 넘쳐나고, 국민 가운데 940만 명이 도시 생활이 불가능한 200만 원 이하의 소득에 머물러 있다. 자살률은 12년째 경제협력개발기구OECD 국가 중 1위의 고공 행진을 하고 있다.

한국이 경제적으로 성공한 나라인 것은 분명하지만, 국민들의 행복감은 OECD 최저 수준이다. 그것은 지독한 생존 경쟁, 심각한 고용 불안, 그리고 부가 최상위권 부자 혹은 재벌 기업에 집중되었기 때문이 아닐까? '한강의 기적'은 박정희 대통령의 지도력, 세계 최고를 자랑하는 한국인들의 근면성, 그리고 재벌 대기업의 합작품이다. 그러나 한국 경제 성장의 기관차였던 재벌 대기업의 작동 엔진 속에는 한국 경제의 빛과 그림자가 함께 들어 있었다.

1961년, 박정희와 군부 지도자들은 5·16쿠데타 직후 「혁명공약」 제4조에서 "절망과 기아선상에서 허덕이는 민생고를 시급히 해결하고, 국가 자주경제 재건에 총력을 경주할 것입니다"라고 경제 개발의 의지를 보였다. 경제 개발은 그 주체인 근대적 기업과 자본이 있어야 가능하다. 근대적 기업은 1950년대부터 본격적으로 생겨났지만 자본은 턱없이 부족했다. 그래서 군부는 이제 막 생겨난 재벌 기업들과 손을 잡아야 했다.

　1950년대에도 정치권과 유착한 재벌 기업의 부정부패에 대해 원성이 높았다. 4·19 직후 부패한 기업을 처벌하자는 목소리가 컸지만, 미국은 기업의 "부정축재 재산을 국고로 환수하거나 조세 사범들에게 벌금을 과하게 매길 경우 기업 생산이 위축될 위험이 있다"고 경고하면서 봐줄 것을 요청했다.[1] 5·16 군사정부도 처음에는 강경한 처벌을 내세웠지만, 결국 부정축재자가 공장을 건설하고 주식을 정부에 납부하면 처벌을 면제하는 방향으로 바꾸었다. 정치권력은 빈곤 탈출과 경제 개발이라는 시대적 과제를 해결한다는 목표 아래 또 다른 과제인 경제 정의 확립과 부패 청산을 포기하거나 뒤로 미루고 재벌과 손을 잡았다. 한국을 대표하는 기업인 삼성의 창업자 이병철은 5·16쿠데타 직후 부정축재자로 몰려 감옥에 간 자신의 석방을 호소하면서 이렇게 말했다.

　　기업 하는 사람의 본분은 많은 사업을 일으켜 많은 사람들에게 일자리를 제공하면서 그 생계를 보장해주는 한편, 세금을 납부하여 그 예산으로 국토 방위는 물론이고 정부 운영, 국민 교육, 도로 항만 건설 등 국가 운영을 뒷받침하는 데

있다고 생각합니다. 이른바 부정축재를 처벌한다고 하면 그 결과는 경제 위축
으로 나타날 것이며, 이렇게 되면 당장의 세수가 줄어 국가 운영이 타격을 받을
것입니다. 오히려 경제인들에게 경제 건설의 일익을 담당하게 하는 것이 국가
에 이익이 될 줄 압니다.[2]

비리 혐의로 구속된 기업인들이 경제 활동을 통해 국가에 기여할
터이니 사면 복권해달라는 논리는 지금도 전국경제인연합회(이하 '전
경련')나 한국경영자총협회 등 기업가 단체의 성명에 단골로 등장한
다. 그에 응답하여 '기업인이 사회에 공헌한 바가 크니 그들을 다시 뛰
게 해야 한다'며 판사들이 그들을 무죄 석방하거나 대통령이 사면하는
일이 반복되었다. 대기업 총수라는 이유만으로 공권력의 편향적인 집
행은 물론 온갖 종류의 특혜와 국가의 재정 지원을 받아온 것이다.

재벌이라는 용어는 일본에서 온 것인데, 한두 가족이 경영을 장악
한 채로 여러 사업 분야를 독점하고 있는 특유의 기업 조직을 말한다.
산업화 초기 단계의 후진국에서는 한 가족, 혈족 집단이 창업하여 기
업 경영을 독점하는 경우가 많다. 이후 산업 규모가 커지고 경영이 복
잡해지면 보다 뛰어난 전문 경영자들에게 기업 운영을 넘겨주고, 창
업자 가족은 재단 등을 만들어 뒤로 물러나는 것이 보통이다. 그런데
한국에서는 그런 일이 일어나지 않았다.

8·15 직후 일본을 점령한 도쿄의 맥아더 사령부는 제국주의 시절
에는 침략전쟁을 지원하고, 전후에는 민주주의의 걸림돌이 되던 일본
의 재벌들을 해체했다. 재벌 소유주의 주식은 국채와 바꾸어 모두 환
수하고 이를 노동자와 소비자에게 분산 매각했다. 계열 기업은 모두

분할하고 임원들은 해고했다. 그러나 맥아더나 미군정, 그리고 정부 수립 이후에도 한국 정부의 경제 운영에 실질적인 영향력을 행사했던 미국은 한국에는 그런 압력을 넣지 않았다. 무엇보다 8·15 직후 조선에는 재벌이라고 불릴 만한 것이 없었다. 일제의 침략전쟁에 협력한 기업주들도 반민특위 해산 과정에서 모두 풀려났다. 오히려 반민족적·반사회적 전력을 가진 기업이 특혜를 받기까지 했다. 한국에서 기업이 정부의 지원으로 몸집을 불린 계기는 8·15 이후 일본이 남기고 간 기업, 즉 귀속업체 불하와 은행 민영화였다.[3]

1950년대의 주요 대기업 가운데 약 40퍼센트가 귀속업체를 불하받았다.[4] 그 정책의 목표는 국영기업을 기업가들에게 나누어줘서 민간기업이 경제를 주도하도록 한 것이었다. 「제헌헌법」의 경제 조항 가운데 중요산업 국유화 등의 내용에 불만을 갖고 있던 미국은 전후 한국이 '시장경제' 원칙을 채택하도록 지속적으로 압력을 넣었다. 이승만은 미국의 정책을 따르기 위해 「제헌헌법」의 경제 조항까지 바꾸었다. 1953년 8월 한미재단과 한국을 방문한 로버트 키니Robert Kinney는 「제헌헌법」의 국유화 조항이 외국인의 투자를 유치하는 데에 걸림돌이 된다면서 경제 운영을 민간기업 중심으로 할 것을 권유했고, 이승만 정권은 1954년 1월 23일 헌법 개정안을 제출할 때 이 내용을 반영했다(이 개헌안은 제출 뒤 곧바로 철회됐고, 5월 20일 민의원 선거가 끝난 뒤에 다시 상정됐다. 이후 이루어진 것이 이른바 '사사오입' 개헌이다).[5]

정치권에 선을 댄 큰 기업이 원조 물자를 거의 독점적으로 불하받고 정부가 보유한 외환을 대부받는 등의 특혜도 재벌이 성장할 수 있었던 중요한 배경이다. 이렇게 권력과 특별한 관계를 맺은 나음 그 힘으로 돈벌이를 하기 위해서는 내부의 비밀을 잘 지키고 위험 부담을 감내할 수 있는 오너의 가족들이 경영권을 독점할 필요가 있다.[6] 그래서 1950년대 후반부터 한 가족이 여러 기업의 경영을 장악하는 양상, 즉 재벌이 생겨나기 시작했다.

이승만 정권 말기에 경제부처인 부흥부에서 국가 경제개발계획을 세웠지만, 그들은 그것을 실행할 능력도 의지도 부족했다. 더구나 국내에서 자본을 조달할 수 없었기 때문에, 결국 1965년 「한일협정」이후 일본의 돈을 끌어들인 다음에야 본격적인 경제 개발을 시작했다. "가난을 뿌리 뽑자"는 박정희 정권의 구호에는 당시 한국인들의 빈곤 탈출 열망이 집약되어 있다. 한국인들은 배고픔을 해결할 수 있다면 민주주의도 양보할 수 있다고 생각했다. 박정희 정권으로서는 군사 정권을 안정화시키고 압축적인 경제 개발을 추진하기 위해 재벌 기업들과 긴밀한 관계를 맺을 필요가 있었다. 군사 정권 초기부터 불거진 4대 의혹 사건(5·16 이후 발생한 수많은 비리 의혹 사건 가운데 대표적인 네 사건으로 증권 파동, 워커힐 사건, 빠친코 사건, 새나라자동차 사건을 가리킨다. 이 사건들을 통해 군사 정권이 정치 자금을 마련하고, 그 돈으로 공화당을 창당했다는 의혹이 불거졌다)과 삼성 밀수 사건 등은 이후 더욱 심화될 정경유착의 신호탄이었다.

박정희 정권은 '노동 과잉'과 '자본 부족'이라는 한국의 경제 현실에서 수출을 타개책으로 삼고, 노동 집약 산업이 성장할 수 있도록 수출 금융 지원, 세제 및 환율 지원, 진입 제한, 노조 설립 차단 등의 정책을 폈다. 한국의 실정에 적합하고 효과가 가장 빨리 나올 수 있는 산업을 육성하고, 그것이 끝나면 다른 업종을 선정하여 다시 집중하는 방법을 취했다. 박정희는 다음과 같이 말했다.

경제야말로 국정의 기본이야. 경제가 잘되어야 국민이 배불리 먹고 등 따뜻하고 포실한 생활을 해야 정치가 안정되고 국방도 튼튼하게 할 수 있지 않은가?[7]

경제제일주의는 박정희의 모토였다. 박정희는 대통령 재임 18년 동안 '수출 주도 공업화'와 '농민이 잘사는 나라'를 경제 정책의 두 기둥으로 삼고 '민족 중흥과 조국 근대화'를 추진했다. 농촌에서 근면·자조·협동의 기치 아래 농가 소득 증대 사업과 새마을운동을 펼친 결과 농촌에 전깃불이 들어왔고, 한국은 식량을 자급할 수 있는 국가가 됐다.

정부와 대기업이 한몸이 되어 경제 성장을 추진하기 위해 1975년 종합상사 제도가 도입되었다. 박정희 정권은 종합상사에 각종 특혜와 지원을 아끼지 않았다. 삼성물산을 시작으로 쌍용, 대우실업, 한일합섬 등 종합상사가 된 재벌은 일본의 대기업을 배우기 위해 쉴 새 없이 노력했다. 기업주의 입장에서 보면 아직 자본시장이나 노동시장이 발달하지 않은 상황에서 위험을 분산시켜야 했다. 또한 수출시장을 확보하고 거래 시 지급보장을 받으려면 국가의 전폭적인 지원이 필요했기 때문에, 총수 일가 중심의 신속한 의사결정과 강력한 로비, 내부의 자본 조달이 가능해야 했다. 이를 위해서는 재벌 체제를 유지·강화할 필요가 있었다.

이런 상황에서 새로운 대기업들이 급속도로 성장했다. 1950년대 귀속재산 불하, 한은 치입 폭리 등 비생산 영역에서 정부의 특혜를 받으면서 성장한 재벌과 달리, 바닥에서 시작해 성공한 정주영의 현대 그룹은 한국 기업가의 자랑스러운 성공 신화다. 현대는 국내 유통시장 등에서 부를 축적하지 않고 해외 건설업에 뛰어들어 최단 기간에 조선소를 건설하고 유조선 두 척을 건조하는 기록을 세우더니, 1975년에는 세계 최대의 조선소를 지었다. 1976년에는 미국『포춘Fortune』이 뽑은 세계 500대 기업으로 성장했다.[8]

강원도 통천의 가난한 농민 집안에서 태어난 정주영은 막노동, 정미소 쌀 배달원, 자동차 수리점, 건설업을 거쳐 1960년대 이후 시멘트, 조선, 자동차 쪽으로 사업 영역을 확대했다. 그는 처음부터 장사나 소비재 생산에 일체 관여하지 않고 "제조·생산 기업으로 일관해왔다"는 점에 큰 자부심을 갖고 있었다.

현대는 1960년대 건설업에서 1970년대 중화학공업으로 비중을 옮기면서 덩치를 키워갔다. 박정희의 시대는 곧 정주영의 시대이기도 했다. 정주영은 박정희를 이렇게 기억한다.

박정희 대통령과 나는 우리 후손들에게는 절대로 가난을 물려주지 말자는 염원이 서로 같았고, 무슨 일이든지 신념을 갖고 '하면 된다'는 긍정적인 사고와 목적의식이 뚜렷했던 것이 같았고, 소신을 갖고 결행하는 강력한 실천력이 서로 같았다.[9]

현대의 정주영과 마찬가지로 신문팔이 소년에서 시작해 세계적인 대기업을 일군 대우의 김우중은 부지런하고 민첩하며 일찍부터 해외에 눈을 돌려서 성공한 대표적인 기업인이다. 그는 131일 동안 31개국을 다니며 해외시장을 개척한 한국 기업가의 신화였다.

> 우리는 다른 회사보다 곱 이상 일했다. 남들처럼 아침 9시에서 오후 5시까지가
> 아니라 새벽 5시부터 밤 9시까지 일해왔다.[10]

포항제철의 성공 신화를 일군 군인 출신의 박태준도 원래는 박정희의 참모였으나 5·16 이후 기업가가 되어 남다른 지도력과 사명감을 발휘했다. 정주영, 김우중, 박태준 같은 경제 지도자들의 의지와 노력에 힘입어 한국은 세계에서 가장 짧은 기간에 농업국가에서 발전된 공업국가로 변했다.

1960년대에는 저임금 노동력을 이용해 섬유·건설·제분·봉제 등 경공업이 발달하기 시작했고, 1970년대 초부터 제철·조선·자동차·기계 등을 생산하는 중화학공업으로 비중을 옮겼으며, 그 성장의 견인차는 바로 재벌 대기업들이었다. 30대 재벌의 계열사는 1970년에 평균 4.1개였으나 1979년에는 평균 13.7개로 늘어났고, 실물 경제에서 재벌이 차지하는 비중도 1979년 광공업 총출하액의 35.2퍼센트에 달했다.[11] 1980년대 이후 재벌의 경제 지배력은 더욱 커졌고, 1987년이 되자 중소기업의 과반수가 재벌의 하청기업이 됐다.

이와 동시에 농촌을 개발하는 정책도 추진됐다. 1970년대 중반 이후 한국인들은 지독한 가난과 배고픔에서 어느 정도 벗어날 수 있었다. 농촌에서는 식량 자급, 농업 소득 증대, 농촌 근대화 사업을 추진했고 시험마을과 모범농민을 장려했다.[12] 이 사업은 이후 새마을운동으로 전차됐다. 농민들에게는 '보릿고개'의 극복이 가장 중요했다.

"단군 이래 배불리 먹을 수 있게 된 것도 박정희 때가 처음이다"라는 칭찬도 나왔다.

박정희·전두환 정권을 아우르는 근대화·성장·개발은 한국인의 잠재력을 일깨우고 에너지를 극대화했다. 경제 성장은 식민지의 굴욕과 전쟁의 폐허에서 절망하던 한국인들에게 "우리도 할 수 있다"는 자신감을 가져다주었다. 박정희가 국가권력을 동원해 재벌과 손을 잡고 경제 발전을 추진한 것은 기술, 자본이 모두 부족했던 당시 상황에서 어느 정도 불가피한 선택이었다.

2차 세계대전 이후 후발국 가운데 한국의 성장은 유독 두드러진다. 여기에 박정희의 리더십과 독재가 기여한 점은 분명하다. 특히 수출 중심의 산업화 정책과 특정 분야 몰아주기 정책, 재벌 대기업에게 특권적 지위를 부여해서 중화학공업화를 추진한 정책은 국가경제를 비약적으로 발전시킨 가장 중요한 선택이었다.

그러나 이 모든 성과가 박정희 개인의 지도력, 혹은 재벌의 기여라고만 보는 것은 미국의 영향력과 국민의 노력을 담지 못한다.

) 경제 성장의 또 다른 배경 (

박정희와 군부 지도자들은 5·16 「혁명공약」 제4조에서 자주 경제 재건의 의지를 보였지만, 제1조에서는 "반공을 국시의 제일의로 삼고, 지금까지 형식적이고 구호에만 그친 반공 태세를 재정비 강화할 것입니다"라고 말했다. 즉 반공을 위해 경제를 건설한다는 말이다. 반공 태세 강화는 미국이 가장 중점을 두었던 동아시아 정책이었으니, 결국 남로당 전력을 가진 박정희의 사상을 의심하던 미국을 안심시키기 위한 공약이었다.

박정희는 "북한에 대한 경제적 우위를 확보하기 위하여 급속한 경제 성장을 기할 것이다"라고 말했다.[13] 박정희 정권이 재벌 기업과 손을 잡고 수출 주도형 성장 정책을 추진한 것은 미국의 냉전 정책, 1960년대라는 국제 경제의 시대적 조건, 그리고 북한과의 경쟁이라는 압박이 있었기 때문이었다. 1960년 당시 한국 국민의 1인당 소득은 북한의 60퍼센트(북한 137달러, 한국 94달러) 정도에 불과했다. 이것은 남한 반공 체제를 가장 심각하게 위협하는 요인이었기 때문에, 박정희 정권은 미국의 후원하에 경제 성장을 서두르지 않을 수 없었다.[14]

박정희 정권이 1차 경제개발계획을 입안할 당시 성장 목표를 연평균 5.1퍼센트로 잡았다가 7.1퍼센트로 상향 조정한 이유도 북한과의 체제 경쟁을 의식했기 때문이다. 박정희에게 경제는 또 다른 방식의 전쟁이었다. 그는 남한의 경제력이 북한을 압도해야 한다고 생각했다. 일본군 출신이라는 콤플렉스와 해방 후의 좌익 경력을 확실하게 세탁하기 위해서라도 북한의 김일성과 벌이는 체제 경쟁에서 이겨야 한다고 생각했을 것이다.

문제는 부족한 자본이었다. 결국 외자를 도입해야 하는데, 그러자면 일본과 손을 잡아야 했다. 미국은 이미 1940년대 말부터 일본을 축으로 동아시아 자본주의권을 통합하려 했고, 한국은 일본의 시장권으로 편입되어야 할 대상이었다. 따라서 미국은 이승만 정권 붕괴 직후 한일 국교 정상화를 서둘렀으며, 5·16쿠데타 직후에는 한일 양국의 외교 관계 수립에 가장 적극적인 브로커 역할을 했다.

결국 박정희 정권은 미국의 전략에 따라 일본의 식민지 지배에 대한 사과와 배상 요구를 포기하고, '청구권 자금'이라는 명목으로 일본의 경제 협력 자금을 받았다. 경제 개발을 위해 과거사 문제의 뚜껑을 덮어버린 것이다. 이 결정은 당시의 대학생과 재야인사들에게 '매국 외교', '굴욕 외교'라는 거센 공격을 받았다.

한편 한국 경제가 도약한 1960~70년대는 세계적으로도 경제 성장에 매우 유리한 조건이 마련되어 있었다. 한국, 홍콩, 싱가포르, 타이완 등 동아시아의 '네 마리 용'이 비약적인 경제 성장을 이룰 수 있었던 것은 미국 등 선진 자본주의 국가가 기술 집약 산업으로 옮겨가면서 자연스럽게 경공업 생산 기지를 노동 비용이 싼 후발 국가로 대거 이전하던 상황 덕분이었다.[15] 잘 교육받고 생산성이 높으면서도 값싼 노동력이 무한정 공급되는 한국은 그러한 전략을 적용할 수 있는 중요 후보지가 됐다. 개발주의 성장 드라이브는 오직 박정희만의 노선이 아니라 당시 동아시아 국가들이 추진한 일반적인 전략이었다.

미국의 적극적인 동아시아 지원, 이른바 '초청에 의한 개발' 전략도 결정적이었다. 즉 미국은 동아시아 국가들에게 특혜를 베풀면서 이 나라들의 성장을 지원했다. 전후 호황을 달리던 미국은 일본을 반공의 보루로 만들기 위해서 동아시아의 자본주의 발전과 안정화에 역점을 두었으며, 원조를 통한 지원과 더불어 동아시아 네 마리 용이 만들어낸 공산품을 적극적으로 구매했다. 박정희 정권은 보호무역 정책을 채택하여 외국산 공산품의 수입을 막았고, 국민의 소비까지 통제했다. 1960년대 미국의 후진국 개발 정책, 즉 냉전식 개발주의의 전도사가 바로 『경제 성장의 과정The Process of Economic Growth』(1952)을 쓴

월트 휘트먼 로스토Walt Whitman Rostow였다. 근대화와 경제 개발을 통해 공산혁명을 막아야 한다고 주장한 로스토는 단순한 학자가 아니라 CIA의 제3세계 개입, 특히 베트남 등에서 진행된 공산 게릴라 퇴치 작업에도 개입했다.

당시 한국은 풍부한 저임금 노동력을 갖추었고, 반공 체제 수립으로 사회주의 정당은 물론 노조 활동도 완전히 통제된 사실상의 우익 독재 체제였다. 이런 상황에서 노동자들은 정부와 사용자에게 일방적으로 복종하지 않을 수 없었다. 국가는 반공 이데올로기와 법, 제도 등을 통해 노동자들의 권리 주장을 제압했고, 기업들은 베트남전쟁과 중동 지역의 건설 특수로 막대한 부를 축적했다. 월남 특수는 한국의 경제 성장에 결정적 요인이었다.[16] 물론 그 토대에는 한국인의 근면성과 교육열, 계층 상승의 열망도 있었다. 국민들이 국가의 정책에 감히 저항할 수 없는 권위주의 체제에서 박정희는 마음만 먹으면 재벌이나 토지 소유자들의 재산권 행사를 제약하면서 기업을 통폐합하고 국토를 개발할 수 있었다.

분단된 한국에서 안보와 경제 개발은 불가분의 관계다. 특히 미국의 관변 학자들이 만들어 세계에 퍼트린 제3세계 근대화론과 개발주의는 사실상 1960년대식 반공주의의 다른 표현이기도 했다. 북한의 김일성은 남조선혁명론과 "미제 축출, 조국 통일"을 공공연히 내세웠고, 1968년 북한 김신조 일당이 남으로 내려와 일으킨 1·21사태와 통일혁명당 사건, 울진·삼척 무장공비 침투 사건 등이 연이어 터졌다. 이때 군사 정권이 내세운 구호가 바로 "싸우면서 건설하자"이다.

1970년대 이후 한국의 경제 성장 전략 역시 북한과의 체내 관세나는 정치 환경을 빼놓고는 설명할 수 없다. 박정희의 중화학공업화 정책도 북한과의 군사 대결 속에서 시작됐다. 당시의 중화학공업화는 한국의 기술 수준에서는 다소 무리한 측면이 있었다. 그러나 미국이 한국에서 발을 빼려는 상황에서 무기의 자급을 위해 방위산업 육성을 포함한 중화학공업화를 추진할 수밖에 없었다. 박정희 정권은 제철소에서 탱크, 대포, 군함도 생산할 계획을 세웠다. 여기에 필요한 자금을 마련하기가 어려워지자 방위세와 부가가치세를 신설했다. 마치 일제 말의 전시 경제 정책 같았다.

미국의 기술 지원에 전적으로 의존해왔던 한국은 미국이 군사 기술 이전에 소극적인 태도를 취하고 한국 방위산업의 성장을 견제하자 큰 장벽에 부딪혔다. 이렇게 무리한 중화학공업화를 추진한 결과 박정희가 사망한 1979년에 이르러 한국은 세계 5대 채무국이 되었고 경제 성장률은 급격히 떨어졌다.[17]

박정희의 수출 100억 달러라는 목표 설정은, 미국과 중국의 데탕트로 대한민국의 안보가 위협받는 상황에서 미국에 손을 벌리지 않고 북한을 압도해야 한다는 생각에서 나온 것이었다. 리처드 닉슨Richard Nixon의 CIA가 칠레의 살바도르 아옌데Salvador Allende 사회주의 정권을 무너뜨리고 피노체트 정권을 세웠듯이, 미국은 자신이 지원하는 제3세계의 군사독재 정권을 언제든 갈아치울 힘이 있었다. 이런 사실을 매우 잘 알고 있었던 박정희는 불안을 느끼지 않을 수 없었다. 박정희 정권이 북한과의 대결을 의식하면서 자주국방 노선을 내세우고, 재벌과 손잡고 반정부운동이나 노동쟁의를 탄압한 것은 이렇듯 미국에 대한 불신과 정권의 위기의식에서 나온 것이다.

박정희, 전두환 정권 시기의 경제성장률(각각 10.47퍼센트, 10.01퍼센트)과 민주화 과정에서 극심한 혼란이 있었던 1987년의 성장률(11퍼센트), 그리고 김대중, 노무현 정부의 성장률(6.28퍼센트)을 비교해보면, 민주 정권 시기의 성장률이 결코 군사 정권 시기보다 낮지 않았다.[18]

그러므로 국내 변수만 고려하여 박정희가 독재를 했기 '때문에' 혹은 박정희의 강력한 지도력 '덕분에' 경제 기적이 가능했다는 평가는 부분적으로만 타당하다. 후진국의 경제 발전에서 대통령의 지도력은 매우 중요하지만 미국이 주도한 냉전과 분단이라는 조건, 1960~70년대라는 국제 환경, 특히 6·25한국전쟁 후 좌파의 완벽한 몰락으로 우익 독재가 공고해지고 친기업·반노동 정책을 견제할 어떤 정당이나 사회 세력도 남지 않았던 점을 고려해야만 박정희 시절 경제 성장의 비밀을 제대로 이해할 수 있다. 구태여 가장 중요한 요인을 따지라면 미국의 후원을 들 수 있을 것이고, 그다음은 일사불란한 동원이 가능했던 분단 억압 체제였다. 물론 농지개혁 이후 한국인의 지위 상승 열망과 근면성도 성장의 중요한 내적 동인일 것이다.

이승만과 박정희가 설정했던 국가 목표, 즉 국가의 보존과 경제 성장이라는 목표는 미국과 소련이 대립하는 냉엄한 국제 정치 질서 안에서 생존해야 했던 분단국가이자 약소국 한국이 선택할 수밖에 없었던 현실이었다. 일제강점기의 친일 인사이자 이승만, 박정희 정권에서 주류 세력 안에 속해 있던 윤치영은 다음과 같이 말했다.

70년대에 대처하려는 박 대통령의 입장은 내가 보기에 해방 당시의 김 박사의 처지와 크게 다를 바 없다고 주장하고 싶다. 다른 점이 있다고 한다면 두 지도자의 시대적 상황에서의 정치적 목표가 극명하게 달랐다는 점에 있을 것이다. 리 박사의 당면한 정치적 목표가 잃어버렸던 국권을 하루빨리 회복하여 주권국가를 세우는 일이었음에 반하여 박 대통령의 염원은 우리나라가 하루빨리 경제적 자립을 이룩하여 이 나라에서 가난을 몰아내고 자립자존의 민족 중흥을 이룩하려는 것이었다.[19]

그러나 이승만의 국권은 미국에게 정치·군사 주권을 양도하는 것이었으며, 박정희의 경제적 자립자존은 다른 모든 것을 희생시킨 대가로 오직 경제만을 세우는 것이었다.

〉 재벌과 국가, 관계의 역전 〈

작고한 미국의 정치학자 찰머스 존슨Chalmers Johnson은 『통산성과 일본의 기적MITI and the Japanese Miracle』(1982)에서 일본이 미국이 요구한 시장 논리와 반대로 행동했기 때문에 경제적인 성공을 이루었다고 주장했다.[20] 즉 일본은 국가가 시장에 강하게 개입해서 전략산업을 육성하고 소비시장을 보호하는 등 거의 계획경제에 가까운 방식으로 경제를 운영해서 오히려 성공했다는 것이다. 이 논리는 경제기획원이 경제의 총괄 지휘부 역할을 했던 박정희 정권 시절의 한국에도 적용할 수 있다.

박정희의 경제 성장 정책을 배후에서 지원하고 조건을 만들어준 큰형님은 미국이었지만, 박정희의 실제 정책은 미국이 강조했던 민간

주도의 시장 논리와 일치하지는 않았다. 전략산업 육성을 위해 재벌에게 특혜를 준 것도 그렇고, 국내 기업 보호를 위해 수입을 차단하거나 심지어 소비까지 통제한 것도 그렇다. 강제로 기업을 없애거나 합치는 등 재벌 총수의 재산권까지 제약하면서 경제 위기를 돌파한 것도 마찬가지다. 그러나 미국은 북한과 대결 상태에 있던 남한의 자본주의를 발전시키기 위해 박정희의 군사독재와 경제 전략을 지지할 수밖에 없었다. 미국이 전후 일본에서는 군국주의 침략의 주역이던 재벌을 전격 해체했지만 한국에게는 그런 압력을 넣지 않은 것도 같은 이유 때문이었을 것이다.

전두환과 신군부 세력은 재벌 총수들을 호텔에 가두고 사업 포기 각서를 요구하기까지 했다. 그러나 이후 정부의 간섭을 축소하고 공기업 사유화 조치를 취하는 등 민간이 주도하는 경제 자유화 조치를 실행하면서 재벌 위주의 성장이 심화될 수밖에 없었다.

1987년 이전에는 정권이 재벌을 전폭 지원하고 그 대가로 '준조세'나 정치자금을 뜯어냈지만, 민주화가 되고 노동조합의 요구가 거세지자 그러한 정치적 보호막이 사라졌다. 1988년 구자경 전경련 회장은 노골적으로 "재계는 공개적으로 정치자금을 모집해 자유시장경제를 지지하는 정당에만 자금을 지급할 것이다"라고 선포했다.[21] 그것은 정치권에 대한 부드러운 협박이었다. 김영삼 정부는 노태우 전 대통령에게 천문학적인 정치자금과 뇌물을 제공한 35명의 재벌 총수를 구속했으나 대부분 무죄로 석방했다. 당시 검찰총장은 "재벌들의 수감이 경제를 악화시킬 수 있기 때문에 관대한 조치를 취했다"고 발표했다. 그러니 재벌 기업의 문어발식 경영, 과도한 외화 차입과 과잉 투자에 대한 내부 견제력 상실, 재벌 간의 과당 경쟁으로 인한 국가경제의 혼란, 부실한 계열사 끌어안기 등 시장에서 공정한 경쟁이 실종되는 일은 계속되었다. 이러한 재벌 체제의 모순은 급기야 1997년 외환위기로 폭발하고 말았다. 수많은 기업이 도산하고 수백만의 국민이 거리로 쫓겨나는 등 국가경제가 큰 손실을 입었다.

1997년 외환위기는 구시대의 유물이 된 재벌 체제를 전면 개편해 한국 경제의 체질을 개선할 절호의 기회였다. 그런데 실제로는 그 반대의 일들이 발생했다. 재벌 기업들은 투명성 확보, 반부패, 지배 구조 개선 등을 추진하겠다고 변죽만 울리다가 슬그머니 발을 빼버렸다. 오히려 당시의 위기는 국내 경제 관료들의 주도하에 외국 자본이 한국의 금융과 기업을 헐값으로 집어먹는 기회가 되었으며 그 이후 재벌의 경제력 집중은 더 심화되었다.

전 지구적 무한 경쟁 시대가 열려 대기업에 힘을 더 실어주어야 한다는 주장이 거세졌다. 마침내 재벌은 국가권력을 압도하는 힘을 갖게 됐다. '기업하기 좋은 나라'를 만들어야 한다는 기업가 집단의 요구는 경제 민주화와 사회 정의라는 가치를 쉽게 제압했다. 민주화운동의 성과로 집권한 김대중·노무현 정부도 외환위기 조기 극복, 투자 촉진과 일자리 창출이라는 경제적 압박 때문에 친재벌 경제 정책을 펼수밖에 없었다. 특히 노무현 정부는 국정 목표로 '국민소득 2만 달러 시대'를 제창했는데, 이는 삼성경제연구소의 의제를 그대로 받아들인 것이었다. 개방화, 선진화, 유연화 등 재벌 대기업의 요구는 성장과 분배의 선순환을 추구하고자 했던 두 민주정부 위에 군림했으며, 성장주의 담론을 지속시켰다.

결국 2000년대 이후 살아남은 재벌들의 경제력은 더 커졌고, 개방된 세계 경제 질서하에서 국가는 더 이상 그들을 통제할 수 없게 되었다. 대우 등 일부 대기업이 부도 처리되기도 했으나 살아남은 재벌 대기업의 시장 독점, 의사결정의 폐쇄성과 경영권 세습, 중소기업과의 수직적인 관계는 더욱 심화되었다.

한편 외환위기 이후 주식시장 개방으로 재벌 주식의 반 이상을 외국인이 소유하게 되었다. 현재 삼성전자 직원의 60퍼센트 이상이 해외 공장에서 일하는 외국인이며, 2013년 삼성전자 총투자의 90퍼센트 이상이 해외에서 이루어졌다. 주식도 대부분 외국인이 소유하고 있으니, 사실상 삼성전자를 한국 기업이라 부를 수 없게 되었다. 그런데 주식의 3퍼센트 정도만 소유한 이건희 회장과 이재용 부회장 일가가 100퍼센트의 경영권을 행사하는 어이없는 일이 계속되고 있다.

2000년대 들어서 한국은 정치권력, 입법부, 사법부는 물론 검찰과 영향력 있는 언론 등 사회의 모든 부분이 소수 재벌의 입김에 흔들리는 '재벌공화국'이 되었다. 30대 재벌은 한국 기업들의 총 매출액의 40퍼센트를, 그들의 자산 규모는 국내총생산의 95퍼센트를 차지하게 되었다. 그중에서도 삼성·현대·LG·SK 등의 4대 재벌의 자산은 국내총생산의 거의 절반인 900조를 넘어서게 되었고, 대상을 10대 그룹으로 확대하면 70퍼센트에 육박한다.[22]

자본주의 사회에서 경제력은 곧 정치·사회적 지배력을 의미한다. 1997년 외환위기 이후 한국은 대기업이 입법·사법·행정부 위에서 그림자 정부 역할을 하는 '기업사회'로 변했다.[23] 한국의 재벌 대기업은 국가경제를 책임지고 있다는 명분 아래 무소불위의 힘을 휘두르게 되었다. 정부는 물론 검찰과 법원까지 나서서 경제 회복과 국가 경쟁력 강화라는 명분을 내세우며 명백한 경제범죄를 저지른 기업 총수의 기소에 비판적인 의견을 내거나, 집행유예를 선고하여 곧바로 풀어 준다. 오늘날 재벌 대기업은 수많은 하청기업, 자영업자와 피고용자의 생사여탈권을 쥔 권력이 되었지만 정부는 그들을 거의 통제하지 못한다.

자본주의나 시장경제가 초래하는 빈부 격차와 불평등을 교정하는 가장 강력한 수단은 노동조합과 진보정당이다. 그러나 한국의 노조 조직률은 10퍼센트에 불과하다. 2020년 5월 삼성의 이재용 부회장이 앞으로 노조를 허용하겠다고 발표했지만, 삼성 등 일부 재벌 대기업 집단이 여전히 무노조주의를 고집하고 있다. 이런 상황에서 노조는 사용자의 권한을 견제할 힘이 거의 없고, 좌익과 동일시되어 언제나 탄압의 대상이 된다. 한국의 정당 정치에서 야당은 반공 보수의 합의구조 안에서 권력을 여당과 나누어 갖는 성격이 강하기 때문에 경제나 재벌 문제에 있어서 여야의 생각은 거의 다르지 않다.

전경련이나 그 산하의 연구기관인 자유기업원은 '시장경제'의 원칙을 강조한다. 그러나 재벌 체제하의 시장주의는 더 심한 독점 상태를 초래할 수밖에 없었고, 이를 막기 위해 설립된 공정거래위원회 등 정부기관은 거의 무력화되었다. 국가권력과 재벌 간의 힘의 관계가 역전된 마당에 국가가 신자유주의 원리에 따라 경제활동에 대한 규제를 완화하면, 시장의 강자인 재벌 대기업의 시장 장악력은 더 커진다.

) 재벌공화국의 모순 (

헌법 제1조에는 "대한민국은 민주공화국"이라고 되어 있다. 가장 막강한 조직인 재벌 기업의 경영권이 특정 일가에 독점 세습되고, 그 기업권력이 국민의 정치적 대표자들을 무력화하며 법 위에 군림하는 나라를 민주공화국이라 부를 수 있을까?

맥아더가 일본의 재벌을 해체하려 할 때 일본에서도 강력한 저항이 있었지만, 재벌 해체가 일본 재건의 일등 공신인 것은 사실이다. 이후 일본은 경제 민주화를 실현해 고도성장을 이끌었다. 재벌 총수 일가가 사라져도 대기업이 사라지는 것은 아니고 재벌 기업이 곧 일본인 것도 아니었다. 그런데 한국 사람들은 여전히 재벌을 움직이는 특정 가족을 재벌 기업 자체와 동일시하고, 재벌 기업이 곧 국가라고 생각하는 경향이 있다. 그들은 전체 고용 인구의 8퍼센트를 차지할 뿐이고, 외환위기 이후 실제 주식의 대부분을 외국인이 소유하고 있지만, 한국인은 여전히 삼성 등 주요 재벌을 '한국 기업'이라고 생각한다.

재벌 총수의 자리를 세습한 이는 전근대 시절의 황제와 같은 초법적인 지위를 갖게 된다. "2대는 동업자이지만, 3대는 황태자"라는 말도 있듯이, 세습은 권력을 절대화하기 때문에 그 조직이 큰 실패를 해도 그에게 책임을 물을 방법이 없다.

황제가 있는 곳에는 노예가 있을 수밖에 없다. 이런 재벌 기업들이 국가경제를 좌우하고 있으니, 온 국민이 이 세습 권력에 운명을 맡긴 셈이다. 재벌의 세습 권력은 법도 국회도 행정부도 그 아래에 두고, 재벌 기업의 광고비도 먹고사는 언론사, 재벌의 소송을 내리하는 내형 로펌, 장차 이런 로펌에 재취업할 기대를 갖고 있는 고위 경제 관료와 판검사, 재벌의 연구비를 받는 교수, 그리고 재벌이 국가이며 재벌의 성공이 자신의 성공이라고 생각하는 국민 일반을 노예화시킨다.

> 왕이 없는 공화정 체제에서 살아가고 있지만 이건희 가족은 이미 왕족과 다름 없다. 왕족의 권력은 선거를 통해 나오지 않는다. 능력과도 별 상관이 없다. 오직 핏줄에 의해 결정된다. 그래서 이건희 집안과 혼사를 맺어 피를 섞는 경쟁도 치열하다.[24]

김대중 정부는 1071개의 가명·차명 계좌를 이용한 탈세로 실형을 선고받은 홍석현 중앙일보 회장을 사면 복권시켜주었다. 이명박 대통령은 탈세로 대법원에서 실형이 확정된 방상훈 조선일보 사장 등을 사면 복권시켜주었다. 정치권력은 선거를 통해 교체할 수 있지만, 재벌 및 그들과 혼맥으로 얽혀 있는 언론사 사주들은 기업권력을 세습한다. 그러니 누가 대통령이 되든지 혈족 집단이 장악한 신문사와 그 사주들을 두려워할 수밖에 없다.

2000년대 이후 우리는 황제와 노예가 공존하는 풍경을 언론을 통해 자주 듣고 볼 수 있었다. 한 재벌 총수는 등기이사인 임원을 이사회를 거치지 않고 해임하라고 손가락으로 지목했다. 재벌 기업의 이사회에서 총수의 뜻에 반하는 의사결정을 한 경우는 1퍼센트도 안 된다. 총수 일가가 직원들이 보는 앞에서 임원에게 모욕을 주거나 심지어 구타를 하기도 한다. 배임 혐의로 구속된 재벌 총수는 거의 무죄 석방되거나 사면 복권되었다. 2010년부터 2012년까지 중대 재해가 발생한 사업장에서 「산업안전보건법」 위반으로 송치되어 처리된 2045건 중 기업주나 임원이 징역형을 받은 것은 62건으로 0.03퍼센트에 불과하고, 그나마도 실형은 없었다. 2013~17년 사이의 「산업안전보건법」 위반 사건 판결 가운데 노동자가 사망한 사건은 1138건(전체의 66.4퍼센트)이었는데, 피고인의 평균 징역 기간은 10.9개월, 금고 기간은 9.9개월에 불과했다. 그나마도 징역·금고형을 받은 경우가 매우 드물어 전체 위반 사건의 2.9퍼센트에 그쳤다.[25] 특권층에게 적용되는 법과 일반인에게 적용되는 법이 다른 사회가 바로 신분사회다. 오늘날 인구의 대다수가 피고용자로 살아가는 자본주의 국가에서 시민의 대부분은 일생의 많은 시간을 기업의 종업원으로 보낸다. 기업 내 종업원으로서의 존재는 4, 5년에 한 번 열리는 선거에서 유권자로서의 지위보다 한국인들의 의식과 행동에 훨씬 강력한 영향을 미친다. 1년 365일을 기업 종업원으로 살거나 불안정한 취업 혹은 실업 상태에 놓인 채 사실상 '시민'으로서 생각하고 참여할 기회를 갖지 못하는 사람들이 4, 5년 만에 오는 선거 날에 갑자기 '민주시민'이 될 수는 없는 일이다.

현재 남북한의 두 체제 내에서 가장 강력한 정치·경제권력이 세습에 의해 권력을 유지하는 어처구니없는 일이 지속되고 있다. 이 세습은 근대 이전부터 내려온 한국식 가족주의의 산물이기도 하지만, 6·25한국전쟁, 분단, 남북 대결이라는 만성적 전쟁 상황에서 생존을 위해 키워온 목표지상주의, 강자와 대세에 추종하려는 마음, 불안감 등의 결과이기도 하다.

자본주의의 폐해와 세계화된 정세 환경이 결합된 지금의 한국은 근사독재, 더 거슬러 올라가 6·25한국전쟁 전후의 극우 반공주의 시대와 연속성을 갖고 있다. 한국에서 '자유'라는 개념은 냉전 시기의 효율 지상주의와 성과지상주의, 그리고 경제만능과 인간의 도구화를 의미한다. 전경련이 운영하는 자유기업원의 '자유'는 과거 반공연맹, 지금의 자유총연맹의 '자유'와 거의 동일하다.

시민의 고발이나 노조의 활동을 죄악시하던 나라, 노동자나 사회적 약자를 대변하는 진보정당이 생존할 수 없었던 과거의 '병영국가'가 오늘에 와서는 모든 사람이 오직 종업원 혹은 고객님으로 불리는 '기업국가'로 변한 것이다. 민주화 이후 군부 엘리트가 권력권에서 탈락한 것은 의미 있는 변화였다. 하지만 실제로는 재벌이 민주화의 최대 수혜자가 되어 사실상 언론을 소유하게 되었고 법원과 검찰도 그 입김에서 자유롭지 않다는 점을 생각해보면 민주화 이후 최대의 수혜자는 재벌, 검찰, 언론이다.

유한양행을 창업한 유일한은 "기업은 개인의 사유물이 아니라 사회적 공기다. 재산은 상속할 수 있지만 경영권은 상속해서는 안 된다"라고 말했다. 경영권 상속은 사회적으로도 용납될 수 없지만 경제적으로도 성공할 수 없다고 보았기 때문이다. 경제 교과서나 실제 경제 현실을 보더라도 경제가 성숙하면 재벌 체제가 더 이상 유지될 수 없고, 3대까지 세습되는 것은 기업의 알파와 오메가인 효율성의 논리에도 맞지 않는다. 가족, 친족이라는 이유만으로 몇 사람이 경영권을 세습할 경우, 그들이 기업을 운영할 최적임자가 아닐 가능성은 갈수록 커진다. 그들은 중요한 시점에 합리적인 의사결정과 판단을 할 수가 없다. 그리고 총수 일가에 대한 견제가 거의 이루어지지 않는다면, 기업의 투자 실패, 부패나 위기를 막을 수 없다. 실제로 조직을 스스로 일군 경험이 없는 한국의 재벌 3세는 창의적이고 모험적인 사업을 개척하기보다는 손쉽게 돈을 벌 수 있는 업종으로 사업을 확장해서 영세 자영업자들을 몰락시키고 있다. 이제 편의점, 카페, 한식 뷔페, 문구점 등 골목시장까지 점령한 재벌 기업은 경제 생태계를 교란시키고, 아이들의 호주머니까지 터는 포식자가 되었다.

영국 일간지 『파이낸셜타임스Financial Times』는 2015년 7월 20일자 기사 "삼성의 구사일생으로 드러난 재벌 체제의 문제점"에서 "코리아 디스카운트는 근본적으로 한국의 불투명한 재벌 중심의 기업 지배 구조 탓"이며, 한국은 "재벌 사랑이 애국인 이상한 나라"라고 했다. 그리고 한국 기업의 주가 저평가는 재벌 체제에 기인한다고 강조했다. 한 일본 기업가는 한국 경제에 대해 다음과 같은 일침을 놓았다.

> 한국 기업의 발전은 눈부십니다. 그러나 한국엔 삼성, LG, 현대 이렇게 셋밖에 없어요. 미국, 일본엔 수백 개인데 한국에는 세 개밖에 없어요. 이래서는 젊은이에게 꿈이 없어요. 이게 일본과의 차이점입니다. 한국이 진짜 강해지려면 중소기업과 벤처기업도 대기업이 될 수 있는 나라, 그래서 대기업에 못 들어가는 젊은이에게도 기회를 주는 나라가 되어야 합니다.[26]

분명히 과거 재벌은 한국 경제 성장의 견인차였고, 여전히 국민경제와 국가 발전의 중요한 주체임이 분명하다. 그러나 이제는 중소기업과 벤처기업의 혁신을 가로막고, 노동자들의 권리와 잠재력을 점점 쇠약하는 등 경제 생태계의 건강을 해지는 커다란 걸림돌이 되었다.

8·15 이후 75년이 지난 오늘, 한국 경제는 일본을 많이 추격하긴 했지만 얼마 따라잡지 못했다. 유럽집행위원회가 2012년 각 기업들의 연구개발 규모를 기준으로 발표한 세계 R&D 2000대 기업을 보면 일본은 353개 기업이 포함된 반면 한국은 56개에 불과했다. 2012년 기준 연구개발비가 1조 원이 넘는 한국 기업은 삼성전자, LG전자, 현대자동차 등 3개에 불과한 반면 일본은 도요타, 혼다 등 29개나 있었다. 이 추세는 지금도 계속되어서, 세계적인 정보회사 톰슨로이트가 보유 특허 수 등을 기준으로 2018년에 선정한 세계 100대 기술 리더 기업에는 일본 기업은 13곳이 포함된 반면 한국 기업은 3곳 뿐이다.

경제권력을 세습하는 전근대적 조직이 21세기를 이끌어 나갈 수는 없다. 민주주의, 민권, 그리고 경제 정의를 세우지 못하면 창의와 혁신이 사라지고, 결국 경제도 파탄을 맞을 수밖에 없다.

) 노동자의 희생 위에 이룬 성장 (

박정희, 전두환 정권이 이룩한 한국의 경제 성장은 선진국에서 원료를 들여와 싼 노동력으로 물건을 만들어 다시 선진국에 수출하는 단순 조립가공형 공업화에 의해 가능했다. 양질의 노동력은 한국이 세계시장에서 비교 우위를 가진 가장 중요한 생산 요소였다. 기업은 저임금 노동력을 무한히 공급받으며 단기간에 크게 성장했다. 이처럼 한국의 경제 성장은 국가와 대기업의 유착, 노동자의 희생과 헌신 위에서 이루어졌다. 본격적인 공업화가 시작되기 전까지 한국에는 공무원과 공기업, 그리고 광산과 방직 섬유 등의 일부 대기업을 제외하면 일자리가 거의 없었다. 대부분의 도시민은 실업 빈곤 상태에 놓여 있었다.

과거 유럽의 여러 나라에서는 장인과 직인 같은 기술자들이 대량생산 방식이 도입된 후 이전의 지위를 잃고 노동자가 되었다. 반면 한국에서 노동자는 주로 농촌 지역의 인력이 도시로 이동하면서 형성되었기 때문에 단순 반복 작업에 비교적 쉽게 적응했다. 농민의 아들, 딸이었던 노동자들은 일자리를 얻어서 밥을 먹을 수 있다는 것만으로도 다행이라고 생각했다. 그들은 자신과 가족의 생존을 위해, 그리고 미래의 행복한 삶을 위해 작업장의 고통을 감내하였다. 처음 겪는 도시와 공장은 미래의 더 나은 삶을 보장해주는 약속의 땅이었다. 회사는 노동자가 임금과 복지를 통해 계층 상승 열망을 실현할 수 있고, 나아가 불합리한 노동조건의 시정을 호소할 수 있는 거의 유일한 창구였다. 그러나 노동의 대가로 받는 임금은 가족의 생계를 책임지기에는 부족했고, 부족한 생계비와 식량은 고향의 부모들이 채워주었다. 부모가 가르쳐준 '윗사람을 잘 섬기라'는 교훈은 공장 생활에 그대로 적용되었다. 이처럼 규율에 잘 적응한 훈련된 공장 노동자가 없었다면 한국의 경제 성장은 성립할 수 없었을 것이다.

노동자들은 회사의 임금 체불, 인권 침해 등 억울하고 분한 일을 겪어도 불만을 표현할 길이 없었다. 6·25한국전쟁과 반공 체제의 수립으로 좌익 및 자주적 노동조합 활동 자체가 불가능해졌기 때문에 기업은 노동비용, 즉 노동자의 불만과 저항을 해결하는 일을 전적으로 국가에 의존했다. 노동자가 회사나 사용자를 상대로 집단행동을 하는 것은 위험시되었고, 빨갱이로 지목되기도 했다. 과거 박정희 정권 시기에 한국노총 산하에 각 산업별 노조가 존재하였으나 어용노조에 가까웠다. 일부 집행부가 정책 건의 활동에 참여한 것을 제외하면 오히려 정부의 앞잡이가 되어 노조를 파괴하는 역할을 했다. 노동자가 회사에서 억울한 일을 겪어도 어용화된 노조는 그들을 대변하지 않았다. 오히려 노동자의 어려운 사정은 국가경제나 기업의 발전을 통해 해결해야 할 문제로 선전, 교육되었다.

박정희, 전두환 정권 시기의 공장에서는 강력한 군대식 규율이 작동했으며, 노동자는 규율에 무조건 복종해야 했다. 특히 1970년대에는 「외국인 투자 기업의 노동조합 및 쟁의조정에 관한 임시특례법」, 「국가보위에 관한 특별조치법」 등을 제정하여 수출산업 육성을 위해 노사 분규를 강제로 억눌렀다. 그 당시의 산업선교 목회자들이 노동조합 결성을 지원하자, 일제강점기 첩보요원 출신의 홍지영은 『산업선교는 무엇을 노리나』(1977)라는 책을 펴내 "산업선교는 공산당 간접 침투 전략"이라고 공격했다. 정부는 "도산(도시산업선교회)이 들어오면 기업이 도산한다"고 말하며 사회조직의 노조 지원을 차단하였다.[27] 노사 분규가 발생하거나 노조위원장 선거가 열릴 때마다 중앙정보부와 경찰이 직접 개입하여 민주적인 후보가 영향력을 발휘하지 못하도록 조종했다. 예를 들어 1978년의 동일방직 노동자들의 요구를 탄압한 한국노총 섬유노조 행동대의 활동은 중앙정보부 2국 경제과가 사주했다고 한다.[28]

국가는 사용자 편향 혹은 노조 억압 정책을 펴며 노동자의 땀과 노력을 거의 일방적으로 사용자 측에 유리하도록 이용했다. 1960년에서 1969년 사이에 제조업 노동자의 실질임금 상승률은 3퍼센트로, 해당 시기의 연평균 경제성장률 9퍼센트의 3분의 1, 노동생산성 상승률

13퍼센트의 4분의 1에 불과했다.[29] 국가는 각종 세제 감면, 대출 특혜, 노조 활동 통제, 수출산업에서 노조의 활동 제약, 부당노동행위 사용자에 대한 관용 등을 펼치며 기업가를 강력하게 지원했다. 그 결과로 나타난 노동 억압 체제는 상당수 노동자와 그 가족에게 다시는 회복할 수 없는 고통과 희생을 가져다주었다. 수많은 농촌 출신 청년이 불구가 되거나 폐인이 되었고, 목숨을 잃기도 했다.

"기계에는 이상이 없느냐!" 1978년 무렵 한 공장에서 노동자의 팔이 기계에 빨려 들어가 생명이 위태롭다는 보고를 들은 공장장이 제일 먼저 뱉은 말이다.[30] 사람 목숨이 기계보다 하찮게 취급되었다는 이야기다. 1987년 이전까지 한국의 노동자는 같은 수준의 경제 발전 단계에 있던 그 어느 나라보다도 낮은 임금, 빈번한 산업재해, 억압적인 노동 통제 등 열악한 조건에 신음하며 세계에서 가장 긴 시간을 일터에서 보냈다. 당시 한국의 처참한 노동 현실을 목격한 가톨릭노동청년회JOC의 조셉 카르딘Joseph Cardijn 신부는 노동자가 인간다운 대접을 받을 수 있어야 한다고 부르짖었다.

> 생명 없는 물질은 공장에서 값있는 상품이 되어 나오지만 이 세상에서 가장 고귀한 인간은 그곳에서 한갓 쓰레기로 변하고 만다. 노동자들이 그런 현실을 극복하고 하나님의 모습을 닮은 존귀한 인간으로 다시 태어나야 한다.[31]

1971년 청계천에서 분신자살한 전태일은 자신의 일기에 노동자를 생산의 도구로만 간주하고 오직 물질만을 최고로 여기는 한국의 기업가와 그늘을 비호하는 성권을 비판안 바 있나.

인간을 물질화하는 세대.

인간의 개성과 참 인간의 본능의 충족을 무시당하고,

희망의 가지를 잘린 채 존재하기 위한 대가로

물질적 가치로 전락한 인간상을 증오한다.[32]

그는 비합법적인 방식으로 생산공의 피와 땀을 갈취하는, 돈의 노예에 불과한 기업주와 그들과 한패가 되어 스스로 노예의 길에 안주하는 동료 노동자를 본 뒤, 「근로기준법」준수·충분한 휴식 시간 보장·시다공의 수당 인상 등 '인간 최소한의 요구'를 제출하고 스스로 몸을 불살랐다.

1987년 7월과 8월의 '대투쟁'은 참다못한 노동자들의 권리 선언이었다. 직전의 6월 민주화운동으로 열린 정치적 공간에서 여러 사업장의 노동자들이 노조를 결성하며 전국에서 치열한 노동운동이 전개되었다. 1987년 민주화 이후 국가의 노동 억압이 완화되기는 했으나 완전히 사라진 것은 아니다. 1989년 이후 '공안정국'이 조성되며 노동 억압 조치가 부활했다. 파업 사업장에 대한 즉각적인 공권력 투입, 노조 간부의 구속·수배 조치, 노조 연대활동 탄압, 제2의 전국 단위 노조인 전국노동조합협의회(전노협) 설립 탄압, 전국교직원노동조합(전교조)의 불법화 등 억압적 통제가 전면 부상했다. 임금 가이드라인 제도와 총액임금제처럼 분산적인 교섭의 결과로 초래된 개별 사업장 단위의 임금 인상 억제 조치도 나타났다.

그러나 이때도 대부분의 노동자는 임금과 노동 조건 개선을 사용자에게 '호소'했다. 그들의 노동운동이 처음부터 정치투쟁을 감행한 경우는 거의 없다. 즉 대투쟁 이후에도 보통의 노동자는 계급적으로 연대하거나 자신의 요구를 정치적 의제로 제기할 수 있다는 생각을 하지 않았다.[33] 많은 노동자가 노조 결성과 부당 해고 반대를 외치며 개별 사용자와 투쟁을 벌였지만, 정부는 이런 요구에도 색깔을 덧씌우고 노동자를 탄압했다. 집회가 열리면 경찰력을 투입하여 해산시켰다. 심지어 1998년 조폐공사 파업의 경우처럼 정부 관계기관이 의도적으로 파업을 유도해서 저항을 진압하려는 계획을 세우기도 했다.

오늘날에도 한국 사회는 '노동자'라는 말보다는 '근로자'라는 말을 선호한다. 한국에서 5월 1일 노동절의 공식 명칭은 근로자의 날이다. 여기에는 노동자를 권리의 주체로 보기보다는 순종적으로 일하는 사람으로 보려는 주류 지배층의 시각이 반영되어 있다. 그들은 노동 문제가 사회와 정치의 문제로 확장되거나, 노동자가 하나의 사회세력, 계급, 정당으로 발전하는 것을 차단하려 한다. 또한 노동자의 불만이 폭발하여 사회·정치적 파급력을 갖지 않도록 유지하는 것을 '질서'라고 여긴다.

'노조 순수주의'(탈정치성)의 이데올로기를 강조해온 한국의 경제성장은 노동자의 일방적인 희생 위에 이루어졌다. 노동자의 요구는 정치적 필요, 즉 성장과 안보의 논리에 의해 묵살당했다. 박정희 정권 이후 문재인 정부에 이르기까지 지속된 한국의 성장주의는 경제 성장이 복지, 특히 주택, 교육, 건강 등 개인과 가족의 모든 곤란을 해결할 수 있으리라는 것을 전제로 했다. 이 과정에서 많은 노동자들이 계층 상승을 한 것도 사실이지만 비정규직, 청년, 외국인 노동자 등 하층 노동자들이 받는 고통은 거의 날라지지 않았다.

14장
위대한 민주화운동,
왜 절반만 성공했는가?

최근 조국 법무부 장관을 둘러싼 논란은 한국 사회의 각종
모순과 과제를 상징적으로 드러냈다. 여론이 폭발한 지점은
조국 당사자보다도 자녀 교육 문제였다. (…) 논란을 계기로
586세대 비판부터 계급 갈등까지 다양한 논의가 이어지고
있다. 김 교수는 "이미 20년 전에도 386세대에 대해 비판했고
세대 문제가 없는 것은 아니지만, 새로운 이야기는 아닌
데다 운동권 출신으로 정치에 진출한 86세대 극히 일부의
이야기"라며 "거시적으로 보면 87년 민주화의 한계"로 봐야
한다고 말했다. "그 세대들이 권력을 잡았는가"보다 "그들이
왜 사회개혁을 못하는가"를 질문해야 한다는 것이다. (…)
부동산, 노동, 언론과 사법개혁 등 제2민주화를 위한 과제들은
현재로선 별 성과가 없다고 평가했다. 그는 "87년 민주화의
최대 수혜자는 결국 대기업과 사법부였다"면서 "경제적으로는
윤택해졌지만, 양극화는 더 심해지고 청년들에게 사회적
모순이 전가되면서 민주화의 성과는 빛이 바랜 상태"라고
말했다.

- 김동춘 성공회대 교수 "'제2 민주화' '87년체제 안주' 기로의 한국…
  유일하게 희망 남은 국가", 경향신문, 2019년 9월 25일.

) 민주공화국은 누가 만들었나? (

대한민국 헌법 제1조에는 "대한민국의 주권은 국민에게 있고, 모든 권력은 국민으로부터 나온다"라고 쓰여 있다. 여기에는 국민들이 선출한 사람이 국민의 요구와 입장을 대표해서 통치한다는 '민주' 혹은 '주권재민'의 개념과, 통치는 공공의 이익과 화합을 기본 원칙으로 한다는 의미가 모두 포함됐다. 만약 국민 중에서 특정 계층, 직업, 학교, 지역 출신만 선출된다면, 선출된 권력자들이 공공의 이익보다는 '특별한 국민'의 이익을 위해 일한다면, 선출되지 않은 권력인 재벌, 사법부와 행정부 등이 선출된 권력인 국회와 대통령을 압도하고 다수의 국민이 절실하게 요구하는 것에 귀를 기울이지 않는다면, 그런 나라를 민주공화국이라 부를 수 있을까?

현재 우리나라 국회의원과 관료의 구성을 보면 특정 직업 출신(판검사나 변호사), 특정 대학 졸업자(이전까지 서울대, 이명박 정권의 고려대, 박근혜 정권의 성균관대), 특정 지역 출신(영남), 특정 종교의 신자(개신교)가 압도적으로 많다. 재벌 기업과 부자들의 힘이나 발언권이 대다수 가난한 사람들과는 비교할 수 없을 정도로 세다. 검찰은 권력의 입맛에 따라 수사권을 행사해왔다. 과거나 현재나 부자와 권력자들에게 불편한 내용을 보도하는 언론은 거의 없고, 비판적 입장을 가진 사람은 언론에 등장하기 어려워 대중에게 그의 발언과 행동이 알려지지 않는다. 경제 관료, 전문가, 지식인, 대학 교수들 중에는 미국 유학파가 압도적으로 많다.

헌법상이 민주공화국을 실제로 건설하자고 주장하고, 그것을 위해서 자신을 희생한 이들은 역대 대통령이나 권력자들이 아니라 바로 민주화운동 세력이었다. 그들은 4·19 이후 1987년 6월항쟁을 거치며 지금까지 민주화와 사회 정의를 위해 투쟁해왔다. 그들은 민주주의의 기본이자 핵심 원칙인 국민주권이 제대로 발휘되지 않는 현실을 비판했다. 이승만·박정희 대통령이 위협·대리 투표·사전 투표·공개 투표·개표 조작·체육관 선거로 당선된 사실을 비판하였고 국민의 의사로 대통령을 뽑자고 주장했다. 민주 진영의 주장처럼 이승만의 1948년 5·10총선거와 1960년 3·15부정선거, 박정희의 1971년 대선, 1972년「유신헌법」통과를 묻는 국민투표 등 짧은 대한민국사의 곳곳이 부정선거로 얼룩졌다.

엄혹한 반공 독재하에서 그나마 사회적 발언권을 가진 세력은 지식인과 대학생들이었다. 1987년 이전까지 비판의 목소리가 나온 공간은 주로 대학과 교회였다. 야당조차도 제 목소리를 낼 수 없었던 한국 사회에서 대학생과 재야 지식인과 목회자들이 대중의 고통과 분노를 대변했다. 박정희·전두환 정권에게 진짜 적은 북한이 아니라 학생운동이었을 정도로 대학생은 1987년 이전까지 정치 변화의 주역이었고 시대의 양심이었다.

1970년대부터 1980년대 중반까지 민주화운동 관련 수형자들의 직업별 분포를 살펴보자. 1970년에서 1979년 사이에는 전체 수형자 2704명 중에서 학생과 청년이 1197명이고 노동·농업 관련자가 242명이며, 성직자가 82명이고 종교단체 종사자 50명, 언론인·문인이 82명, 회사원·연구원 70명, 교직이 52명, 빈민이 43명이다. 학생·청년·성직자·언론인·문인·교직자를 모두 지식인의 범주에 넣는다면

1970년대 민주화운동은 지식인과 준지식인인 학생들에 의해 추동됐다고 볼 수 있다. 노동자, 농민, 빈민 등 민중 세력의 비중은 적어도 구속자 수에서는 10퍼센트를 넘지 않았다. 1980년에서 1985년 사이에는 전체 구속자 3291명 중에서 학생과 청년이 1981명, 성직자가 6명, 종교단체 종사자 23명, 언론인·문인이 35명, 교직이 53명 등을 차지했고 노동·농업이 490명을 차지했다. 학생·청년의 비중이 여전히 높기는 하지만 1970년대에 비해서는 민중 세력의 비중이 약간 증가했다.[1]

학생, 지식인의 정치 참여는 조선조 이래의 오랜 전통이다. 지식인 지배자(관료, 선비 등)와 저항 지식인(성균관 유생, 재야 학자 등)의 대립은 조선 초기부터 존재했는데, 학생들이 시위하고 청원하는 방식으로 정치에 참여하는 '선비 정신'의 전통이 현대까지 지속되는 나라는 한국이 유일하다.[2] 이는 '백성'을 정치에서 완전히 배제하고 그들에게는 오직 생업에 종사하기만을 요구하면서 정치는 군자, 즉 교육받은 사람들의 독점적인 일로 보는 유교 문화의 영향일지도 모른다. 백성들은 극한 상황에 몰린 예외적인 경우를 제외하고는 자신의 불만과 정치적인 의견을 권력자 혹은 그 반대편에 선 '저항 지식인'에게 위임해왔다. 저항 지식인은 자신이 세상일에 참여하지 않으면 안 된다는 사명감과 도덕적 의무감을 가졌다.

1960년대부터 1990년대 초까지 대학 캠퍼스와 일부 개혁적인 목회자가 일하는 교회가 저항의 거점 역할을 했다. 그 이유는 두 공간이 사상이나 이념과 무관하게 '순수한 입장'에서 세상의 잘못을 고발하고 비판할 수 있는 곳으로 간주되었기 때문이다. 학생과 목회자, 지식인들은 고등교육을 받았다는 공통점을 갖고 있으며, 사적 '이해관계'보다는 '도덕적 명분'에 따라 움직일 것이라는 기대를 받았다. 이들은 대한민국의 정당성을 근본적으로 의문시하는 반체제 민족주의나 노동자의 이익을 옹호하는 계급투쟁 노선을 갖고 있다는 이유로 가혹한 탄압을 받았다. 분단과 준전쟁 체제하의 한국에서는 단순한 민주화운동도 반체제운동으로 몰렸다.

1980년 민주화의 봄과 5·18민주화운동 당시 계엄군이 물러간 광주에서 시민들은 애국가를 부르고 태극기를 흔들었다. 그들에게 공수부대와의 전투는 '가짜 애국'에 맞서는 '진짜 애국'이라는 의미였고, 저항하는 시민군의 행동은 헌법상 공화국의 주체임을 자임하는 것이기도 했다. 5·18 당시 계엄군에게 포위된 상태에서 5월 22일부터 27일까지 시민군이 만들어낸 광주의 공동체와 그들의 희생은 한국 민주화운동의 정신적인 안식처이자 부끄러움을 주는 원천이었다.

1987년 6월항쟁 당시의 구호인 "민주헌법 쟁취"와 2008년 촛불 시위의 "대한민국은 민주공화국이다"라는 구호는 대한민국의 헌법 정신이 권력에 저항하는 대중에게 있다는 선언이기도 했다. 1980년대에 사회주의를 지지하는 체제 비판적인 학생과 지식인 그룹이 있긴 했지만, 대중적 시위는 대체로 자유민주주의 헌법 정신의 틀을 벗어나지 않았다. 냉전과 반공주의의 정치적 지배 구조는 정의와 평등주의, 사회주의적인 구호나 이념이 시민사회 영역과 언론·학술 영역에서 거론되는 것조차 엄격히 막았기 때문이다.

유신 시절이나 광주 민주화운동, 그리고 제5공화국하에서 민주화운동에 가담한 사람들은 자신에게 닥칠 위험과 불이익을 각오해야 했다. 그들이 편협한 이데올로기를 고수하거나 정치 상황을 잘못 판단했을 수는 있으나, 공공적 대의에 헌신하고 국가와 사회의 이상을 자신의 안위보다 위에 둔 것은 틀림없는 사실이다. 한국의 민주화운동 세력에게는 자유, 민주주의, 정의에 기초를 둔 정상국가를 세우자는 정신이 있었다. 그들은 일제강점기의 민족자주 통일운동, 민권운동, 정의수립운동의 후계자였다. 그러나 그들에게는 군사력과 경찰력을 앞세운 정권을 무너뜨릴 힘은 있었지만, 새로운 국가와 새로운 질서를 세울 수 있는 역량은 없었다. 그들은 마땅히 국민의 존경을 받아야 하는 존재들이지만, 실제로는 국가, 정권, 이웃과 가족으로부터 소외를 당하고 희생과 고통을 감당해야 했다.

) 시민사회와 최초의 야당 집권 (

1987년 6월항쟁으로 27년간의 군부 통치가 마침내 막을 내렸다. 6·29선언으로 헌법상의 자유민주주의가 보장되었으며, 선거에 의한 정권 교체의 길이 열렸고, 삼권분립, 노조 설립 자유화, 법의 지배, 언론 자유의 기준이 마련됐다. 6월항쟁은 한국 민주주의의 길에서 가장 큰 성과를 만들어냈다. 당시의 정치적 공간에서 '87년 세력'이 형성되었고, 그들이 지금까지 시민사회운동, 제1야당과 진보정당을 통해 정치 변화를 추구해왔다. 1997년 이후 김대중·노무현 정부도 이 세력의 힘으로 수립됐다.

27년간 이어진 군사 정권은 군 출신 엘리트들, 보안사와 안기부 등이 공안기관, 검찰과 법원, 경찰 기구, 관료 조직, 우익 관변 사회단체

등에 의해 지탱됐다. 1987년 노태우의 6·29선언은 최상층의 권력 양보에 불과했고, 구세력은 새로운 방식으로 전열을 가다듬었다. 「국가보안법」이 건재하고, 의회민주주의와 책임 정치의 실현을 방해해온 공안기관(중앙정보부-안기부-국정원)이 그대로 살아남은 데다, 단순 다수 득표제의 대통령 선거와 소선거구제에 기초한 국회의원 선거가 유지되는 이상 국민의 정치적 의사가 정치에 제대로 반영되기는 어렵다. 군사 정권 기간 동안 육성된 재벌 기업, 수사정보기관, 보수적인 주류 언론, 정치 편향적인 사법·검찰·관료 기구의 긴밀한 결합 구조는 오히려 군부 퇴진 이후에 더 강화되었다.

민주화 이후 한국의 지배 질서는 학생운동이나 지식인 세력에 의해 흔들리던 취약한 상황을 벗어나 재벌 기업이 '그림자 정부'로서 막강한 힘을 휘두르는 단계로 진입했다. 그러나 과거의 학생들을 대신하는 야당이나 진보정당, 대안적 정치 세력의 성장은 지지부진했다. 1990년대 이후에는 군부와 학생 양쪽 모두가 대결의 장에서 후퇴했다. 그러자 박정희, 전두환, 신현확 등이 심어놓은 영남 출신 엘리트의 지배가 더욱 강화됐다. 1987년 대선, 1988년 총선, 1990년 3당 합당 이후 모든 선거에서 지역주의는 민주화의 진로를 제약하는 새로운 정치 구도가 됐다. 영남 패권주의 속에서 호남 출신 김대중 정권의 등장은 그의 민주화운동과 정치적 탄압의 이력에 힘입은 것으로 예외적인 일이었다. 분단과 반공이라는 지배 질서는 유신의 주역이자 멀리는 일제하 만주에서 식민 통치의 현지 대리인으로서 활동하던 박정희와 신현확의 후계자들을 민주화 이후에도 여전히 권력의 자리에 남아 있게 했다. 세계적인 탈냉전 기류에도 불구하고 한반도에 엄존하는 남북 대결 구도는 정치적 이념의 폭을 좁히고 진보정당의 의회 진출을 막았으며, 일반 대중의 정치 참여를 제한했다.

민주화 이후 노동조합의 설립이 자유로워지고, 노동운동이 사회운동의 전면에 등장했다. 1987년 이전의 노동운동은 학생과 지식인이 주도한 민주화운동이라는 성격을 갖고 있었지만, 1987년 이후에는 노조 결성을 통한 일터에서의 민주화운동, 노동·인권운동, 임금 인상을 통한 분배정의 실현 운동의 양상으로 변화했다. 특히 약자의 자기 방어와 집단 이익을 추구하는 동시에 사회권력의 불균형을 시정하려는 목적의 노동운동은 1987년 7~9월 대투쟁 이후 본격화됐다. 처음에는 일터 단위의 지배 구조 개혁과 노조 인정을 위한 투쟁에서 시작해서 점차 초보적인 형태의 사회적 시민권을 확보하기 위한 투쟁으로 전개됐다. 그러나 1997년 외환위기와 신자유주의 구조조정에 직접 노출되면서 노조는 성장의 과실을 얻기도 전에 크게 약화됐다. 기업 단위의 조직 체계를 바탕으로 한 한국의 노동운동은 회사 내 조합원의 이익 실현에만 주로 관심을 두어 정치·사회적 힘을 가진 세력으로 성장하지 못했다. 이것이 2004년 국회에서 10석을 차지하면서 기대를 모았던 민주노동당 등 진보정당이 좌절하게 된 하나의 배경이다.

1980년대 말에서 1990년대 초반까지는 1945년 '해방 정국' 이후에 잠시 나타났다가 한국전쟁을 거치면서 위축, 소멸했던 '시민사회'의 팽창기라 할 수 있다. 절차적 민주주의의 제도화와 물질적 조건의 향상은 1987년까지 반복되었던 '분노의 폭발', 급진적 지식인들의 '혁명' 노선이 설득력을 가질 수 없게 만들었다. 정치적 민주화가 일정 정도 성취되고 저항자들도 제도적이고 합법적인 방법에 호소하자, 징부도 공안기관이나 경찰력보다는 언론과 사법을 통한 질서 유지에 더 무게를 두었다.

지역운동도 대단히 활발해졌다. 대학생은 정치적 사회운동의 주체로서의 지위를 상실했고 목회자, 교수, 언론인, 문인 등의 지식인은 점차 제도권 안으로 흡수됐다. 대신 페미니즘이나 환경운동 같은 새로운 가치를 지향하는 움직임이 본격적으로 등장했다. 그중에는 지방자치 단위의 시민참여운동, 환경운동 등과 같이 지역 단위의 시민권력을 창출하기 위한 것도 있고, 대안교육운동, 협동조합운동, 공동체운동과 같이 새로운 질서를 지향하는 것도 있다.

한국의 산업화가 압축적이었던 것처럼 1987년 이후 정치·경제적 변화도 압축적이었다. 가장 중요한 계기는 세계화의 물결과 1997년 외환위기 전후 심화된 양극화와 불평등이었다. 이 기간 동안에 과거 민주화운동가와 사회운동 지도자들이 대거 제1야당으로 흡수되었으나, 대체로 개인 입당과 수혈의 형태로 들어갔기 때문에 대부분이 자신의 정치적 생존을 위해 제도권 정치인으로 변신했다. 그런 변화는 그들에게 정치 개혁을 기대하던 사람들에게 실망을 주었다. 결국 반공보수의 헤게모니는 흔들리지 않았고, 제1야당은 호남의 거의 일방적인 지지를 받아왔기 때문에 별다른 정책 대안을 제시하지 않고서도 정치 생명을 유지할 수 있었다.

물론 김대중 정부는 남북 화해와 평화 통일의 기반 조성이라는 큰 족적을 남겼고, 노무현 정부는 지역주의 극복, 탈권위주의, 인권 보장, 과거사 정리 등에서 매우 훌륭한 업적을 남겼다. 그러나 집권 시기가 1997년 경제 위기 이후 본격적인 신자유주의적 구조조정이 시작된 시점과 일치하는 바람에 이들의 정치 개혁은 신자유주의 경제 정책과 양극화에 의해 빛이 바랬다. 이들 정권에서 수행한 구민주화 세력의 국가 경영 실험은 강고한 반공보수와 연합한 신자유주의, 신보수의 공세에 무너졌다.

한편 1987년 노동자 대투쟁 이후 활발히 조직된 노동운동 세력도 중요한 사회·정치적 주체로 등장하지 못했다. 한국이 복지국가로 나아가는 데는 여러 가지 걸림돌이 있지만, 무엇보다 조직노동이 기업별 노조의 양상을 띠며, 대규모 사업장 노조가 사회복지에 무관심하다는 것이 가장 중요한 원인이다. 기업별 노조는 기업 단위의 임금 인상에 몰두하거나 기업복지에 만족하기 때문에 노동자 일반의 연대를 조직하는 데 무관심해지기 쉽다. 이처럼 김대중·노무현 정권이 표방한 진보적 자유주의나 민족화합 정책은 그것을 뒷받침할 수 있는 사회 세력이 취약하다는 한계에 부딪혔다. 그 결과로 이명박·박근혜 정권이 등장했고, 퇴행적인 정치 행태가 부활했다.

한국의 '87년 체제', 즉 정치적 민주화를 내용으로 하는 정치 변동은 거의 일단락됐다. 경제권력이 정치권력을 압도하는 세상에서 민주화라는 담론이나 구호로는 더 이상 개혁의 미래와 전망을 담을 수 없다. 1987년 민주화를 주도한 세력이 국가나 사회를 이끌어갈 지도력을 거의 상실했다는 의미다. 노동운동의 보수화, 시민운동의 약화, 제1야당의 무력화와 진보정당의 존재감 상실이 이를 드러낸다. 2014년 4·16 세월호 침몰이 대참사가 되고 큰 사건으로 발전한 것도 재난사고조차 제대로 처리할 수 없는 국가·사회·정당의 총체적 무능력과 직무에기 때문이다. 한국이 직면한 경제·사회적 위기는 단순히 어야의 정권 교체만으로는 해결될 수 없다는 사실이 분명해지고 있다.

물론 20세기 후반 한국인들이 가장 능동적인 역사의 주체로서 국제사회에 위상을 드높인 일은 바로 민주화운동이었다. 그것은 권력의 부패와 세상의 타락을 막을 수 있는 소금이었고 한국인의 위대함을 온 세상에 떨친 일이었다. 그러나 민주화의 성과가 1997년 외환위기 이후 본격화된 탈산업 사회의 여러 징후들, 즉 세계화·시장개방·신자유주의·구조조정·노동시장 유연화 등으로 인한 경제·사회적 불평등의 심화를 막을 수는 없었다. 김대중·노무현의 집권은 큰 역사적 의의를 가진 것이었으나 대외적으로는 세계화와 신자유주의의 압박, 국내에서는 분단과 개발독재의 적자인 재벌 대기업과 보수 언론의 공격으로 힘을 잃었다.

유럽, 미국, 러시아와 중국, 그리고 남미의 여러 나라에서 신우익 포퓰리즘 정권이 탄생해서 민주주의가 크게 흔들리는 오늘의 사정에 비추어보면 2016~17년의 촛불 시위와 문재인 정부의 등장은 정말 다행스러운 일이다. 전 세계에 코로나19로 인한 팬데믹이 불어닥친 상황에서 한국이 전염병으로 인한 사회적 재난의 주요 성공 사례로 거론되는 것은 바로 정부에 대한 국민의 신뢰와 협조가 있었기 때문일 것이다. 그러나 개혁정부의 등장을 '좌파'로 낙인 찍은 기독교 보수주의, 보수 언론, 검찰, 의사 등의 반발은 김대중, 노무현 정부 당시보다 훨씬 강력해졌다. 일제 식민지 지배를 노골적으로 찬양하는 『반일 종족주의』같은 책자가 선풍을 일으킨 것도 그것의 한 징후라 할 수 있을 것이다.

15장
일본에서의
『반일 종족주의』
선풍을 보면서

"일제는 조선을 수탈하지 않았다", "일본군 '위안부'들은
성노예가 아니었다"는 주장을 담은 『반일 종족주의』
저자에게 달걀을 던진 백은종 『서울의 소리』 대표에게
벌금형이 선고됐다. 서울중앙지법 형사24단독 이기흥
판사는 이우연 낙성대경제연구소 연구위원에게 달걀을 던져
가슴에 맞혀 폭행 혐의로 기소된 백 대표에게 벌금 250만
원을 선고했다고 19일 밝혔다. 사건은 지난 1월 8일 서울
종로구 옛 일본대사관 앞에서 열린 '일본군 성노예제 문제
해결을 위한 정기 수요시위'에서 벌어졌다. 당시 이 위원은
수요시위 현장 근처에서 '소녀상 철거 및 수요시위 중단'을
촉구하는 보수단체 집회에 매주 참가하고 있었다. 이를 지켜본
백 대표가 집회 현장을 찾아가 "일본은 우리의 친구이자
동맹입니다"라는 펼침막을 들고 있던 이 위원에게 "역사를
왜곡하고 있다"며 달걀을 던졌고, 현장에서 경찰에 연행됐다.

• 반일 종족주의 저자에 달걀 공격⋯폭행죄 벌금형 선고,
  한겨레신문, 2020년 7월 19일.

) 거울에 비친 한일 양국의 우익 (

이영훈 등이 집필한 『반일 종족주의』가 한국의 모든 서점과 일본 아마존에서 베스트셀러 1위가 되고, 이영훈은 일본 언론과 기자회견까지 했다. 지금까지 한국에서 '친일파'로 지목되는 것은 심한 모욕이었는데, 이들은 공개적으로 '친일파'를 선언한 셈이다. 노무현 정부 이후 본격적으로 등장한 뉴라이트 집단은 한국의 교과서가 자학사관에 기초해 있다는 전제하에 '교과서 포럼'을 창립하였고, 이후 박근혜 정부에서는 이들이 주도해서 집필한 『고등학교 한국사 교과서』(교학사)가 검정을 통과하기도 했다. 문재인 정부 이후 이영훈 등은 유튜브에 '이승만TV' 채널을 개설하고 위안부 시리즈 등의 강연에 일본어 자막을 달아 제작하였는데, 일본에서의 조회수가 한국 조회수보다 높았다. 한일 양국의 우익 세력이 연대하며, 특히 일본과 한국에서 등장한 넷우익과 결부되어 한국에서는 물론 일본에서까지 『반일 종족주의』 선풍이 분 것이다.

한국에서 뉴라이트의 등장은 1990년대 일본의 '새로운 역사교과서를 만드는 모임'(이하 '새역모') 같은 역사수정주의운동과 궤도를 같이한다. 그들이 말하는 '자학사관'이란 식민지 역사, 국가 폭력과 학살, 독재와 파시즘을 반성했던 그 전의 경향을 좌파 사관이라 비판하면서 난징대학살 등 일본의 전쟁범죄를 아예 부인하고 침략주의를 미화 찬양하며, 반인권, 반복지를 노골적으로 내세운다는 점에서 일본의 그것과 동일하다.[1] 그동안 한국의 뉴라이트 집단은 일제 식민지 지배의 합법성까지 주장하지는 않았으나, 『반일 종족주의』를 통해 과거의 식민지 근대화론을 훨씬 넘어서서 식민지 지배의 강압성과 폭력성을 부정하는 데에 이르렀다. 이들은 1905년 전후 일본의 조선 병합을 청원한 일진회, 1930년대 이후 일본의 조선 지배와 태평양전쟁 개전 이후의 전쟁범죄를 찬양한 친일 부역 세력 이후 세 번째 등장한 한국의 공개적인 '친일파'이다.

뉴라이트의 등장이 일본에서는 탈냉전, 중국의 부상, 동아시아의 정치적 격변 과정에서 위기에 몰린 극우파의 반격이라는 성격을 갖고 있다면, 한국에서는 민주화 이후 위기에 몰린 구 냉전/친독재 세력이 신자유주의 논리와 결합하여 역공을 편 것으로 볼 수 있다. 일본과 한국에서 극우파가 다시 등장한 현상은 1930년대 말 태평양전쟁 시기에 일본과 중국, 조선에서 극우 파시즘이 몰아쳤던 상황과 유사하다. 한일 양국의 뉴라이트의 논리에는 국가주의, 권위주의, 인종주의, 가부장주의와 같은 전통적 극우 논리에 작은 정부, 시장만능주의 같은 신자유주의 논리가 추가되어 있다. 이들은 자신의 정치 노선을 정당화하기 위해 역사를 동원한다. 명백하게 입증된 사실을 부인하거나 단편적 사실을 침소봉대하고, 한국의 대중이나 지식 사회의 민족주의 경향을 과장하여 '종족주의'라는 유사 인종주의적 혐오 발언을 쏟아내기에 이르렀다.

해리 해리스Harry B. Harris 주한 미국대사가 "문재인 대통령이 종북 좌파에 둘러싸여 있다는 보도가 있다"는 언급을 한 이후 일본 외교관도 여당 의원을 만나 같은 발언을 했다는 보도가 있었다.[2] 특히 일본의 우익 언론들은 문재인 정부는 친북 좌파 정권이며, 문재인 대통령이 좌파들에게 둘러싸여 있어서 한국 정부가 강력한 반일 정책을 펼치는 것이라고 연일 보도한다. 일본인 가운데 정말 이렇게 생각하는 사람들이 있다면 그들은 민주화 이후 한국의 변화를 전혀 알지 못할뿐더러 우익 언론의 선동에 속고 있는 것이다. 『반일 종족주의』를 읽은 많은 일본인이 다수의 한국인과 한국 학자를 여전히 샤머니즘과 무지몽매한 '종족 민족주의'에 사로잡혀 일본에 사죄나 배상을 하라고 떼쓰는 '시끄럽게 구는 꼬마'로 여긴다면, 이 역시 한국 정치나 사회를 제대로 알지 못하고 일부 정치인과 지식인에게 속고 있는 것이다.

나는 보통의 일본인이 갖고 있는 한국에 대한 시각은 1990년대 이후 일본 국가가 우경화되면서 주류 미디어에 의해 크게 굴절된 결과라고 생각한다. 필자는 앞에서 한국 근현대사와 한일, 한미 관계에 대한 한국인의 지식과 시각이 30년간의 군사독재와 70년간의 냉전 체제하의 교육 제도의 영향으로 크게 왜곡되어 있다는 문제의식에서 출발하였다. 한국과 일본의 보통 사람들이 역사와 현실을 보는 시각이 이렇게 굴절된 이유는 전후 독일과 달리 동아시아에서는 식민지 과거를 제대로 청산하지 않은 채 미국 주도의 전후 샌프란시스코 체제(1952~)가 지금까지 유지되고 있기 때문이다. 동시에 일본에서는 전쟁범죄 세력을 포함한 우익이, 그리고 한국에서는 일제 말 식민지 파시즘에 부역한 세력이 반공 체제의 기둥으로 옷을 바꿔 입고 주류로 행세해왔기 때문이다. 잘못된 정치는 국민을 오도하고, 오도된 국민의 의식은 잘못된 정치권력을 유지시킨다. 일본의 전쟁범죄자나 극우 세력은 일본이 과거에 저지른 잘못을 제대로 인정하지도 않았고, 아래 세대에게 가르치지도 않았다. 한국의 보수 우익 세력 역시 자라나는 세대에게 식민지 과거사를 제대로 가르치지 않았고, 특히 6·25한국전쟁 시기에 한국의 군과 경찰이 저지른 학살과 군사독재하의 인권 침해 사실을 감추는 데 급급했다.

즉 한일 양국의 시민들은 동아시아 침략사와 지배사, 한국전쟁사, 미국의 동아시아 전략 등에 대해 제대로 교육받지 못했다. 독일의 앙겔라 메르켈Angela Merkel 총리는 아우슈비츠 수용소에 가서 "과거에 대해 사죄하는 것은 독일 국가 정체성의 일부다"[3]라고 말하며 독일 국가의 사상과 정체성을 표현했다. 반면 일본 우익과 아베 정권은 식민지 과거를 부인하는 방식으로, 한국의 박정희·전두환·이명박·박근혜 정권은 친일·친미 노선을 구가하는 방식으로 각자의 반민주적 국가 정체성을 표현해왔다고 말할 수 있을 것이다.

많은 한국인은 독일과 일본을 비교하며 "왜 일본은 독일처럼 과거를 정리하지 못하고 부인으로 일관하는가?"라고 묻는다. 여기에 대해 민족성 같은 초역사적 개념을 가져와 일본의 태도를 설명할 필요는 없다. 1945년 이후 미국의 대일 정책과 동아시아 정책, 즉 식민지 지배에 면죄부를 주고 천황제를 그대로 유지한 정책이 낳은 역사와 68혁명을 거치며 과거사를 정리한 독일을 포함한 유럽의 역사에 그 답이 있다. 동아시아가 겪어온 현대는 유럽이 겪은 현대와 크게 달랐다는 점에 주목해야 한다.

1905년 「가쓰라테프트조약」 이후 동아시아에서 일본은 언제나 미국의 우군이었고 과거 제국주의 진영의 중요한 파트너였다. 반면 한국은 일본과는 격이 다른 단순한 식민지, 혹은 부차적인 파트너였을 따름이다. 20세기의 세계사는 제국주의와 냉전을 두 축으로 진행되었으므로 아시아에서 가장 먼저 개항하고 서구화의 길로 나산 일본이 구역으로 역할을 할 수 있었다. 그래서 '명예 백인', 혹은 아시아라는 지리 공간에서 '예외적' 탈아脫亞 국가를 자임한 일본이 서구·백인의 시선으로 아시아 국가를 바라본 것도 이상한 일은 아니었다.[4] 이후 한국의 추격과 중국의 부상으로 아시아 제일의 지위가 위협받자 그에 대한 반작용으로 우익 세력의 국가주의가 위세를 떨치게 된 것이다.

한반도에 대한 일본의 식민 지배 사실을 학교에서 배우고 세대를 건너 그 경험을 들어온 한국인들이 극도의 반일 감정을 갖고 있는 것은—최소한 우호적 감정을 갖지 않는 것은—너무나 당연한 일이다. 그런데 문제는 한국의 역대 정치 세력이 그 반일 감정을 정치적으로 활용해왔다는 점이다. 일본과 독도 문제가 불거지자 헬기를 타고 독도로 날아갔던 이명박 전 대통령의 예가 대표적이다. 실제로는 미국을 의식하여 일본에게 식민지 지배에 대한 반성을 제대로 촉구하지도 못하면서 겉으로는 반일 언사를 마구 내뱉으며 일본과 긴장 관계를 조성했던 과거의 이승만도 마찬가지이다. 한국 정치가들의 반일주의 선동은 일본의 극우 정치 세력과 언론이 북한을 악마화하거나 비하하여 대중의 지지를 확보하는 것과 유사하다. 양국의 극우 세력은 사실상 국민들을 속이고 한미일 관계와 동북아의 역사에 대해 매우 굴절된 의식을 주입하는 방식으로 지난 70년간 권력을 유지해왔다. 그 결과물이 일본에서는 남북한 모든 코리안에 대한 혐오로, 한국에서는 반일주의로 나타났다고 할 수 있다.

오늘날 한국인의 의식 지층에 자리 잡고 있는 식민지 지배의 굴욕적 경험과 그 경험이 전승된 기억으로부터 나온 반일주의가 분명히 존재하지만, 대일 과거사 청산을 가로막아온 이승만, 박정희 정권이 이 반일주의 감정을 부추기거나 조장한 측면이 더 크다. 민족 감정을 조장하면서도 물밑에서는 일본의 우익 세력과 대화를 해온 역대 한국 정치 세력이 바로 『반일 종족주의』 저자들이 가장 지지하는 세력이 아닌가? 겉으로는 '반일'을 표하지만 실제로는 '친일'인 이 세력은 지난 70년간 일본 정치를 움직여온 자민당 우익 세력과 함께 미국의 전후 동아시아 냉전 정책, 즉 국제적 반공주의 틀 안에서 권력을 유지해오지 않았는가?

한국인의 반일주의는 전후 한일 관계가 탈식민주의의 궤도로 전개되었다면, 그리고 일본이 과거사를 반성하고 사죄했다면 이미 오래전에 사라졌을 수도 있다. 이것이 유지되고 강화된 가장 근본적 이유는 한국의 분단과 그 배경인 미국의 동아시아 냉전 전략, 그리고 일본의 전범과 극우 세력이 천황제의 우산 아래에서 계속 집권을 한 사실과 연관되어 있다. 동아시아의 전후 반공 체제란 곧 미국이 대소련, 대중국 방어기지로 삼기 위해 일본의 경제를 발전시키는 것이었고, 이것을 바탕으로 일본과 남한의 구 파시즘 세력, 그리고 우익 정권이 서로 연결되었다. 일제 식민지 과거를 극복하는 과제는 동아시아 반공 체제의 틀—한미일이 서로 연결된 전후 동아시아의 자본주의 경제 분업 구조—안에서 일본과 한국이 고도 성장을 하면서 실종되었다. 그 안에서 미국이 강제한 질서를 적극 수입한 한국은 식민지 지배국이자 그 과거를 부인하는 일본을 향해서만 분노를 표출할 수밖에 없었다. 이것이 한국에서 반미 대신에 오직 반일주의만 번성한 이유다.

한마디로 말해서 한국인의 반일주의는 분단의 산물이다. 만약 1945년 8월 15일 이후 일본을 섬렁한 미국이 일본을 민주적인 국가로 재편하고 독일처럼 과거사를 정리할 수 있는 새 정치 세력이 등장할 공간을 열어주었다면, 일본의 전쟁범죄자를 제대로 처벌했다면, 그리고 한반도에서 분단과 전쟁이 일어나지 않았다면, 그래서 한국 내 친일 세력을 청산할 수 있었다면 지금과 같은 정서적 반일주의는 사라졌을 수도 있다.

⟩ 한국의 민족주의는 종족주의가 아니다 ⟨

여기서는 『반일 종족주의』의 논리적 문제점 몇 가지를 지적하고자 한다.[5]

『반일 종족주의』에는 종족주의가 무엇인지에 대한 정의가 없다. 책 여러 곳에서 사용된 예를 보면 종족주의를 에스니시즘ethnicism보다는 트라이벌리즘tribalism과 유사하게 사용하는 것 같다. 이것은 과거 미국이나 유럽의 제국주의 침략의 첨병이었던 인류학자들이 식민지 지역의 원주민, 제3세계나 중국의 민족주의를 비하할 때 사용한 용어다. '서구=보편', '비서구=야만'이라는 문명론적 도식과 오리엔탈리즘의 사고가 여기에 깔려 있다. 미주에서 활동하는 한국 학자들도 가끔 한국 민족주의를 시민적 민족주의와 대비하여 혈연적 유대를 강조하는 에스닉 내셔널리즘ethnic nationalism이라고 부른다.[6]

자기 종족, 자기 민족 중심의 사고는 분명히 각 나라에서 실재한다. 종족주의 혹은 종족적 민족주의는 탈냉전 후 구소련 진영에 속했던 지역에서 전형적으로 드러난 현상이다. 이것은 사회 해체의 위기에 대한 본능적이고 방어적인 대응 방식으로 드러났고, 일부 지역에서는 폭력과 학살을 야기하였다. 특히 유고연방이 해체되었을 때 세르비아인인가, 크로아티아인인가, 보스니아인인가 하는 문제는 삶과 죽음을 구분하는 경계선이 되었다. 종족적 정체성과 유대를 강조하는 종족 민족주의는 대체로 언어, 지역, 종교와 중첩되어 있는데, 사회 내부의 위기의식을 외부의 적을 표적으로 삼아서 해소하는 반동적 양상으로 표출되었다. 이들 구 동구권 지역의 분리주의가 종족적 민족주의에 가까운데, 과거로 거슬러 올라가면 이스라엘의 시오니즘Zionism도 전형적인 종족 민족주의라 볼 수 있다.

민족이 반드시 혈연적 동질성에 기초하는 것은 아니며, 공통의 경험에서 나온 일종의 감정·정서의 공동체인 경우도 있다. 이 민족주의 정서에는 주로 구성원들이 공통으로 겪은 억압과 차별 등의 정치적 경험이 가장 중요하게 작용한다. 시오니즘은 2000년 동안 유대인들이 겪은 이주와 차별의 역사에서 생겨났다. 우리는 이 시오니즘이 이스라엘 건국의 동력으로 작용하는 동시에 팔레스타인인을 자기가 살던 땅에서 추방한 결과 중동에서 끊임없는 폭력과 갈등의 진원지가 되고 있는 장면을 목격하고 있다.

종족주의도 폭력과 학살을 불러오지만, 백인들의 인종주의가 그보다 훨씬 심각한 폭력과 학살을 불러온 역사도 널리 알려져 있다. 일부 극우 일본인들의 북한, 재일조선인에 대한 혐오도 일종의 인종주의에 가까운 것이고, 태평양전쟁 시기 일본의 군국주의와 침략주의는 전형적으로 일본인 우월주의와 인종주의에 기초한 것이었다. 태평양전쟁 시기 일본이 오족협화五族協和[7]의 기치를 내걸고, 아시아 각 민족의 서열을 매긴 것이야말로 인종주의라기보다는 종족주의에 가까운 것이다. 『반일 종족주의』의 저자들이 주장하는 것처럼, 오늘의 한국의 민족주의가 종족주의적이라면 한국인들은 같은 종족인 북한과 오히려 친밀감을 가져야 하는데 친북 정서는 한국인 중 극히 일부에만 실재한다. 한국에도 외국인 노동자들에 대한 혐오의 정서가 있으나 일본 극우 세력인 재특회(재일 특권을 용납하지 않는 시민 모임)가 재일조선인들에게 부분적으로 가하는 것처럼 혐오 감정을 폭력 행위로 표현하는 일은 매우 드물다.

즉 한국인들의 반일 정서와 반일 민족주의는 기본적으로 종족주의와 거리가 멀다. '반일 종족주의'는 실재하지 않는 허구다. 오히려 이영훈 등이 반일 종족주의의 주요 사례로 거론하는 '단군과 민족의 신화에 빠진 사람들'은 일제 식민지 시절에 항일 독립운동을 했던 이들이 아니라 일제에 협력했던 최남선 같은 지식인들이다. 1919년 3·1독립운동을 주도했던 조선인들은 선언문에서 일본에 대한 적대와 반감을 전혀 표현하지 않았고, 아시아 평화를 위해 함께 힘을 합치자고 제안했다. 일제에 가장 강하게 저항했던 사회주의 계열 항일운동가들은 일본의 지배만을 거부한 것이 아니라 그것이 한국 민중과 일본 민중을 모두 '개돼지'로 취급한다는 점을 강조했다. 『반일 종족주의』가 비판의 대상으로 삼은 신채호 같은 학자가 '강도 일본'을 죽여야 한다며 민족혁명론을 주장했으나, 그는 그것에 그치지 않고 국가나 민족을 넘어서는 자유로운 인간 세상을 꿈꿨다. 신채호는 제국주의 지배의 폭력과 강압에 대한 민족주의적 저항이야말로 자유와 민주로 가는 관문이라고 생각했고, 민족의 자주권을 인정하지 않는 어떤 문명과 근대의 논리도 지지할 수 없다고 생각했다.

오히려 과거 일본의 천황제나 국가주의가 인종주의, 종족주의의 성격을 가졌고, 주변 아시아 인민들을 큰 고통에 빠트렸다. 일제 식민지 시기는 물론 그 이후 한국의 민족주의는 피압박 민족의 자주와 독립 그리고 통일된 국가 건설을 주장했는데, 그것은 종족주의와 거리가 멀다. 일제하에서는 조선인들의 자유로운 생활을 가로막는 일본 제국주의 체제에 저항하는 것이 바로 '자유'의 출발점이었다. 『반일 종족주의』의 저자인 경제학자들이 말하는 '자유'는 제국주의 국가들이 강조했던 자본을 투자할 자유, 토지를 상품처럼 매매할 자유, 상업 활동을 할 자유만을 의미할 뿐, 조선인들이 자신의 운명을 개척할 수 있는 자유와 인간다운 삶을 누릴 수 있는 선택권은 포함하고 있지 않다. 그래서 일본의 극우 세력이 주장하는 자유는 물론 『반일 종족주의』 저자들의 자유 개념은 과거의 파시즘과 훨씬 친화력을 갖고 있다. 일제하에서는 물론 반독재투쟁 시기에도 한국의 민족주의는 다른 모든 피억압 주민의 처지를 대변하고 주권을 확보하려는 보편적 요소를 갖고 있었다.

한국인들에게 반일 정서, 민족주의 정서가 강하게 남아 있는 것은 사실이지만, 그것은 1945년 이후 분단과 전쟁, 「샌프란시스코강화조약」으로 인해 동아시아의 탈식민화 프로젝트가 좌절된 것에서 주로 기인한다. 따라서 한국의 민족주의는 동구의 분리주의, 종족(언어, 종교) 민족주의와 성질이 다르다. 한국인의 반일주의와 민족주의는 일본이 식민지 침략의 책임을 부인하고 반성하지 않는 데에서 상당 부분 기인했기 때문에, 설사 한국인들이 민족주의 경향을 드러내더라도 그것은 다른 조선에 의한 종속변수이시 그 사제도 독립변수가 아니다.

〉 식민 지배에 대한 한국의 입장 〈

『반일 종족주의』의 주요 주장들은 이미 수많은 일본 관변 학자와 지식인이 일제의 조선 강점 당시부터 했던 이야기다. 더 정확히 말하면 18~19세기 서구 제국주의 국가들과 그 지식인들이 식민지 주민들에게 설파했던 논리다. 그들은 '문명'의 이름으로 식민지를 야만시하고 자신을 인류의 보편으로 상정했다. 즉 자신을 글로벌 스탠더드의 위치에 놓고, 식민지 백성들의 저항을 편협하고 근시안적이며 야만적이고 자기 울타리밖에 생각하지 못하는 어리석은 행동이라고 공격했다. 『반일 종족주의』의 핵심은 식민지 지배의 강압성과 폭력성을 부인하고, 조선인들이 일본의 지배를 자발적으로 받아들이고 환영했다는 주장에 기초한다. 일본 제국주의의 조선 현지 파트너였던 일부 식민지 관료나 엘리트, 조선인 부일 협력자들이 이 논리를 따르며 일본의 태평양전쟁을 지지했다.

　제국주의의 입장에서 식민지 정복은 억압이 아니라 식민지 원주민들을 문명개화로 이끄는 은총이다. 「샌프란시스코강화조약」을 이끈 미국 국무장관 덜레스가 서구의 식민지 지배는 '투자'라고 강조했듯이 일본 역시 타이완과 한국 식민지 지배에 대해 그렇게 생각했다. 미국과 영국은 당연히 「샌프란시스코강화조약」 체결 과정에서 일본이 과거 식민지 지배에 대해 배상하거나 사과할 필요가 없다고 생각했다. 이탈리아가 자신의 국가 이익을 위해 리비아에 배상금을 지불한 것 외에 구 제국주의 국가들이 식민지 지배에 배상을 한 사례가 없으니 일본 사람들은 한국인의 요구가 국제 기준에도 맞지 않는다고 생각할 것이다. 그러나 과거 식민지 지배를 받았던 나라 가운데 지금 국제 사회의 주역으로 역할을 하는 나라가 없고, 이들 나라끼리의 연대도 없으며, 이 나라들은 자신의 피해 사실을 전 세계에 알리거나 담론으로 정립하지 못했고 그것을 주창하는 학자를 키워내지도 못했다. 이런 상황에서 국제법과 국제 규범에 비추어볼 때 한국 측이 줄곧 제기하는 일본군 위안부에 대한 사과와 보상 요구, 강제동원 보상 요구가 오히려 예외인 것처럼 보이는 셈이다. 더욱이 제국주의의 식민지 침략 과정에서 원주민에게 저지른 수많은 학살을 문제 제기하며 구 제국주의 국가에 사과를 요구하는 나라도 없으니 말이다.

여전히 국제 사회에서 통용되는 언어는 영국 제국주의의 최대의 성과라 할 수 있는 영어이며, 전 세계 지식 사회의 주류 담론은 과거 제국주의 국가가 설정했던 근대화와 발전의 표준, 즉 주로 경제 성장에 맞추어져 있다. 세계의 모든 뉴스는 미국과 과거 제국주의 국가였던 나라의 미디어가 생산한 것이고, 국제 사회에 통용되는 학술연구의 90퍼센트가 미국과 유럽의 역사와 사례에 기초해 영어, 독어, 불어로 쓴 것들이다. 그들의 눈으로 보면 한국이 제국주의 일본의 사죄와 반성을 촉구하는 것이 오히려 이상해 보인다. 그래서 국제법, 국제 학문사회, 그리고 국제 미디어에서는 오히려 한국이 근대화와 경제 성장에 큰 혜택을 준 일본의 은혜를 망각하고 무리한 요구를 하는 나라라고 생각할 수도 있다.

우리와 마찬가지로 일본의 식민지 지배를 받았던 타이완은 그 역사에 대해 비교적 우호적인 태도를 갖고 있고, 필리핀이나 다른 아시아 국가들은 일본군 위안부 문제를 제기하지 않는다. 타이완은 중국의 공산화를 피해 온 사람들이 세운 나라이고, 원주민(내성인)들은 외세와 다름없는 본토의 중국인을 제국주의 일본인보다 더 미워한다. 또한 미국에 대해서도 우호적인 태도를 갖고 있으니, 일제의 피해 국가 가운데 오직 한국만 일본을 비판하고 있다고 볼 수도 있다.

박정희, 전두환 정권은 일본의 경제 원조나 기술 협력에 목을 매달았고, 지금도 한국 상류층과 일부 지식인은 과거 식민지 시절을 미화하거나 일본 문화를 찬양하고 있다. 이들이 보기에 노무현 정부 이후에 한국이 '좌경화되어' 정말 이상해졌다고 생각할 수도 있다. 하지만 이런 생각은 사실의 한 면만 본 것이다.

타이완인들은 일본의 식민지 통치가 타이완의 근대화에 크게 기여하였기 때문에 일본의 지배에 대해 비교적 좋은 기억을 갖고 있는데, 왜 한국인들은 그렇지 않은가라고 물을 수 있다. 그 대답은 일제 식민 통치의 강압성과 폭력성의 차이, 그리고 조선과 타이완이라는 나라의 역사와 정체성 차이에서 기인한다. 조선은 일본의 식민지가 되기 이전에 이미 천 년 이상 전근대 국가를 형성, 유지해온 나라였다. 반면 타이완의 원주민들은 중국 본토에 시달린 경험이 있기 때문에 일본의 지배를 수용하거나 그다지 강하게 저항하지 않았다. 따라서 일본은 타이완을 지배하기 위해 헌병경찰이나 폭력을 동원할 필요가 없었다.

1905년 이후 조선 왕조와 관료들은 일본의 주권 박탈에 순순히 응했지만, 재야의 지식인과 백성들은 그렇지 않았다. 조선의 지식인들은 오랑캐인 청나라가 중원을 장악한 이후 조선이 중화의 적통을 이어간다고 생각했고(물론 그것은 비뚤어진 사대주의이지만), 이러한 화이華夷적 세계관에서 일본은 변방일 수밖에 없었다. 그들은 서구의 문물을 빨리 받아들이고 내부 개혁에 성공한 일본이 비록 군사력과 경제력에 서는 조선보다 우세하더라도, 진정한 문명국이 아닌 서구 물질주의의 앞잡이일 뿐이라고 보았다. 따라서 일제의 조선 지배를 정신적으로 받아들일 수 없었다. 물론 조선의 농민들 또한 그러했는데, 일본의 자본과 상품이 조선에 진출한 이후 민중의 생활이 더욱 악화되었기 때문이다. 그들은 일본을 물리치는 것이 생존을 위한 선결 과제라고 보았다. 무장한 농민과 재야 지식인들의 저항은 근대적 무기로 무장한 일본군에게 완패했다. 이후로도 그들은 타이완 사람들처럼 일본이 추진한 근대적 개혁을 환영하지 않았다.

다른 식민지에서도 그랬지만, 지주, 부르주아, 관료 등 조선 상층부의 사람들은 제국주의의 기득권자 포섭 전략에 대체로 호응하여 식민지 지배의 하수인이 된다. 조선의 신분 제도로 차별받았던 사람들 중 일부도 일본의 조선 지배를 환영했다. 그러나 대다수 조선인들은 경찰력을 앞세운 일본의 지배를 환영할 이유가 없었다. 1919년 거국적인 3·1운동에서 드러났지만 전 세계 식민지 백성 중에서 조선인들처럼 제국주의의 지배에 완강히 저항한 사례는 많지 않다. 조선은 땅이 좁고 험준한 산이 없으며, 또한 일본이 동네마다 파출소를 설치하여 주민의 일거수일투족을 통제하였기 때문에 조선총독부의 헌병경찰 통치에 맞서서 게릴라투쟁 방식으로 저항하기 힘들었을 뿐 저항의식은 누구보다 투철했다. 일본은 조선인을 내지인內地人, 즉 일본인과 동등하게 취급한다는 구호를 내걸고 동화 정책을 폈지만 학교 입학, 관료 채용, 임금과 승진 등 모든 면에서 차별하고 멸시했다. 따라서 조선인의 내나수는 일본의 통치에 협력한 조선 사람을 '개돼지' 같은 존재로 취급하고 증오했다.

일본인 일반의 인식과 달리 한국은 1987년 민주화 이후 냉전의 그늘에서 탈피하려고 몸부림치면서 새로운 민주국가를 건설하기 시작했지만 반대로 일본이 그 전보다 더 우경화되었다는 점이 오늘 한일 갈등의 가장 중요한 원인이다. 민주화 이후의 한국이 정상국가의 길을 걷자 일본과 한국 간의 차이가 선명해졌다. 한국에서는 냉전 질서에서는 당연시되던 생각이 도전을 받기 시작하고, 식민지 미청산으로 억압되었던 사실이 들추어지기 시작했다. 반면 일본에서는 진보적 리버럴이 해체되기 시작하면서 양국 간의 거리감은 걷잡을 수 없이 확대되었다.

2차 세계대전 후 많은 구 식민지 국가가 독립을 쟁취했지만, 사실 과거 제국주의에 근접한 수준의 경제력, 군사력, 민주주의를 성취한 국가는 한국 외에는 찾아보기 어렵다. 그래서 한국은 과거 제국주의 지배의 폭력성과 인종차별주의 등 과거사에 대해 공개적으로 비판과 문제 제기를 할 수 있는 거의 유일한 나라다. 중국은 과거에는 반半식민지 상태였고 2000년대 이후로는 미국과 겨루는 강대국으로 성장했기에 공개적으로 그런 주장을 할 필요가 없어졌다. 베트남은 경제적으로 좀 더 성장하고 민주화된다면 그런 역할을 할 수 있을 것이다. 1960년대 이후 일본의 많은 양심적인 지식인들이 외롭게 외쳐온 사실이 민주화 이후 한국인들에게는 상식이 되었다. 민주화로 인한 변화를 두려워하는 한국과 일본의 극우 세력이 이에 대해 친북, 좌익 사고라고 공격하고 있으나 그것은 사실을 완전히 오도한 것이다.

) 통계를 가장한 허구 (

『반일 종족주의』의 논리는 일본 우익과 보수 언론들의 북한 때리기처럼 일본인들에게 달콤한 즐거움을 줄지 모르나, 실상은 태평양전쟁 시기 전범 세력의 전쟁 선동만큼이나 위험하다. 통계와 실증의 이름으로 정작 가장 중요한 사실들을 은폐하고 있기 때문이다. 또한 학문의 형식을 빌렸으나 거의 모든 내용이 과장과 왜곡으로 가득 차 있고 매우 정치적이기 때문이다.

그중에서 가장 심각한 부분은 일제의 조선 침략 과정에서 발생한 대량 학살, 그리고 강제병합 이후 헌병경찰을 동원해 통치한 사실을 무시하고 있다는 점이다. 저항이 완전히 진압되었거나, 조선인들의 저항 동력이 소진된 상황에서 조선 백성이 일본 지배의 현실을 어쩔 수 없이 받아들인 것을 지배에 대한 동의라 말할 수는 없다. 일본이 러일전쟁 후 1905년 「을사보호조약」, 1910년 「한일병합조약」을 맺고 조선의 주권을 박탈하기 전까지 1894~96년 동학농민군에 대한 진압, 잔류 동학군에 대한 대량 학살, 1905년 이후 전국 각지의 의병운동에 대한 진압과 거주지에 대한 초토화 작전 등이 선행되었다. 이러한 폭력적 진압과 극히 잔인하고 비인도적인 학살의 역사를 생략한 채 식민지 지배의 합법성을 주장하는 모든 논리는 근거가 없다.

고종과 을사오적이 일제가 내민 주권 포기 문서에 도장을 찍었다고 해도, 당시 조선은 국민주권이 보장된 최소한의 입헌군주국가라고 볼 수 없으므로 일제의 조선 강점의 합법성은 인정될 수 없다. 1910년 8월 29일 경술국치 이후에는 사실상 폭력을 앞세운 상압석 지배였기 때문에 보통의 조선인들이 대규모로 저항하지 않았다고 해서 조선인이 일제의 지배에 동의했다고도 말할 수 없다. 1919년 3·1운동 당시 수천 명의 조선인에 대한 학살, 1920년 만주에서 일어난 경신대참변,[8] 1923년 관동대지진 당시 일본 자경단 등에 의한 조선인 학살 등의 역사를 무시한 채 1930년대 이후 조선인이 국내에서 공개적인 저항을 하지 않았던 점이나 징용·징병과 일본군 위안부 동원의 자발성을 이야기하는 것 자체가 어불성설이다.

『반일 종족주의』의 한 저자는 조선인에게 일본은 로망roman이었다고 말하고 있는데, 정확히 말하면 일본이 아니라 1930년대의 만주가 로망에 가까운 것이었다. 일본의 탄광이나 건설 현장 근로정신대에 '돈을 벌기 위해' 자발적으로 간 사람들이 있다고 해서 그 노동이 자유로운 계약 관계에 기초했다고 볼 수는 없다. 더욱이 수없이 탈출을 시도하다가 잡혀서 무자비한 구타를 당해 거의 죽음에 이르거나 불구자가 된 조선인들이 엄연히 존재하는데 이들이 '강제연행'을 당한 것이 아니라고 말할 수는 없다. 식민지 상황에서 '경제적' 강제와 '경제 외적' 강제는 결합되어 있다. 1930년대 조선 농촌의 소작인들이 겪은 처참한 빈곤 역시 북한 지역에서 벌어진 전시 공업화와 동시에 진행되었다. 이로 인한 농촌 경제의 몰락이 농민들로 하여금 일본으로의 이주와 동원에 응하게 한 '경제적' 강제였다. 이 경제적 강제를 로망을 실현하기 위한 자유로운 선택이었다고 말하는 것은 경제 관계는 언제나 정치경제적 관계이며, 사회 속에 경제가 있다는 것을 알지 못하는 경제학자들의 '훈련된 무지'라고 할 수밖에 없다.

일본군 성노예가 된 조선 여성들을 자발적 매춘이라 하고 군의 위안소 운영을 공창제와 같은 것으로 보는 시각은 사실에 대한 부인을 넘어서 나치의 학살 부인과 같은 범죄에 가까운 행위이다. 일본 군부가 위안소를 운영한 것은 부인할 수 없는 사실이다. 『반일 종족주의』의 저자들은 한국군이 6·25한국전쟁기에 위안소를 운영한 것에 환호하며 일본만 탓할 일이 아니라고 주장하기도 한다. 당시 한국 군부가 일부 위안소를 운영한 자료가 있으나, 그런 일이 있었다고 해도 일제 말 일본군에 복무했던 장교들이 그런 발상을 한 이들이며, 이것이야말로 한국의 군사주의가 일본 제국주의와 연속성을 갖고 있음을 보여주는 증거다. 일제에 복무했던 경찰과 군인들이 해방 후 동족에게 과거와 같은 방법의 고문과 학살을 자행한 일은 이미 충분히 드러났다. 이것은 한국 정부의 큰 과오이지만, 그렇다고 해서 일본 군부의 위안소 운영이 면죄되는 것은 아니다. 오히려 동아시아 전쟁, 폭력 체제가 어떻게 일본과 한국의 현대 정치에 짙은 그림자를 드리우고 있는지를 실증해주는 것이며, 『반일 종족주의』의 저자들이 일본 극우 세력과 함께 그런 퇴행적 질서를 옹호하고 있다는 사실을 드러내줄 따름이다.

일본의 식민지 경영이 결과적으로 조선의 공업 발전과 근대 교육에 기여한 점이 있고 그것이 이후 한국 산업화에 일부 도움이 되었다고 하더라도, 일본이 조선을 도와주기 위해서 식민지 경영을 한 것이 아님은 상식적인 사실이다. 그러나 미국의 전후 동아시아 계획하에 일본 제국주의에 부역한 한국인들을 처벌하지 못한 결과, 그리고 1945년 8·15 이후 반공주의의 정치 국면에서 일본의 전범을 처벌하지 못한 결과가 오늘의 일본과 한국을 뒤틀리게 만들었다.

제국주의 시절의 일본 사람이 하나의 일본인이 아니었던 것처럼 식민지하의 조선인도 다 같은 처지는 아니었다. "성곽같이 높은 돌담 안에 경회루 같은 누각을 가진 백만장자의 조선인들과 초막집에서 덮을 이불도 없이 추위에 언 발을 녹이지도 못하고 잠을 자야 했던"[9] 조선인들이 같은 조선인이 아닌 것은 두말할 나위도 없다. 이렇게 극심한 빈부격차는 당연히 일본의 반봉건적 식민지 근대화 정책의 결과이다. 일본은 한국의 지주, 자본가들과 손을 잡고 그들을 앞장세워 조선 농민들을 착취했다. 보통의 조선인들 중 일제의 식민지 근대화, 자본주의 공업화의 혜택을 본 사람도 있지만, 대다수의 조선인은 일제강점기 이전의 조선 시대와 마찬가지로 극빈 상태에서 벗어나지 못했다.

일제하 조선인들을 동등한 처지에 있었던 하나의 운명체로 볼 수 없고, 무엇보다 당시 조선은 주권이 없었으므로 조선에서 일본으로 미곡이 반출된 것을 '수탈'이 아니라 '수출'이라 말하는 것은 언어유희에 불과하다. 조선인 지주들이 농민을 착취했다면, 그들에게 더 많이 착취할 수 있도록 권력을 부여한 것은 일본이다. 그 수탈을 거쳐 축적된 미곡이 일본으로 건너갔다. 쌀을 '수출'한 주체가 조선의 농민이 아니라 총독부 당국과 지주였으니, 이를 수출이라 말하는 것은 식민지적 현실을 망각한 언어다.[10]

자본주의 사회에서 경제는 정치와 국가 없이 작동하지 않는다. 제국주의 지배 체제하에서는 과거 봉건 시대처럼 정치가 경제에 우선하고 경제 외적 강제가 경제적 강제에 앞선다. 일제의 통치권력, 즉 총독부의 압도적 힘에 의한 식민지 지배 체제를 전제하지 않는 어떠한 경제 논리도 그리고 조선인의 행동 방식에 대한 설명도 완전히 허구다.

) 『반일 종족주의』를 넘어 새로운 관계로 (

20세기에 발생한 여러 전쟁을 겪으며 코리안들이 감내해야 했던 희생과 고통의 크기는 일본과 비교할 수 없을 정도이다. 6·25한국전쟁 3년간 남북한 인구의 10퍼센트가 넘는 300만 명 이상이 사망했고, 수십만의 부상자가 발생했으며, 수십만의 이산가족이 다시 만나지 못한 채 영원히 헤어졌다. 일본인들은 코리안의 어리석음 때문에 6·25와 같은 내전의 고통을 겪은 것이 아니냐고 반문할 것이다. 분명히 그런 점이 있다. 그러나 6·25한국전쟁은 일본의 제국주의 지배가 없었다면, 전후 일본을 살리기 위한 정책적 고려와 결합된 미국의 남북한 분할 점령 계획이 없었다면 발생하지 않았을 사건이다.

남북한 코리안끼리 이데올로기 대립으로 싸운 전쟁이 왜 일본 제국주의 탓이냐고 물을 수도 있다. 분명히 북한의 침략으로 시작되어 미군과 중국군이 개입한 6·25한국전쟁은 현상적으로는 일본과 아무런 관계가 없다. 그러나 북한이 침략한 명분이나, 이승만 정권이 북침을 강조했던 명분 모두는 통일된 국가의 건설이었고, 특히 북한은 남한을 식민지 체제의 연장으로 보았다. 즉 그들의 눈에는 코리안에게 분단은 식민지 체제의 연장이었으며, 북한은 이 식민지 체제를 끝내기 위해 외세에 편승한 세력을 없애겠다며 전쟁을 시작했다. 일본이 통치의 필요성 때문에 포섭한 조선인 협력자들은 해방 이후 일본을 따라서 한반도를 떠나갈 수 없었다. 그 결과 한반도에서 식민지 청산을 둘러싼 내전이 벌어졌다.

모든 제국주의 국가들은 식민지를 지배할 때 인세나 원주민들 간의 종교, 인종, 지역 등 내부 분열의 틈을 활용하여 대립을 조장했다. 제국주의가 떠나면 평화롭게 지내왔던 내부 세력 간의 내전이 시작된다. 이것이 1945년 이후 아시아와 아프리카 등지의 탈식민지 국가에서 벌어진 내전, 학살의 배경이다. 한국은 세계에서 그 예를 찾기 어려울 정도로 동질성이 매우 강한 민족이지만 일본에 협력한 사람들에 대한 증오심, 특히 온 가족이 파괴될 것을 각오하고 항일운동을 한 사람들이 부일 협력자들에 대해 가진 적대심은 종교, 인종의 분열이 만연한 국가의 그것 이상으로 강렬했다. 일본이 강권으로 통치했던 40년 동안은 조선인 간의 갈등과 내전이 일어날 수 없었다. 일본이 떠나면서 잠재되어 있던 내부의 갈등이 폭발했고, 6·25한국전쟁은 한반도 내부의 적대가 세계적인 차원의 미소 냉전과 맞물리며 폭발한 사건이다. 일본인들에게 한국전쟁은 강 건너에 난 불이었지만, 그 불씨는 세계의 거의 모든 제국주의 국가들이 그러했던 것처럼 일본이 던져놓은 것이다.

19세기 말에 일본이 조선을 침략하지 않았다고 하더라도 조선 사회에서 근대화를 둘러싼 긴장, 봉건적 토지 소유와 신분 차별에 저항하는 반란과 진압 같은 내부 갈등이 일어났을 것이다. 그러나 일본이 조선을 식민 지배하며 지주, 자본가, 부일 협력자들을 적극 육성하여 조선 탄압의 현지 대리인으로 활용하지 않았다면 8·15 이후의 내전적 갈등, 그리고 6·25한국전쟁과 같은 전면적인 내전과 대량 학살은 없었을 가능성이 크다. 인도나 파키스탄, 르완다 등에서는 갈등과 내전이 탈식민화 과정에서 제국주의가 뿌려놓은 민족 간의 균열과 갈등의 선을 따라 진행되었는데, 한국의 경우는 그것이 민족 대 반민족의 갈등으로 표출되었다.

한국 현대사에서 가장 비극적인 일은 일본 제국주의 군대에서 훈련받은 한국군 장교와 경찰이 동족을 살해하거나 고문하는 데 앞장섰다는 점이다. 일본이 조선에 들어오기 이전에도 고문이나 태형 같은 폭력이 존재했지만, 일본의 점령에 저항하는 조선인들에게 가한 일본 헌병경찰의 폭력은 전근대 시절에는 볼 수 없었던 잔인한 방식이었다. 물론 프랑스, 독일, 영국 등 서구 제국주의 국가도 식민지 점령 과정에서 폭력과 학살을 저질렀다. 그러나 일본군이 조선의 동학군을 토벌하거나 의병 부대를 진압하는 과정에서 가한 학살과 폭력은 세계 그 어느 지역에서도 발견할 수 없을 정도로 잔혹했다. 근대 자유민주주의 제도의 문턱에 간 유럽 제국주의도 식민지 주민들에게는 자유와 민주주의를 허용하지 않았다. 그렇다고 잔혹한 고문이나 학살을 대거 자행한 것은 아니다. 군국주의 방식으로 위로부터의 근대화를 추진하며 민주주의 제도 자체와는 거리가 멀었던 천황제의 일본은 황제 국가였던 독일이 아프리카 나미비아에서 벌인 것과 비슷한 수준의 학살을 자행했다.

『반일 종족주의』의 저자들이 강조하는 역사적 사실은 학문적 객관성을 갖고 있다기보다는 저자들의 정치적 편향을 입증할 수 있는 내용을 취사선택한 것들이다. 단지 이러한 주장이 일본인 우익 학자들이 아니라 한국인의 입에서, 그것도 한국에서 가장 우수하다는 경제사학자들을 통해서 나온 점이 우경화된 정치 지형에 익숙한 일본인들의 관심을 자극했을 것이다. '이제야 한국의 과거를 제대로 읽을 줄 아는 한국인들이 나왔다'라며 기뻐했을지 모르겠다. 그러나 이 책의 논리는 수

많은 일본 청년들을 전쟁터로 몰아넣어 죽고 다치게 만들고, 수십만의 일본인들을 공습과 원자폭탄의 희생자로 만든 과거 일본 전범들의 논리만큼이나 위험하다.

한국과 일본의 시민이 깨어나야, 그동안의 국가주의와 속임수 논리에서 벗어나야 세상을 바로 볼 수 있다. 한국과 일본이 진정으로 협력하여 우호적 관계를 맺는 것은 양국의 모든 시민에게는 물론 아시아 전체에도, 세계 전체에도 좋은 일이다. 무엇보다도 그것은 일본과 한국의 보통 사람들의 생명과 안전, 인권과 복지를 지켜줄 것이다. 잘못된 과거를 정리해야 앞으로 나아갈 수 있다. 일본과 한국이 신속하게 경제 발전을 성취하고 서구의 수준을 따라잡은 것은 매우 자랑할 만한 일이지만 노동자와 여성 등 약자의 권리, 정치가들의 책임성, 보편적 사회복지, 삶의 질 보장 등의 차원에서는 여러 유럽 국가에 비해 매우 뒤처져 있는 이유도 『반일 종족주의』 같은 어처구니없는 정치 논리가 여전히 활개를 치기 때문이다.

반국가, 반의반의 주권국가.
대한민국의 현실을 다시 묻다

돈 많고 권세 높은 자들이 큰 죄를 저질러도 경제에 미치는 영향을 고려해 형량을 줄여서 선고하고, 형기 중에도 특별사면, 일반사면, 집행정지, 가석방, 병보석으로 풀어주는 무법천지를 나는 자유당 때부터 보아왔고 자유당은 지금도 특별사면 중이다. 죄형법정주의는 무너졌고 경제는 합리적이고 규범적인 토대를 상실했다. 재벌의 불법을 용인해야 경제가 살아나고, 정당한 슬픔과 분노를 벗어던져야만 먹고살기 좋은 세상이 된다는 말은 시장의 논리도 아니고 분배의 정의도 아니다. 그것은 정치적인 속임수일 뿐이다. 법치주의가 살아 있어도 법이 밥을 먹여줄 리는 없고, 밥은 각자 알아서 벌어먹어야 하는 것인데, 법치주의를 포기해야만 밥을 벌어먹기가 수월해진다면 이 가엾은 중생들의 밥은 얼마나 굴욕적인 것인가.¹

) 민중의 극한 고통은 '주권'의 제약에서 (

2014년 4월 16일 아침 제주도로 향하던 세월호가 진도 팽목항 앞바다에서 좌초되었다. 이 사고는 300여 명의 학생이 물에 빠져 구조되지 못한 대참사로 이어졌다. 2009년 1월 서울 도심에서 발생한 용산참사는 철거민들이 경찰의 진압에 맞서다가 화재로 집단 사망하는 비극을 국민에게 생중계로 보여주었다. 2020년 4월 29일에는 이천의 물류창고 공사 현장에서 불이 나 38명의 노동자가 숨졌다. 희생자의 거의 전원이 협력업체의 비정규직 노동자였다. 공사 관계자 8명을 구속 기소하고 발주처 관계자 1명과 시공사 법인을 불구속 기소했지만, 원청업체의 사장에게 제대로 책임을 물을 수 있을지는 의문이다.

최고 책임자는 무한대의 자유와 권리를 누리고, 가장 밑바닥의 노동자는 비인간적인 삶을 감수하다가 안전사고가 발생해도 제대로 구조조차 받지 못하는 풍경은 1948년 정부 수립 이후 거의 변하지 않았다. 오히려 자본주의 산업화가 본격화된 1970년대 이후 노동자·빈민을 억압하면서 차별은 더욱 공고해졌다. 세월호 사고가 '참사'로 변하는 과정을 TV 생중계로 보면서 많은 사람들이 "이게 국가인가"라고 탄식했다. 우리는 공권력이 국민의 보호와 구조를 포기하거나 등한시하는 것을 참담한 심정으로 분노하며 바라보았다. 국민의 생명이나 알권리보다는 정권의 이해와 권력자의 체면을 중시하고, 승객의 안전보다는 기업의 이윤 보장을 우선하는 모습, 국민 중에서도 힘없는 사람들은 더욱 철저히 무시하는 모습이 너무 노골적으로 드러났다. 왜 이렇게 되었을까?

'국민주권'이 보장된다는 '민주공화국'의 국민인 보통의 한국인들이 과연 지금까지 주권자로서의 지위와 권리를 제대로 누린 적이 있을까? 8·15 '해방'이 타국의 힘에 의해 이루어지고, 곧이어 분단을 겪으면서 우리는 국가의 주인으로서 지위를 누릴 기회를 얻지 못한 것은 아닐까? 대외적으로 충분한 주권을 주장하지 못하는 국가는 국민을 주인으로 대접해줄 수 없는 법이다.

오래전에 함석헌은 8·15 이후의 상황을 다음과 같이 정리했다.

우리가 얻는 해방은 한낱 주인을 바꾸어 섬기는 것이요, 형태를 달리한 노예 상황이라 생각되지 않는가? 생각하는 방향은 일본이 가르쳐준 것이요, 조직된 제도는 첨단적인 미국류의 모방이요, 운영 방식은 이민족을 통치함에 사용한 일제의 방식이니 우리의 문화를 어디서 찾겠는가? 더구나도 해방된 민족이다 하겠는가?[2]

　우리의 힘으로 쟁취하지 못한 8·15는 사실상 '해방'이 아닌 일본으로부터의 '분리'였으며, 그 이후 한반도를 분할 점령한 미소의 후원을 받아 수립된 분단국가 대한민국은 반半국가, 반半주권국가였다. 20세기 중반의 한반도는 베트남, 독일과 더불어 미소 양국이 이데올로기 경쟁을 벌이는 가운데 두 개의 대립하는 국가가 수립된 특이한 곳이었다. 이렇게 등장한 두 국가는 서로를 원수처럼 여기며 전쟁에 돌입했다. 골육상잔骨肉相殘인 6·25한국전쟁은 처음에는 내전으로 시작되었으나 결국 배후 강대국의 이해관계 속에서 진행되었고, 그 결과 남한은 미국에 결정적으로 의존하게 되었다. 냉전 상황에서의 정부 수립은 진정한 독립을 유보하는 것이자 국민주권의 원칙이 안보와 적대의 논리에 종속되는 것을 의미했다. 일본에서 분리되긴 했으나 '새 상전'의 우산 속으로 다시 들어갔기 때문에 실제로는 해방이 아니었다.

　남한 단독정부 수립의 주역은 구한말의 친일 개화 세력, 일제하 부일 협력 세력으로서, 이들은 사회주의뿐만 아니라 민족통일과 민권 보장을 주창한 우익까지 배제했다. 1960년대 이후의 근대화·개발·성장의 노선은 이러한 토대 위에서 가능했다. 즉 경제 개발·근대화·탈빈곤은 정권의 취약한 정당성을 경제 지표라는 외형적 요소를 통해 만회하려 한 현대판 개화론자들의 핵심 구호로, 이들은 경제 발전이 곧 자주독립이자 민권보장의 길이라고 말했다. 1987년 민주화, 세계화 이후 과거의 개화론자들은 '선진화'라는 담론으로 다시 옷을 갈아입었다. 물론 근대화와 경제 성장은 자력으로 굴욕적인 과거에서 벗어나 보자는 의지의 발동이었다. 국가는 그런 국민의 열망을 동원하여 조선 말 이후 처음으로 거대한 변화를 일으켰고, 국민의 생활도 획기적으로 개선시켰다. 그러나 냉전, 분단, 전쟁이라는 틀 안에서 쫓기듯이 추진된 한국의 근대화는 '왜 성장을 해야 하는지', '어떤 경제를 건설할 것인지', '어떤 나라를 만들 것인지'에 대한 고민을 생략했다. 국민들이 배불리 먹는 것이 최선이고 북한의 위협으로부터 국가를 지키는 것이 중요하다고 주문처럼 외웠을 뿐이다.

19세기 말 이후의 청일전쟁, 러일전쟁, 태평양전쟁, 한국전쟁은 오늘의 한국과 한반도를 있게 한 네 차례의 큰 전쟁이다. 이 가운데 러일전쟁과 태평양전쟁은 조선을 일본의 식민지로 만들었다가 거기서 벗어나게 한 주변 국가 간의 전쟁이다. 두 전쟁에서 조선인들은 그냥 구경꾼이거나 동원 대상이었을 따름이라 전쟁 후의 처리 과정에서도 주체로서 역할을 할 수 없었다.

한편 청일전쟁과 6·25한국전쟁은 한반도 전체가 초토화되었던 전쟁이다. 청일전쟁은 사실상 일본에 의한 동학농민군 진압 전쟁, 더 정확히 말하면 인간 평등, 토지 개혁, 외세 배격을 부르짖은 조선 농민들의 요구를 조선의 관군과 일본군이 합작하여 진압한 전쟁이다. 조선왕조와 일본군은 동학군 진압에서는 한편이었다. 6·25한국전쟁은 동포들 간에 죽고 죽이는 전쟁이었다. 이 전쟁에서 남북의 집권 세력은 각각 '북진통일'과 '조국해방'이라는 거창한 구호를 내걸었지만 실제로는 자신의 권력 유지를 위해 동족을 희생양으로 삼았다. 청일전쟁은 '외세에 대한 의존'이라는, 이후 근대 한국의 한계를 만들어낸 출발점이다. 일제의 식민지 근대화는 우리가 선택한 것이 아니었고,

1960년대 이후의 근대화는 우리가 선택한 것은 맞지만 냉전, 남북 대결, 미국의 입김이라는 거시 구조적 제약 속에서 진행되었다.

조선 말에서 1970년대에 이르는 식민지 근대화, 냉전 근대화의 과정은 자주독립, 민족통일만 희생시킨 것이 아니라 민권과 정의와 평등의 길을 뒤틀었다. 개화파는 일본에 붙어 주류가 되자 식민지화를 끝까지 반대한 독립파, 개화는 하되 외세에 의존할 위험성을 경계하던 독립 우선 개화파, 인간이 평등하게 대접받는 세상을 만들자던 민권파를 거의 제거했다. 작은 중국小中華의 전통을 지키자는 양반 유생들과 의병들 같은 보수적 독립파, 유길준 등 자주적 개화파와 계몽운동가, 동학농민군과 같은 평등주의 독립파가 바로 그들이었다. 일본의존 개화파는 부일 협력 세력이 되었다가 1945년 이후 미국을 추종하는 반공주의자가 되었고, 이어서 근대화론과 개발독재의 지지자가되었다가 1987년 민주화 이후에는 세계화, 선진화의 기수가 되었다.

특히 조선 말에서 일제강점기 이전 시기에 민권, 정의, 독립, 평등파가 개화파에 밀린 영향은 심각하다. 동학농민군이 관군과 일본군에게 참살을 당한 일에서 그 역사가 시작된다. 1894년 전라도 고부에서 봉기를 일으킨 전봉준과 동학교도들은 나라를 돕고 백성들의 삶을 편안하게 하자는 보국안민輔國安民의 구호를 내세웠다. 동학도끼리는 "비록 노예라 하여도 동도에 들어가면 반드시 존대하여 감히 이름을 함부로 부르지 않았고, 상하의 구분과 귀천의 분별이 없어 옛날에는 없던 것이었다."[3] 아이들은 길거리에서 양반을 만나면 갓을 벗기어 빼앗아 버리거나 그 관을 자기가 쓰고 돌아다니며 양반을 욕보였다.[4] 동학당은 "유림과 양반 무리들의 소굴을 토벌할 것", "노비문서를 불사를 것", "백정들을 인간 대접할 것"을 선언하여 신분 제도 타파를 부르 짖었으며, "외적과 내통하는 자는 버릴 것"이라고 하면서 일본군과 청나라군 모두를 배척하였다.[5] 또한 그들은 "개화 잔당들이 왜국과 손을 잡아 외적을 소멸하고 개화를 제어하려"[6] 하였다는 이유로 상층의 양반 지식인들이 추진하는 개화에 반대했다.

전봉준은 '왜 들고 일어났는가'라는 일본 재판관의 심문에 대해 다음과 같이 답했다.

귀국(일본)이 개화를 한답시고 처음엔 우리 백성들에게 한마디 알리지도 않았고, 급히 공고하지도 않은 채 군대를 이끌고 우리 도성에 들어와 한밤중에 왕궁을 부수고 임금을 놀라게 하였다는 말이 들리기 때문에 우리 시골 선비 등은 임금에 충성하고 나라를 사랑하는 마음으로 분함을 이기지 못하여 의병을 모아 일본인에게 대적하여 한판 붙으려 하였다.[7]

농민들은 당시 상층부의 개화파가 추진하던 서구식 개화가 아니라 신분 제도 철폐를 요구하는 자생적 개혁과 정의와 평등을 주장하고, 개화파와 달리 청나라로부터의 독립이 아닌 일본과 청나라 등 모든 외세로부터의 독립을 주창했다. 동학 봉기의 좌절은 이후 120년의 역사를 좌우했다. 이후 조선과 한국의 개화와 근대화는 우리 스스로 선택한 것이 아니었기 때문에 독립을 희생시켰고 정의와 평등이라는 말도 꺼내지 못하게 만들었다. 조선의 군대가 일본군과 함께 동학군을 진압했다는 사실은 이후 100년의 역사를 어느 정도 예견할 수 있게 해준다. 당시 의병운동에 나선 유생들은 고루하고 보수적이었으나 조선의 전통에 자부심을 갖고 있었다. 식민지화되는 조선을 보며 자결로 생을 마친 매천 황현 같은 지식인도 개화파를 "서양과 왕래하면서 그 부강함을 헛되이 흠모하여 우리의 제도를 작고 보잘것없다고 비난"[8]했다고 비판했다.

민권·평등·독립파는 일제강점기에도 심한 탄압을 받았고, 미소의 분할 점령 후에도 또다시 탄압을 받았다. 이후 수립된 대한민국은 법적·제도적으로는 국민주권을 보장하지만, 실제로 지금까지 국민들은 '반의반' 주권밖에 누리지 못했다. 단순히 남북이 지리적으로 분단되었기 때문에 남한을 반국가라고 보거나, 미국의 군사·경제 지원에 의존해왔기 때문에 반주권국가라고 보는 것이 아니다. 그 이유는 우선 분단된 한국은 자주독립 세력(통일 세력)은 물론 민권과 평등을 지향하는 모든 정치·사회 세력이 정치권에 진출하는 것을 어렵게 만들었기 때문이다. 그 결과 제도권 정당은 반의반의 국민만 대표할 수 있게 되었다. 평등과 차별 철폐에는 관심이 없다고 하더라도 친일 청산, 민족 자주, 반외세, 사회 정의, 통일 등을 지향하는 양심적 우파조차 살아남기 어려웠다. 좌파, 중도좌파, 사회민주주의 세력은 애초부터 설 자리가 없었다. 이들 세력은 배제된 것이 아니라 살해·처형·학살되었다.

노동자와 농민의 이익을 내세웠던 사회주의, 중도파 세력은 물론 독립국가의 주역이 되었어야 할 우파 항일 세력까지 거세되었으니 대다수의 국민은 자신을 대변해줄 정치 세력을 찾을 수 없었다. 그래서 초기 대한민국의 국민은 새 국가의 주인 대접을 받기는커녕 친일 경찰이나 관리들에게 두들겨 맞았고, 전쟁 통에 억울한 죽음을 당하지 않으면 다행이었다.

1956년 대통령 선거에서 '평화 통일'을 내세우며 이승만에게 도전했다가 실패하고, 결국 간첩으로 조작되어 사형을 당한 조봉암의 유언은 의미심장하다.

나에게 죄가 있다면 많은 사람이 고루 잘살 수 있는 정치운동을 한 것밖에는 없다. 나는 이(승만) 박사와 싸우다가 졌으니 승자로부터 패자가 이렇게 당하는 것은 흔히 있을 수 있는 일이다. 다만 나의 죽음이 헛되지 않고 이 나라의 민주 발전에 도움이 되기를 바라며 그 희생물로는 내가 마지막이 되기를 바랄 뿐이다.[9]

어쩌면 그의 진짜 죄목은 간첩 활동이 아니라 골고루 잘사는 세상을 만드는 것, 그의 표현을 빌리면 피해 대중과 서민 대중의 편에 서서 정치를 한 것이었을지 모른다. 결국 조봉암 사형 이후 평등과 정의를 실천하려는 정당, 사회적 약자를 대변할 수 있는 진보적 정당과 사회단체는 반공주의의 공세 앞에 버티기 어렵게 되었다.

그 결과 1990년대까지 한국의 집권 여당과 정치권은 민주주의, 인권, 노동자의 권리 보장보다는 반공, 반북, 경제 성장을 신앙처럼 받드는 사람들로 채워졌다. 경제적 약자의 이익을 대변하는 진보적인 정당이 존립할 수 없게 되자 한국 정치의 이념적 스펙트럼은 지극히 좁아졌고, 국민들은 형식상 선거권이 있을 뿐 진정한 주권자로서의 권리를 누리지 못한다. 선거의 메뉴판에서 선택할 수 있는 후보를 찾을 수 없었기 때문이다.

땀 흘려 일하는 생산 대중이 인간으로 대접받고 그들의 생활이 편안해야 나라를 세대로 지키고 독립도 유시할 수 있다. 인구의 대다수인 피고용자들, 영세 자영업자들이 형식적으로는 국민, 시민이지만 실제로는 기업의 머슴, 마름, 천민 취급을 당하고 생산 현장에서는 법의 보호를 받지 못하는 국가는 온전한 국가라 할 수 없다.

민주화된 한국은 구한말 조선의 선각자들이 건설하려 했던 자유, 민권이 보장되는 근대국가와는 거리가 멀었다. 근대국가 건설의 열망은 분단으로 인해 굴절되었고, 남북한의 모든 지도자나 인민들은 강대국의 틈바구니에서 생존에 급급했다. 피 묻고 상처받은 남한의 자유주의, 굴절된 자본주의와 민주주의가 극히 권위주의적이고 폐쇄적인 북한의 사회주의와 대립하는 가운데 현재 남북한 인민들의 삶은 매우 고달팠다. 미국의 경제봉쇄 때문이라는 핑계 뒤에 숨은 채 기근으로 수많은 인민을 굶어 죽게 만든 북한 체제도 한심하지만, OECD 최고의 자살률과 최저의 행복지수를 기록하는 남한도 부끄럽기는 마찬가지다. 2014년 미국 갤럽의 조사에 의하면 한국은 긍정 경험 지수, 즉 '어제 당신이 존중받았는가'와 '어제 충분한 휴식을 취했는가' 등의 질문에 '예'라고 답한 비율이 조사국 138개국 가운데 90위였다.[10]

과거의 전쟁/권위주의 체제가 북한과의 적대 관계를 유지하면서 국가 안보라는 지상 목표를 위해 '적'에게 동조하는 내부의 '위험한' 국민, 즉 저항 세력의 생명과 재산을 위협하거나 박탈했다면, 오늘의 신자유주의 체제하에서는 국가의 편향적 개입, '방치' 혹은 '비행동'(부작위)으로 인해 노인·노동자·청소년 등 사회적 약자의 생명이 버려진다.[11] 오늘날의 국가는 경쟁력 강화와 효율성이라는 이름으로 강자의 행동에 '개입하지 않음으로써' 기업권력의 과도한 확장과 전횡을 방관한다. 즉 전쟁이나 안보지상주의는 군인이나 국민을 도구화하고 국민주권을 제약하지만, 신자유주의가 추구하는 경제지상주의는 '경쟁력 없는' 가난한 국민을 '잉여'로 취급한다. 어느 쪽이든 진정한 국민주권과 시민권의 보장과는 거리가 멀다.

이렇게 보면 세월호 참사와 같은 일은 오래전부터 계속되었고, 지금도 산업재해·직업병·자살 등의 방식으로 사회 곳곳에서 매일 벌어지고 있다. 국가가 완전한 '자유', 즉 독립을 누리지 못하기 때문에 내부의 개혁주의와 평등주의가 위축되어 오직 반의반의 주권만을 향유하는 국민도 그런 처지에 놓이게 되는 것이다. 자신의 정체성과 존립 이유를 생명 존중과 행복이라는 보편적이고 미래지향적인 가치가 아니라 오로지 안보 혹은 경제 성장에서만 찾는 나라에서 이런 일이 일어나는 것은 당연한 결과가 아닐까?

) 반국가는 불구 상태 (

한국은 미국 주도의 냉전 질서와 자본주의 경제 체제를 택했기 때문에 물질적인 측면에서는 놀라운 성공을 거두었다. 한국인 특유의 낙천주의, 가족에 대한 집착, 자녀 교육을 통한 계층 상승의 열망은 한국을 매우 역동적인 나라로 만들었고, 그것이 근대화와 경제 성장의 동력이 된 것도 사실이다. 전쟁의 폐허에서 대한민국이 이루어낸 경제 발전은 거의 기적에 가깝다고 해도 과언이 아니다. 세계 초일류 기업을 몇 개나 만들어내고, BTS가 전 세계를 석권하며 일으킨 한류 열풍 같은 한국의 성공 신화는 세계인의 이목을 집중시켰다.

그러나 한국인의 열정과 역동성은 주로 사적 이익을 극대화하는 쪽으로 향했고 공공 도덕이나 가치는 상대적으로 후순위로 밀렸다. 1948년 정부 수립 후 책임 있고 존경받는 정치 지도자는 많지 않았고, 그런 정신을 가진 인물은 지도자가 될 수 없는 것은 물론 탄압을 받아 죽지 않으면 다행이었다.

두 개의 반국가인 남한과 북한은 적대 상태에서 체제의 우위를 위해 온 에너지를 소모했다. 사실 반공은 하나의 이데올로기나 사상이라고 볼 수 없다. 어떤 사회를 만들자는 것이 아니라, 어떤 집단이나 사상을 배격하는 것이기 때문이다. 한국의 국가나 정당이 일관된 정책이나 노선을 갖지 못한 것이나 학술·문화가 창의성을 갖지 못한 것도 이 반공, 반북주의 때문이다. 한국의 정치권은 국가의 미래 외교 전략이나 거시 정책을 둘러싸고 심도 있는 사회적 논의를 진행한 적이 없다. 전 국무총리였던 노재봉은 광복 60주년 기념 석상에서 "분단 상태에서 세계화는 환상"이라고 말했다.[12] 미국이라는 우산 아래에서 성장과 발전을 추구해온 일본이 국제 정치, 즉 외교에서는 난쟁이라는 비판을 받았듯이 남북한이 군사 정치적으로 대결하고 그것을 위해 외세를 계속 끌어들여야 하는 상황에서는 국가의 품격을 제대로 유지하기 어렵고, 후발 국가의 좋은 모델이 되거나 21세기 인류 문명에 기여하는 것은 더욱 어렵다.

한국이 해방, 즉 '자유'를 얻지 못했다는 것은 자신의 문제, 자신의 이익을 '자신의 머리'로 판단해서 결정하지 못하는 정신적 불구 상태라는 말이다. 근대화가 단순히 서구화, 미국화, 물질적인 성장과 동일시된 것도 그 때문이다. 반공 체제 유지를 모든 것에 우선하다 보니 말로는 '자유'를 외쳤으나 실제로는 전근대와 일제 식민 통치의 나쁜 점까지 모두 끌어안았다. 국민은 '시민'으로서 존중받기보다는 전쟁터나 산업 현장에서 목숨을 바쳐야 할 '전사', 소모품으로 간주되었다. 권력자들은 역사나 전통에서 가능성을 발견하기보다는 언제나 서구의 표준을 중시했다. 또한 그들은 일제에 부역한 전력을 지우기 위해 공산주의를 병적으로 적대시하거나 외형상의 경제 실적에만 매달렸다. 자신의 문화적 정체성을 전통의 재발견이나 내면적인 성찰을 통해서가 아니라 공산주의에 대한 반대에서 찾다 보니 그 공백을 메우기 위해서는 가시적 성과가 필요했던 것이다. 그 과정에서 일류병, 학력병, 최고병, 출세병이 창궐했다.

한국에서는 세속적 성공과 물량주의가 유일한 가치요 최고의 가치가 되었다. '동양 최대', '세계 최고'에 집착했던 박정희식 일등주의는 바로 그의 친일 콤플렉스의 표현이자 한국인이 가진 일본 콤플렉스의 표현이다. 권력자들의 이력이 깨끗하지 못하고 내면이 풍부하지 못하며 문화적 자존감이 없으니 외형상의 수치에 집착하고, 학문이나 사상에서도 강자를 추종하는 태도를 떨치지 못했다. 한국 사람들의 집단 심리에서 드러나는 배타주의, 편협한 자기애, 중국이나 북한 출신 동포에 대한 멸시 등은 단순히 한반도의 역사적, 정치지리학적 조건의 산물만은 아니다. 대한민국 집권층의 일제 식민지 부역 콤플렉스, 미국에 대한 열등감, 분단하에서의 극우반공 획일주의 등이 혼합되어 생겨난 것이라고 볼 수 있다.

조선 후기의 집권 세력인 노론의 세상 인식이 우물 안의 개구리와 같았던 것은 바로 명나라에 대한 재조지은의 인식, 즉 임진왜란 당시 멸해가던 나라를 다시 일으켜준 은인이라는 숭앙 의식을 노골적으로 삼고, 그것을 기득권 유지에 활용하였기 때문이다. 명나라에 대한 일방적 충성심은 명이 사라지고 청이 등장한 이후에도 청을 멸시하는 허황된 반청反淸 의식과 북벌北伐을 국시國是로 내세워 오랫동안 여론을 조작해온 결과였다. 병자호란 이후 노론이 내세운 북벌론은 대내적으로는 당시의 주류 지배 집단이 반대파의 사상을 탄압하는 수단이었으며, 대외적으로는 변화하는 세계에 대한 인식을 방해하고 자주적 근대화를 막는 역기능을 했다.

냉전 반공주의, 친미 일변도의 사고에서 벗어나지 못하는 한국 지배층의 편협한 시야에는 사대의 세계관에 안주했던 근대 이전의 소국주의적 자기중심주의, 식민지 체험으로 인한 피해의식, 분단과 주권 양도의 경험에서 나온 열등감과 외세 추종주의, 그리고 탈냉전 이후 신자유주의 보수화의 물결이 착종되어 있다고 볼 수 있다.

일본, 한국, 북한은 물론 경제대국으로 부상하여 이제 미국과 경쟁하는 중국까지도 아직 서구 따라잡기의 압박 혹은 식민지 근대화의 유산으로부터 자유롭지 않기 때문에 '온전한 국가'라 보기 어렵다. 물론 중국과 일본은 지리적으로도 정치적으로도 한국 정도의 '반국가'는 아니다. 한국이 '온전한 국가'로 가는 첫걸음은 한반도 평화 통일, 적어도 북한과의 화해를 이루는 것이다.

한국을 한반도라고 하잖아요. 반도 하면 바다로도 가고 육지로도 가야죠. 그런데 우리는 바다는 가지만 육지는 못 가요. 그건 반도가 아닙니다. 반도가 아니니까 어떻게 됩니까? 북한을 못 가니까 시베리아, 몽골로 못 가고, 중앙아시아로 못 간단 말이에요.[13]

남한은 북방으로도 진출할 수 없고, 태평양으로도 진출할 수 없는 섬 아닌 섬이다. 이러한 위치가 반국가인 남한의 주류 지배층과 국민의 시야를 아주 좁혀놓았다. 조선은 고구려의 기상을 포기하고 스스로의 입지를 한반도에 가두었고, 20세기의 우리는 분단으로 인해 반도의 절반인 남한에 시야를 가두었다. 국가지상주의와 성장지상주의는 반도의 반만 차지한 반국가 상태, 조급증에 사로잡힌 서구 따라잡기 근대화의 산물이다. 그렇다면 어떻게 해야 '온전한 국가'로서 미래를 상상할 수 있을까?

무엇보다 생각의 자유를 제약하는 '국가 위의 국가', 즉 공안기관과 검찰의 권력 남용을 막아야 한다. 북한과의 대립, 한국 사회 내부의 '종북 세력 척결'을 명분으로 삼는 국정원 등 수사정보기관의 불법 행위, 검찰 수사와 행정 집행의 정치 편향, 미국 의존적인 국방 안보 논리, 군사주권 제약 등을 바로잡을 수 있어야 한다. 또한 시장경제나 자본주의가 땀 흘려 일하는 사람들의 요구에 맞게 작동하도록 해야 한다. 사유재산권의 원칙과 기업의 자율성은 존중되어야 하지만 분단으로 인해 남한에서는 미국식 사유권 보장 원칙이 극단화되었고, 공산주의에 대항해서 자본주의 질서를 지켜야 한다는 명분하에 재벌 대기업에게 과도한 특혜를 주고 노동자들을 천시해왔다. 또한 공공복지를 확충하기보다는 복지를 가족에게 의존하게 만들었다. 북한의 정치권력 세습과 다를 게 없는 남한의 대기업·대형 교회의 세습, 사학 비리와 부패 등 타락한 자본주의는 노동자들의 생산 의욕을 좌절시켰다. 이런 폐단을 극복해야 온전한 국가가 될 수 있다.

경제적으로도 모디타도 만국가는 시행되기 어렵다. 한국은 국토가

좁고 인구가 적기 때문에 경제활동에서 내수시장보다는 해외시장에 크게 의존할 수밖에 없다. 시장의 규모가 작아 분업과 전문화도 제한적일 수밖에 없고, 결국 거대한 시장을 가진 중국에 의존하지 않을 수 없다. 남북이 통일되거나 남북 화해가 이루어지면 경제 및 사회 정책에서 군사적·정치적 변수의 제약을 줄일 수 있고, 시장 규모도 확대되어 운신의 폭을 넓힐 수 있다. 한반도가 단일 경제권으로 통합되어 한국의 기업들이 북한뿐만 아니라 러시아와 중국으로도 진출하고, 아시아 경제권이 만들어질 경우 그 효과는 어마어마할 것이다. 한반도에 평화 체제를 구축하고 통일된 정치 공동체를 건설하여 북방으로 경제활동의 범위를 넓혀야 한다.

반국가 상태의 극복은 동아시아에서 남북한의 정치력을 확장시키는 데도 매우 중요하다. 국가 연합 수준의 낮은 단계의 통일이라고 하더라도, 한반도에서 적대가 종식되고 남북한이 공동의 목표를 향해 갈 수 있다면, 미국이 정치·군사적으로 개입할 명분이 약해지고, 일본 극우 세력의 입지도 크게 약화될 것이다. 통합된 남북한은 현재 독일이 유럽에서 그러하듯이 동아시아 경제·평화 공동체 구축의 중요한 가교 역할을 할 수 있으며, 나아가 서구 콤플렉스에 시달리며 서구 자본주의의 단점만 과도하게 수입해온 동아시아를 새 문명의 주체로 거듭나게 하는 계기가 될 수 있다.

대한민국이 지금 안고 있는 많은 문제는 한반도에서 전쟁의 종식, 즉 분열, 대립, 적대의 해소 없이 남한만의 힘으로 해결하기 어렵다. 또 한반도 문제는 동아시아 국제 정치와 하나의 틀로 얽혀 있고, 동아시아 국제 정치는 오늘의 국제 정치, 세계 자본주의와 얽혀 있다. 그러므로 지속적인 민주주의와 평화, 정의의 이상은 '대한민국만이라도 제대로 만들자'는 안목이나 시야를 갖고서는 이루어낼 수 없다. 1990년대까지 한국은 선진국만 바라보며 그들을 따라가면 된다고 생각했지만, 지금은 모든 나라가 공통적으로 겪는 동시대의 조건과 문제를 함께 해결해야 한다. 한국의 지배층은 아시아와 세계의 관점에서 문제를 바라볼 능력을 갖춰야 한다. 그 출발점이자 전제가 남북한의 평화와 통일이다. 미래지향적 통일은 민족주의라는 가치보다는 남북한 주민들의 복리, 진정한 인민 주권 확보, 남북한 사회 안에서 경제적으로 고통받거나 정치적, 사회적 이유로 핍박받는 사람들의 인권 보장이라는 목표를 세우고 접근해야 한다. 국가연합 정도의 아주 낮은 수준의 통일이라도 이루어낸다면 남북한의 모든 코리안들이 지난 100년 동안 키워온 피해자 의식과 콤플렉스에서 벗어나 성숙한 세계 시민으로서 적극적인 역할을 할 수 있는 계기가 될 것이다.

한반도 평화 통일 문제는 동북아 평화 체제 수립과 얽혀 있다. 동북아시아에는 집단 안보, 평화에 기반을 둔 새로운 공동체, 초국가적 시민권 보장 체제가 만들어져야 한다. 후쿠시마 원전의 핵폐기물 누출 사고에서도 드러났지만 동아시아에 사는 모든 사람들의 생명과 안위는 긴밀하게 연결되어 있다. 특히 재일조선인, 중국 동포, 탈북자들, 외국인 노동자들, 다문화 가정 사람들은 모두 동아시아의 과거와 현재의 모순을 안고 살고 있다. 식민지와 그 연장선상의 냉전과 분단이 재일조선인, 중국 동포, 탈북자들이 겪는 고통의 이유라면, 외국인 노동자들과 다문화 가정의 고통은 1970년대 이후 한국의 급속한 산업화와 선진 자본주의 진입 과정에서 발생한 것이나. 앞으로는 이들에게 한 국가에만 일방적으로 충성할 것을 강요받지 않을 자유와 하나의 문화, 언어나 생활 공동체를 택할 것을 요구받지 않고 자신이 지금 살고 있는 곳에서 시민으로서 인간답게 살 권리가 보장되어야 한다.

) 균등·화합·안정·정의의 시대를 향하여 (

서구의 근대 사상에서 나온 자유와 독립은 같은 말이다. 일제하에서는 민족 독립을 이루지 못하고서는 '자유'와 '민주'를 얻을 수 없었고, 8·15 이후에는 통일된 자주독립국가를 건설하지 않고서는 '국민주권'과 '민주주의'를 제대로 보장받을 수 없었다. 1960년대 이후에는 경제 발전과 사회적 형평성의 보장이 밑거름이 되어야 인간답게 존중받는 세상을 건설할 수 있었다. 각 시대마다 과제가 약간씩 변했으나 구한말 독립과 민권이라는 시대적 과제와 씨름했던 세력은 8·15 이후에는 민족통일, 민주주의, 정의, 평등, 평화를 위해 분투했다.

6·25한국전쟁이 모든 것을 파괴한 한국의 1950년대에서 1970년대까지는 암울하긴 해도 농지 개혁의 성공으로 모든 한국인이 경제적으로는 거의 평등한 지위를 갖게 된 예외적인 시기였을지 모른다. 1970~80년대는 민주주의 압살의 어두운 시대였지만, 부자와 가난한 사람들 간의 계층 간 대립이 아직 본격화되지 않았고 교육을 통한 계층 상승의 기회가 열려 있던 기회의 시기, 거대한 변화의 잠재력이 있었던 시대이기도 했다. 그런데 1인당 국민소득이 3만 달러를 넘어선 지금, 상위 10퍼센트가 전체 부의 절반을 독점하는 어처구니없는 일이 벌어졌다. 실업과 고용 불안, 불평등과 양극화, 그 결과로 나타나

는 청년, 하층 노동자, 하층 자영업자들의 실망과 좌절감이 심각하다.

미국의 대표적인 지식인이자 전 노동부장관인 로버트 라이시Robert Reich는 "소수가 부와 소득을 독점하고 다수가 그 나머지를 나눠 갖는 나라에서는 그 누구도 성공할 수 없다. 단순히 경제적 성장만 잠식하는 것이 아니라 사회의 날실과 씨실을 가르고 찢어버린다"[14]라고 말했다. 부가 한쪽으로 집중되면, 다수의 사람들은 평등을 외치는 것이 아니라 부를 가진 쪽에 붙어서 떡고물을 챙기려 하거나 정치에 관심을 끊어버린다. 과도한 불평등은 생산 의욕을 꺾고 사회적 화합을 해치는 것만이 아니라 민주주의를 후퇴시킨다.

오늘날 민주주의를 심각하게 위협하는 요인은 과거처럼 전쟁이나 '국가 위의 국가'인 억압적 국가기관의 횡포보다는 기업권력과 언론권력의 확장이다. 1997년 외환위기 이후 한국은 재벌 대기업이 입법·사법·행정부 위에서 그림자 정부의 역할을 하는 '기업 사회'의 양상을 지니기 시작했다. 분단과 전쟁이 가져온 억압적·특권적 국가권력이 후퇴한 자리는 기업·검찰·언론이 채웠다. 정부는 대기업의 시장 장악력, 정치·사회적 영향력 확대에 전폭적인 도움을 주었고, 이제는 대형 로펌이 가장 강력한 로비 단체가 되어 사실상 제도정치 활동을 좌우하는 지경에까지 이르렀다. 시민이 더 적극적으로 나서서 행정·입법·사법의 중립성과 공정성을 강화하고 국가가 진정으로 '국민의 국가'가 될 수 있도록 압박해야 한다.

지금 남북한의 현실에는 자본주의 근대국가 체제의 모든 빛과 그늘이 집약되어 있다. 우리는 한국의 문제를 통해 세계가 겪는 고통이 무엇인지 알 수 있다. 그리고 한국의 문제를 깊이 들여다보면 세계가 낳고 있는 문제의 실마리를 찾을 수 있다. 그러기 위해서는 19세기에는 진보적 가치였으나 지금은 주로 강자들의 이익 보호만을 위해 사용되는 '자유'의 개념을 재정의해야 하고 정의·형평·공정의 가치를 결합해야 한다. 거의 신앙의 수준으로 승격된 21세기 신자유주의 교리, 즉 자유시장과 유연화가 혁신과 생산성을 촉진한다는 이 낙관적이고 긍정적인 담론 아래에 실제로는 재산권의 배타적 보장, 기업의 독점 강화, 기업 내 사용자의 전권 행사, 노조 파괴를 위한 용역 사용 등 '자유'의 이름을 빌린 억압과 폭력이 만연한 현실을 직시해야 한다.

우리는 정치적 자유는 존중하되, '경제적 자유'의 논리가 독점을 야기하는 위험성을 알아야 한다. 그것은 왜 경제활동이 인간의 지속적 생존, 균등과 화합이라는 공공적 가치에 종속되어야 하는지를 밝히는 문제다. 모든 것이 시장에서 팔릴 수 있는 상품으로 변한 오늘의 세상에서 사회적 공통 자본의 공적 활용, 지구 환경과 생태계의 존속 가능성을 고민해야 한다.

철학자 윤사순은 그동안 우리가 권위주의나 가부장주의 등 퇴행적 요소라는 이유로 버렸던 전통적 가치 중에서 미래 사회에도 의미가 있는 것을 다시 끄집어냈다.

정치에서 행해야 할 이념적 요목은 특히 균등均과 화합和과 안정安이다. 이유는 균등은 탐욕을 없애주고, 화합은 인구(또는 국토)의 적음을 극복하게 하고, 안정은 쇠망을 막아준다는 데 있다.[15]

균등을 중시해야 하는 이유는 심각한 불평등은 사회와 정치를 붕괴

시키기 때문이다. 부의 편중은 곧 정치의 부재를 초래하게 된다. 지금 미국과 유럽 여러 나라에 창궐한 우익 포퓰리즘이 그것을 웅변한다. 정치라는 것은 결국 갈등을 조정하고, 정의의 원칙에 서서 사회적 재화를 분배하는 것을 임무로 하기 때문이다. 획일적 평등을 이루는 것이 아니라 불평등을 용인 가능한 범위로 제한해야 한다는 말이다.

균등해야 화합도 가능하다. 규제되지 않는 약육강식의 자본주의는 사회 구성원 간의, 국가 간의 끊임없는 분쟁을 일으킬 수밖에 없다. 과도한 경쟁을 억제하고, 약자의 권리를 보장해주며, 화합과 협동의 가치를 중시해야 한다. 화합하지 않으면 사회는 지옥으로 변하고, 국가와 사회의 미래를 위해 머리를 맞대는 일이 불가능하다. 한국처럼 주변 강대국에 둘러싸인 작은 나라에서 내부 화합이 없으면 필연적으로 외세가 개입하여 나라가 찢긴다.

화합이 깨어진 상태, 그것은 곧 전쟁을 뜻한다. 전쟁 위기와 전쟁 상태는 그 자체가 불안이자 공포다. 불안은 사회의 건강을 좀먹는 가장 위험한 해충이다. 남북한 간의, 그리고 이웃 국가 간의 어떤 전쟁도 피해야 한다. 살인 무기로 치러지는 전쟁은 물론 경제 전쟁으로 인한 피해도 매우 심각하다. 사회의 모든 생산 주체를 일터에서 서로 싸우게 만들고, 노동자를 불안한 취업자로 만들어 생존 전쟁에 내보내는 오늘의 자본주의도 사회의 지속 가능성을 위협한다.

국가나 사회가 안정을 찾지 못하는 전쟁 상태에서는 약자를 배려할 여유가 없고 미래를 위한 구상과 숙고가 불가능하다. 지도자와 대중이 모두 안정을 취한 상태라야 깊이 생각하고 멀리 볼 수 있다. 우리는 균등과 화합이라는 전통 가치를 현대에 맞게 재해석해서 한반도는 물론 21세기 인류 문명이 처한 인간성 파괴와 도구화, 생태 위기, 그리고 극단적인 개인주의 등을 돌파할 수 있는 사상적·문화적 잠재력을 끄집어내야 한다.

정의는 국가의 처음이자 끝이다. 국가나 공권력이 최소한의 정의의 원칙만 지켜도, 힘 있는 자들의 범법을 법대로만 수사하고 처벌해도 오늘 우리 사회의 약자들이 겪고 있는 고통의 상당 부분은 해결될 것이다. 인간 사회가 지옥처럼 변하는 일도 막을 수 있을 것이다.

정의는 국가 공동체의 가장 핵심적인 원리다. 아리스토텔레스는 인간은 완성되었을 때는 가장 훌륭한 동물이지만, 법과 정의에서 이탈했을 때는 가장 사악한 동물이 된다고 보았다. 국가 역시 정의를 기본 원리로 해서 움직이면 가장 이상적인 공동체가 될 수 있지만, 정의에서 이탈할 경우에는 차라리 없는 것보다 못하며 조폭이나 동물의 세계보다 더 야만적인 상황이 초래될 수 있다.

보통의 한국인들이 갖고 있는 잠재력은 무궁무진하다. 1960년대부터 1990년대까지의 눈부신 경제 성장은 그러한 잠재력이 어느 정도 발휘되었기에 가능했다. 분단과 냉전이라는 질곡, 신자유주의 시대의 심각한 불평등 때문에 한국인은 아직 잠재력을 충분히 펼칠 기회를 갖지 못했다. 한반도의 통일과 동아시아의 평화, 민주주의와 정의를 바탕에 둔 정치 공동체의 수립만이 이런 잠재력을 발휘할 기회를 줄 것이다.

2016~17년의 촛불 시위는 국가다운 국가를 만들자는 시민의 항의였다. 국가다운 국가를 만들기 위해서 우리는 지난 70년간의 반국가 상태를 극복하고 온전한 국가를 세우기 위한 논의를 시작해야 한

다. 온전한 국가는 우리의 정신적 자원인 균등, 화합, 안정 그리고 정의를 동시에 보장할 수 있는 국가다. 민권 보장, 인민의 각성과 적극적인 사회 참여가 있어야 국가다운 국가가 된다. 민권과 독립을 희생시킨 개화론과 근대화론이 서구 문명의 어두운 요소까지 무비판적으로 받아들였다는 점을 이제 반성할 때가 되었다. 인권과 민주주의가 보장되는 진정한 선진국가를 건설하고, 그런 다음 국가를 넘어서는 정치 공동체를 구성해야 한다.

한국은 지난 100년의 어둠과 굴욕의 역사를 멀리하고 이제 세계 문명의 주역으로 발언권을 높일 위치에 서 있다. 그러기 위해서는 더 많은 민주주의가 필요하다. 코로나19 방역에 성공한 것은 촛불 시위 이후 우리가 성취한 신뢰와 민주주의의 당연한 결과다. 이제 자신감을 갖고 앞으로 나아가자.

주_註

주註

1장. 독립과 개화의 딜레마

1) 안중근이 동학군 토벌에 참가한 기록은 그의 자서전 『안응칠 역사』에 기록되어 있다. 이 책의 원본은 존재하지 않지만, 일본어 번역본과 한문 등초본이 일본에서 발견되어 한국에서 『안중근 의사 자서전』(이은상 엮음, 안중근의사숭모회, 1970·1979)이라는 제목으로 간행되었다.

2) 이기웅 옮겨 엮음, 『안중근 전쟁 끝나지 않았다: 블라디보스토크에서 뤼순 감옥까지의 안중근의 투쟁기록』, 열화당, 2000, 39쪽.

3) 와다 하루키, 이경희 옮김, 『러일전쟁과 대한제국』, 제이엔씨, 2011, 21쪽.

4) 한철호, 「[기획/러일전쟁 100년] 한국: 우리에게 러일전쟁은 무엇인가」, 『역사비평』 69호, 역사비평사, 2004.11.

5) 『황성신문』, 1898.9.30. 논설; 『독립신문』, 1897.12.11. 사설(이정식, 『구한말의 개혁, 독립투사 서재필』, 서울대학교출판부, 2003, 186, 197쪽에서 재인용).

6) 구대열, 「다모클레스의 칼: 러일전쟁에 대한 한국의 인식과 대응」, 『러일전쟁과 동북아의 변화』, 선인, 2005, 65쪽.

7) 유인석, 『우주문답』, 종로서적, 1984(최종고, 유인석, 「개화기의 법사상」, 『한국법사상사』, 서울대학교출판부, 1993에서 재인용).

8) 와다 하루키, 앞의 책, 33쪽.

9) G. N. 커즌, 라종일 옮김, 『100년 전의 여행, 100년 후의 교훈』, 비봉출판사, 1996, 35쪽(이동연, 「조선 망국에 대한 두 타자의 시각」, 『중국인문과학』 42집, 중국인문학회,

2009.8. 참조).

) 『윤치호일기』, 1894.9.27.(김경일, 『제국의 시대와 동아시아 연대』, 창비, 2011, 79쪽에서 재인용).

) 『윤치호일기』, 1889.12.28.(김경일, 앞의 책, 79쪽에서 재인용).

) 윤치호, 김상태 편역, 『윤치호일기: 1916~1943』, 역사비평사, 2001, 16쪽; 서희경, 『대한민국 헌법의 탄생』, 창비, 2012, 52쪽.

) 그레고리 헨더슨, 박행웅·이종삼 옮김, 『소용돌이의 한국정치』, 한울, 2013, 129쪽.

) 이인직의 소설 『귀의 성』(범우사, 1992)의 30쪽에 나온 표현이다.

) 이사벨라 버드 비숍, 이인화 옮김, 『한국과 그 이웃나라들: 백년 전 한국의 모든 것』, 살림, 1994, 349쪽.

) 정병설, 『죽음을 넘어서: 순교자 이순이의 옥중편지』, 민음사, 2014, 169쪽.

) 조현범, 『조선의 선교사, 선교사의 조선』, 한국교회사연구소, 2008.; 윤선자, 『한국근대사와 종교』, 국학자료원, 2002, 174쪽.

) 이은상 엮음, 앞의 책, 54~55쪽.

) 이기웅 옮겨 엮음, 앞의 책, 117쪽.

) 재판에서 안중근을 심문한 일본인 검찰의 주장이다. 위의 책, 119쪽.

) 나카노 야스오, 양억관 옮김, 『동양평화의 사도 안중근』, 하소, 1995, 122~123쪽.

) 량치차오, 최형욱 엮고 옮김, 『량치차오, 조선의 망국을 기록하다』, 글항아리, 2014, 85쪽.

) 이건창이 대표적이다. 그는 조선이 붕당 때문에 붕괴했다고 보았고, 그래서 『당의통략』을 통해 그 역사를 밝혔다. 이건창, 김용흠 역주, 『당의통략: 조선의 정치와 당쟁을 다시 읽는다』, 아카넷, 2020 참조.

) 샤를 루이 바라·샤이에 롱, 성귀수 옮김, 『조선기행: 백여 년 전에 조선을 다녀간 두 외국인의 여행기』, 눈빛, 2006, 131쪽.

) 신영우, 「1894년 고창지역 동학농민군의 진압과 민보군」, 『동학학보』 26권, 동학학회, 2012.12.

) 매천 황현 같은 사람이 대표적이다. 황현, 김종익 옮김, 『번역 오하기문』, 역사비평사, 1994 참조.

) 심산 김창숙의 스승인 성주의 이승희 같은 사람이 대표적이다. 이윤갑, 『한국 근대 지역사회 변동과 민족운동: 경상도 성주의 근대전환기 100년사』, 지식산업사, 2019, 120~174쪽 참조.

2장. 조선 근대화와 해방의 두 갈래 길

1) 유길준, 채훈 역주, 『서유견문』, 명문당, 2002, 110쪽.
2) 이태훈, 「일진회의 보호통치 인식과 합방의 논리」, 『역사와 현실』 78호, 한국역사연구회, 2010.12.

3) 일진회 혹은 친일파를 도덕주의적 잣대로 보지 말고 '포퓰리즘populism'으로 보자는 연구를 주목할 필요가 있다. Yumi Moon, *Populist Collaborators: The Ilchinhoe and the Japanese Colonization of Korea, 1896~1910*, Ithaca: N.Y., Cornell University Press, 2013.

4) 심산사상연구회, 『김창숙 문존』, 성균관대학교 대동문화연구원, 1986, 188쪽.

5) 얼레인 아일런드, 김윤정 옮김, 『일본의 한국통치에 관한 세밀한 보고서』(원저는 *The New Korea*, New York: E.P., Dutton&Company, 1926), 살림, 2008, 24, 30쪽.

6) 이윤갑, 앞의 책, 176~177쪽.

7) 권태억 외, 『근현대 한국탐사』, 역사비평사, 1994, 185쪽.

8) 신주백, 「1910년대 일제의 조선통치와 조선주둔 일본군」, 『한국사연구』 109호, 한국사연구회, 2000.6.

9) 미야타 세쓰코, 정재정 옮김, 「고이소 총독 시대의 개관: 다나카 다케오 정무총감에게 듣는다」, 『식민 통치의 허상과 실상』, 혜안, 2002, 195쪽.

10) 님 웨일스, 이태규 편역, 『아리랑』, 언어문화사, 1986, 34쪽.

11) 권보드래, 『3월 1일의 밤』, 돌베개, 2019, 103쪽.

12) 얼레인 아일런드, 앞의 책, 96쪽.

13) 윤치호, 앞의 책, 79쪽.

14) 구한말 일제하 한국 천주교의 수장이었던 뮈텔 주교는 안중근에게 이토를 제거한 것은 그에 대한 오해 때문이었다고 공개적으로 선언할 것을 요구하였다. 그리고 이 선언을 해야만 고해성사를 해주겠다고 위협하기도 했다. 그는 독립전쟁을 살인 행위로 단정하였다. 윤선자, 앞의 책, 236쪽 참조.

15) 위의 책, 107쪽.

16) 님 웨일스, 앞의 책, 55쪽.

17) 「조선공산주의자의 당면임무」라는 문건에서는 "이때까지의 공산주의자 대오의 구성 부분은 거의 전부가 인텔리겐차이다"라고 지적하였다. 배성찬 편역, 『식민지시대 사회운동론 연구』, 돌베개, 1987 참조.

18) 조봉암, 「우리의 당면과업」, 1954; 정태석·오유석·권대복 엮음, 죽산 조봉암 선생 기념사업회, 『죽산 조봉암 전집 1』, 세명서관, 1999, 216~217쪽.

19) 이만규, 『몽양 여운형 선생 투쟁사』, 민주문화사, 1946.

20) 「여운형 어록」, 몽양여운형기념관 소장, 경기도 양평 묘골 소재.

21) 여연구, 신준영 엮음, 『나의 아버지 여운형: 잃어버린 거성의 재조명』, 김영사, 2001, 94쪽.

22) 「여운형, 피의자 심문조서」, 경성지방법원 검사국, 1929년 8월 6일.

23) 여연구, 앞의 책, 99쪽.

24) 파냐 이사악꼬브나 샤브쉬나, 김명호 옮김, 『식민지 조선에서』, 한울, 1992, 95쪽.

25) 한국의 대표적인 문인 이광수의 발언이다. 임종국, 『친일문학론』, 민족문제연구소, 2013, 314쪽 참조.

26) 이항녕, 「민족 앞에 부끄러운 사람이 되어」, 『8·15의 기억: 해방공간의 풍경, 40인의 역

사체험』, 한길사, 2005, 199쪽.

27) 김규민, 「차라리 만주국 관리가 낫다」, 위의 책, 226쪽.
28) 장원석, 「8.15 당시 여운형의 과도정부 구상과 여운형·엔도 회담」, 『아시아문화연구』 27집, 가천대학교 아시아문화연구소, 2012.9.
29) 미 국무성, 김국태 옮김, 「미 극동국장 발렌타인의 대담 비망록」, 『해방 3년과 미국 1: 1945~1946년 미 국무성 비밀외교문서』, 돌베개, 1984, 17~19쪽.

3장. 다시 8·15의 성격을 묻다

1) 마고사키 우케루, 양기호 옮김, 『미국은 동아시아를 어떻게 지배했나』, 메디치미디어, 2013, 78쪽.
2) 진덕규, 「미군정의 정치사적 인식」, 한배호 외 지음, 『1950년대의 인식』, 한길사, 1982.
3) 미 국무성, 「3성조정위원회 극동소위 보고서 SWNCC 79/1」, 강성현·백원담 편, 『종전에서 냉전으로: 미국 삼부조정위원회와 전후 동아시아의 '신질서'』, 진인진, 2017, 108쪽.
4) 오오타 오사무, 「신식민주의의 공범: 두 개의 강화조약에서 초기 한일교섭으로」, 이동준·장박진 엮음, 『미완의 해방: 한일관계의 기원과 전개』, 아연출판사, 2013, 66쪽.
5) 정용욱, 「미국의 초기 점령정책과 미군정의 과도정부 수립계획」, 『해방전후 미국의 대한정책』, 서울대학교출판부, 2003, 135쪽.
6) 위의 책, 115쪽.
7) 강성현, 「미국의 '점령형 신탁통치'와 냉전적 변형: 조선, 미크로네시아, 류큐제도를 중심으로」, 강성현·백원담 편, 앞의 책.
8) 그레고리 헨더슨, 앞의 책, 200쪽.
9) 정용욱, 앞의 책, 120쪽.
10) 미국 전쟁부 작전국 전략정책단장이던 조지 아더 링컨 중장의 문서철에서 발견된 「대일전을 종식시키기 위한 비망록」이라는 문서에서 확인한 내용이다. 「2차대전말 美, 日에 한국양보 고려」, 『중앙일보』, 1995.3.14. 기사.
11) 김기협, 『해방일기 1: 해방은 도둑처럼 왔던 것인가』, 너머북스, 2011, 25~30쪽.
12) 미 국무성, 한철호 옮김, 『미국의 대한정책 1834~1950』, 한림대학교출판부, 1998, 50쪽.
13) 김구, 배경식 풀고 보탬, 『올바르게 풀어쓴 백범일지』, 너머북스, 2008, 606쪽.
14) 정용욱, 앞의 책, 121~122쪽.
15) 나가사와 유코, 「전후 일본의 잔여주권과 한국의 독립승인」, 이동준·장박진 엮음, 앞의 책, 26~27쪽.
16) 위의 책, 26~27쪽.
17) 정용욱, 앞의 책, 157, 159, 168쪽.
18) 이기형, 「찬탁은 애국이요, 반탁은 비애국이다」, 『8·15의 기억: 해방공간의 풍경, 40인의 역사체험』, 한길사, 2005.

4장. 대한민국 보수의 기원

1) 송남헌, 『해방 3년사 1: 1945~1948』, 까치, 1985, 36쪽.

2) 위의 책, 99쪽.

3) 김기협, 앞의 책, 173쪽.

4) 서울신문사 엮음, 『주한미군 30년: 1945~1978년』, 행림출판사, 1979, 64쪽.

5) 위의 책, 68쪽.

6) 김수자, 「해방 직후 노기남 주교와 반공주의: 1945~1953」, 『교회사 연구』 35권, 한국교회사연구소, 2010.12., 69~97쪽.

7) 미 하원 국제관계위원회 국제기구소위원회, 김병년 엮음, 『프레이저 보고서: 악당들의 시대』, 레드북, 2014, 355쪽에서. 그러나 미 본국의 3성조정위원회는 맥아더의 친일파 기용 정책에 대해 비판과 우려의 시선을 보냈다. 미 국무성, 「3성조정위원회 의장 대리의 비망록」, 김국태 옮김, 앞의 책, 49쪽.

8) 슈테판 마르크스, 신종훈 옮김, 『열광과 도취의 심리학』, 책세상, 2009.

9) 정병준, 『우남 이승만 연구』, 역사비평사, 2005, 589쪽.

10) Richard Lauterback, "Hodge's Korea", *Virginia Quarterly Review*, No.23, 1947.

11) 김기원, 『미군정기의 경제구조: 귀속업체의 처리와 노동자 자주관리 운동을 중심으로』, 푸른산, 1990, 43~48쪽.

12) 위의 책, 579쪽.

13) "C.I.A Spent Millions to Support Japanese Right in the 50's and 60's", *New York Times*, Oct 9, 1994.

14) 荻野·富士夫, 『思想檢事』, 岩波書店, 2000, 186쪽.

15) 강진연, 「한국의 탈식민지 국가형성과 동아시아 냉전체제」, 『사회와 역사』 94호, 한국사회사학회, 2012.6., 49~86쪽.

16) 강혜경, 「한국경찰의 형성과 성격, 1945~1953」, 숙명여자대학교 대학원 사학과 박사학위 논문, 2002, 48~50쪽.

17) 강성현, 「한국 사상통제 기제의 역사적 형성과 보도연맹 사건, 1925~1950」, 서울대학교 사회학과 박사학위 논문, 2012, 234쪽.

18) 마크 게인, 도서출판 까치 편집부 옮김, 『해방과 미군정』, 까치, 1986, 24쪽.

19) 돈 오버도퍼, 이종길 옮김, 『두 개의 한국』, 길산, 2001, 65쪽.

20) 마고사키 우케루, 앞의 책, 145쪽.

21) Daniel Barenblatt, *A Plague upon Humanity: The Secret Genocide of Axis Japan's Germ Walfare Operation*, New York: Harper Collins Publishers, 2004.

22) 우쓰미 아이코·무라이 요시노리, 김종익 옮김, 『적도에 묻히다: 독립영웅, 혹은 전범이 된 조선인들 이야기』, 역사비평사, 2012; 이학래, 『전범이 된 조선청년: 한국인 B·C급 전범 이학래 회고록』, 민족문제연구소, 2017.

23) 서정주, 「해방의 기쁨이 아니라 원한의 분풀이였다」, 『8·15의 기억: 해방공간의 풍경,

40인의 역사체험』, 한길사, 2005, 193쪽.

24) 이연식, 『조선을 떠나며: 1945년 패전을 맞은 일본인들의 최후』, 역사비평사, 2012에서
     일본인들이 본 해방 직후 북한을 참고하라.

25) 미 국무성, 김국태 옮김, 앞의 책, 17~19쪽.

26) 김상숙, 『10월 항쟁: 1946년 10월 대구, 봉인된 시간 속으로』, 돌베개, 2016.

27) 최인훈, 『광장/구운몽』, 문학과지성사, 1996, 115~116쪽.

28) 국회사무처, 「제헌국회속기록」, 제1회 94호, 1948~1950, 797~802쪽.

29) 이항녕, 「나를 손가락질 해다오. 역사의 전환점에 서서」, 『조선일보』, 1980.1.26.

5장. 왜 국가보안법은 헌법 위에 군림해왔나?

1)   미국 국립문서기록관리청, 문서군59, 7389번 상자, 89500/4-2217.

2)   Yongjeung Kim, "The Cold War: Korean Elections", *Far Eastern Survey*, Vol 17, No. 9,
     May 1948.

3)   김득중, 「이승만 정권의 여순사건 대응과 민중의 피해」, 『여순사건논문집』, 여수지역사
     회연구소, 2006, 106쪽.

4)   「이승만 대통령 담화문」, 1948.11.5.(『수산경제신문』,1948.11.5.).

5)   「국무회의록」, 1949.1.21.

6)   김효순, 『간도특설대』, 서해문집, 2014, 226~229쪽.

7)   김구, 「삼천만 동포에게 읍고함」, 1948.2.10.(중앙일보, 『광복 30년 중요 자료집』, 월간
     중앙 1975.1. 별책부록, 96쪽).

8)   김호웅·김해양, 『김학철 평전』, 실천문학사, 2007, 208쪽.

9)   서희경, 앞의 책, 424~425쪽.

10) 1945년 9월 16일 한민당이 발표한 주요 정책에는 "주요 산업의 국영 또는 통제관리"가
     들어 있고, "토지제도는 합리적으로 재편성"한다는 내용도 있다.

11) 김동춘, 「한국의 분단국가 형성과 시민권: 한국전쟁, 초기 안보국가하에서 '국민됨'과
     시민권」, 『경제와 사회』70호, 비판사회학회, 2006.6.

12) 박원순, 『국가보안법 연구 1』, 역사비평사, 1989, 111쪽.

13) 권명아, 「생활양식과 파시즘 문제」, 방기중 편, 『식민지 파시즘의 유산과 극복의 과제』,
     혜안, 2006, 193쪽.

14) 코세키 쇼오이찌, 김창록 옮김, 『일본국헌법의 탄생』, 뿌리와이파리, 2010, 317~334쪽.

15) 김득중, 『빨갱이의 탄생: 여순사건과 반공국가의 형성』, 선인, 2009, 529쪽.

6장. 6·25한국전쟁이 남긴 것들

1) 윌리엄 스툭, 조성규 외 옮김, 『한국전쟁의 국제사』, 푸른역사, 2001, 708쪽.
2) 김구, 「통일을 추진」, 『조선일보』, 1948.8.15.
3) 윌리엄 스툭, 앞의 책, 695쪽.
4) 한명기, 『임진왜란과 한중관계』, 역사비평사, 1999.
5) 박명림, 『한국 1950 전쟁과 평화』, 나남출판, 2002, 743쪽.
6) 지학순, 『내가 겪은 공산주의』, 가톨릭출판사, 1976, 179쪽.
7) 최상훈·찰스 핸리·마사 멘도자, 남원준 옮김, 『노근리 다리: 한국전쟁의 숨겨진 악몽』, 잉걸, 2003.
8) 서울신문사 엮음, 앞의 책, 168쪽.
9) Robert S. McNamara, *In Retrospect: The Tragedy and Lessons of Vietnam*, New York: Vintage Books, 1995, pp.32~33.
10) D. MacArthur, *Hearing before the Committee on Armed Services Committee on Foreign Relations United States Senate*(Part 1), U.S Government printing office, 1951, p.39.
11) 이승만, 「제6주년 광복절 경축사」, 1951.8.15.(공보처, 『한국전란 2년지』, 1951, 137쪽 참조).
12) 『동아일보』, 1951.3.16.; 김태우, 『폭격: 미공군의 공중폭격 기록으로 읽는 한국전쟁』, 창비, 2013, 389쪽에서 재인용.
13) 마고사키 우케루, 앞의 책, 123쪽.
14) 김학재, 『판문점 체제의 기원』, 후마니타스, 2015, 562쪽.
15) 김동춘, 「한국전쟁 60년: 한반도와 세계」, 『역사비평』 91호, 2010.5., 152~181쪽.

7장. 월남자들이 만든 대한민국?

1) 「유엔 총회 의장, 유엔 안전보장이사회 의장 앞」, 1951.4.15., 『조선중앙연감, 1951 ~1952』; 이정 박헌영 전집 편집위원회 엮음, 『이정 박헌영 전집』 7권, 역사비평사, 2004, 132~139쪽에서 재인용.
2) 한화룡, 『전쟁의 그늘: 1950년, 황해도 신천학살 사건의 진실』, 포앤북스, 2015, 57쪽.
3) 위의 책, 36쪽.
4) 한성훈, 『전쟁과 인민: 북한 사회주의 체제의 성립과 인민의 탄생』, 돌베개, 2012, 295~300쪽.
5) 황석영, 「신천학살은 기독교와 사회주의의 대립의 산물」, 『월간 말』 181호, 민주언론운동협의회, 2001.7.
6) 조영암, 『북한일기』, 38사, 1950, 10~11쪽.
7) 김종문, 『구월산』, 서울: 국방부 정훈국, 1955.

8) 최태육, 「강화군 민간인 학살: 유격대 교전지역에서의 학살」, 『제노사이드 연구』 창간호, 한국제노사이드연구, 2007.2.

9) 정남일, 「반공과 통일의 집념으로 이룩한 새 삶터」, 『월간 동화』, 1990.8.

10) 김병희, 『한경직 목사』, 규장문화사, 1962, 54~56쪽; 양봉철, 「제주4·3과 서북기독교」, 『4·3과 역사』 통권 9, 10호, 제주4·3연구소, 2010에서 재인용.

11) 이경남, 「비화, 서북청년단」, 『신동아』, 1982, 169쪽.

12) 김귀옥, 『월남민의 생활 경험과 정체성: 밑으로부터의 월남민 연구』, 서울대학교출판부, 1999; 김귀옥, 『이산가족, '반공전사'도 '빨갱이'도 아닌』, 역사비평사, 2004.

13) 이상기, 「서북청년회와 해방정국의 암살자들」, 『월간 말』 73호, 1992.7., 87쪽.

14) 정병준, 「안두희는 미 방첩대 요원이자 백의사 자살특공대원」, 『민족21』 7호, 민족21, 2001.10., 92~99쪽.

15) 윤정란, 『한국전쟁과 기독교』, 한울, 2015, 229쪽.

16) 강인철, 「한국 개신교 반공주의의 형성과 재생산」, 『역사비평』 70호, 2005.2.

17) 리영희, 「이북출신 형제자매들에게」, 『자유인: 리영희 교수의 세계인식』, 범우사, 1990, 248쪽.

18) 양봉철, 앞의 글.

19) 손봉호, 「한국 교회, 개신교 역사상 가장 타락했다」, 『시사저널』, 2011.2.25.

20) 최태육, 앞의 글.

21) 박정신, 「한국 기독교와 사회의식」, 『한국의 기독교』, 겹보기, 2001, 234~235쪽.

8장. 반공이 국시가 된 이유

1) 최인규, 『최인규 옥중 자서전』, 중앙일보사, 1985, 123쪽.

2) 김교식, 「최인규는 부정선거의 원흉인가」, 『월간 조선』, 1983.4.

3) 박희병, 『범애와 평등』, 돌베개, 2013, 86쪽.

4) 한태연, 「한국에 있어서의 자유」, 『사상계』 65호, 1958.12.

5) 박완서, 『엄마의 말뚝 2』, 문학사상사, 1981.

6) 최인훈, 앞의 책, 71~72쪽.

7) 윤건차, 김응교 외 옮김, 『교착된 사상의 현대사: 1945년 이후 한국, 일본, 재일조선인』, 창비, 2009, 223쪽.

8) 후지이 다케시, 「족청·족청계의 이념과 활동」, 성균관대학교 박사학위 논문, 2009.

9) "참 언론인 송건호", 민주화운동기념사업회 홈페이지 www.kdemo.or.kr/bolg/people/post/227, 2008.12.29.

10) 최상천, 『알몸 박정희』, 인물과사상사, 2007, 271쪽.

11) 송건호, 『한국현대 인물사론』, 한길사, 1984, 81쪽.

12) 김경일, 「1950년대 후반의 사회이념: 민주주의와 민족주의」, 한국정신문화연구원 현

대사연구소 학술회의 자료집, 『한국 현대사의 재조명: 해방 이후 15년사』, 1997.12.6., 179쪽.

13) 류대영, 「2천년대 한국 개신교 보수주의자들의 정치활동과 반공주의」, 『경제와 사회』 62호, 2004.6., 54~79쪽.

14) *Life*, May 12, 1952.

15) 강인철, 「남한의 월남 개신교인들: 반공주의와 민주주의에 미친 차별적 영향」, 역사문제연구소 포츠담현대사연구소 국제학술대회 자료집, 『분단과 전쟁의 결과: 한국과 독일의 비교』, 2007.10.19~20., 77쪽.

16) 오재식, 「기독교 반공주의의 망령」, 『기독교사상』, 150호, 대한기독교서회, 1970.11., 82~83쪽.

17) 김정남, 『진실, 광장에 서다: 민주화운동 30년의 역정』, 창비, 2005, 262쪽.

18) 돈 오버도퍼, 앞의 책, 41쪽.

19) 「백범 죽인 안두희는 이승만의 하수인에 불과해」, 『한겨레신문』, 2014.7.21.에 실린 이승만이 총애한 안두희라는 인물을 통해서 이승만 정권과 대한민국을 엿볼 수 있다. "둘째, 부유한 지주집안 출신으로 반공·반북이 신념화된 월남 실향민이었다. 셋째, 미군정기 서북청년단의 핵심 간부였고, 대북 첩보공작을 주도한 전문가였다. 넷째, 미군 971CIC(방첩대) 파견대와 긴밀한 연계를 맺어온 정보요원으로 미국이 보증한 친미 인사였다. 다섯째, 대북 테러의 본산인 '백의사'의 단원이자 반공극우 테러 암살단원이었다. 일곱째, 사건 조작·은폐에 유리한 현역 육군 소위였다."

20) 고정훈, 『부르지 못한 노래』, 홍익출판사, 1966, 162쪽.

21) 위의 책.

22) 지헌모, 『왜 강중장은 사형수가 되었던가』, 한일평론사, 1961, 17쪽.

9장. 한미 관계는 외교 관계?

1) Richard Lauterbach, 앞의 글.

2) 김인서, 『망명노인 이승만 박사를 변호함』, 독학협회출판사, 1963, 85쪽.

3) 대통령 담화문, "미국 온정에 영원히 감사", 1949.6.8.(대한민국 국회 공보처, 『대통령 이승만 박사 담화집』, 1952, 11쪽).

4) 김동리, 「젊은 미국의 기빨, 벤프리트 장군에게 드리는 예장」, 『문예』, 1954.3., 134쪽.

5) 소설가 최인훈의 소회, 서울신문사 엮음, 앞의 책, 475~476쪽.

6) 차상철, 「이승만과 한미상호방위조약」, 유영익·이채진 편, 『한국과 6·25전쟁』, 연세대학교출판부, 2002, 250쪽에서 재인용.

7) 위의 책, 274쪽.

8) 이상호, 『맥아더와 한국전쟁』, 푸른역사, 2012, 343쪽.

9) 돈 오버도퍼, 앞의 책, 144쪽.

10) 「한국군 의자 걷어찬 미군…연합사에서 꺼져」, 『오마이뉴스』, 2014.11.11.

11) 그레고리 헨더슨, 「주한미군 작전지휘권의 정치적 위험요소」, 민족문제연구소 엮음, 『민주화와 한미 관계』, 아침문화원, 1987, 140쪽.

12) 임경구, 「한미 SOFA 불평등하다」, 『아웃사이더 11』, 아웃사이더, 2002.

13) 주한미군범죄근절운동본부, 「미군범죄의 현황과 과제」, 2004.6.

14) 김상진, 「한미 SOFA는 과연 불평등한가」, 『아웃사이더 11』, 아웃사이더, 2002.

15) William Appleman Williams, *The Root of Modern American Empire*, New York: Random House, 1969.

16) 로버트 올리버, 박일영 옮김, 『대한민국의 건국의 내막』, 계명사, 1998, 381쪽.

17) 미 하원 국제관계위원회 국제기구소위원회, 앞의 책, 119쪽.

18) 존 다우어, 최은석 옮김, 『패배를 껴안고』, 민음사, 2009, 283쪽.

19) 위의 책, 719쪽.

20) 이상호, 앞의 책, 62쪽.

21) 최상훈·찰스 핸리·마사 맨도자, 앞의 책, 118쪽.

22) Bruce Cumings, *The Origins of the Korean War: Volume 2, The Roaring of the Cataract: 1947-1950*, Princeton: Princeton University Press, 1990, p.695.

23) 백종천, 「한미 연합지휘 체제의 발전방향」, 백종천 편, 『분석과 정책, 한미 동맹 50년』, 세종연구소, 2003, 179쪽.

24) 김하태, 「한국에 있어서의 아메리카니즘」, 『사상계』 72호, 1959.7.

25) 이영미, 「정비석 장편연대, 세태 소설의 세계인식과 그 시대적 의미」, 『대중서사연구』 17(2), 대중서사학회, 2011.12., 7~44쪽.

26) 러시아인 다저쉬카라인 여행기, 「한러 근현대사 47: 돈만 있으면 일부일처 생활」, 『동아일보』, 1993.6.11.

27) 김성한, 『전두환 육성증언』, 조선일보사, 1992, 54쪽.

28) 강신표, 「한미 두 문화의 교류」, 구영록 외, 『한국과 미국; 과거, 현재, 미래』, 박영사, 1983.

29) 노재봉, 「아메리카의 재조명」, 『신동아』 79호, 동아일보사, 1973.7., 70~76쪽.

30) 리영희, 「애국자들의 합법적 범죄」, 앞의 책, 304쪽.

31) 김영명, 『나는 고발한다』, 한겨레신문사, 2000, 99쪽.

32) 김태희, 「상아탑의 친미인맥」, 『월간 말』 47호, 1990.5., 86쪽.

33) 리영희, 「릴리 주한미대사에게 묻는다: 동아일보 5월 27일자 인터뷰 기사를 보고」, 앞의 책, 186쪽.

34) 리처드 워커, 『한국의 추억: 워커 전 주한 미국대사 회고록』, 한국문원, 1998, 107쪽.

35) 리영희, 『자유인, 자유인』, 한길사, 1990, 162쪽.

36) 박상섭, 「대학생의 반미의식: 사상적 실증적 검증」, 『미국은 우리에게 무엇인가』, 한국방송사업단, 1989, 300~309쪽.

10장. 왜 일본은 사과하지 않을까?

1) 정병준,「한일 독도 영유권 논쟁과 미국의 역할」,『역사와 현실』 60호, 한국역사연구소, 2006.6., 8, 12쪽.

2) 위의 글, 14쪽.

3) 마고사키 우케루, 앞의 책, 187쪽.

4) 김민수,「對日講和條約と韓國 加問題」,『國際政治』 131號, 2002.

5) 박진희,「제1공화국 대일정책과 한일회담 연구」, 이화여자대학교 박사학위 논문, 2006, 59쪽.

6) 남기정,「샌프란시스코 평화조약과 한일관계: 관대한 평화와 냉전의 상관성」,『동북아역사논총』 22호, 동북아역사재단, 2018.12.

7) 박진희,「전후 한일관계와 샌프란시스코 평화조약」,『한국사연구』 131호, 한국사연구회, 2005.

8) 오오타 오사무, 앞의 책, 71쪽.

9) 서울신문 특별취재팀,『한국외교비록』, 서울신문, 1983, 310쪽.

10) 김정렴,『김정렴 정치회고록, 아 박정희』, 중앙M&B, 1997, 104쪽.

11) 김창록,「한일 과거청산의 법적 구조」, 이동준·장박진 엮음, 앞의 책, 105쪽.

12) 이효재,「일본군 위안부 문제 해결을 위한 운동의 전개과정」, 한국정신대문제대책협의회 진상조사위원회 엮음,『일본군 위안부 문제의 진상』, 역사비평사, 1997.

13) 태평양전쟁희생자유족회 대표인 이희자 씨의 발언,「격동의 한일 70년, 강제동원 피해유족들의 고통」,『민족사랑』, 민족문제연구소, 2015.2.

14) 신주백,「피해자의 대일 과거청산 운동과 한국정부의 대응」,『역사 화해와 동아시아형 미래 만들기』, 선인, 2014.

15) Lee Chongsik, "Japanese-Korean Relations in Perspective", *Pacific Affairs*, Vol 35, No. 4, Winter, 1962~63.

16) 정재정, 역사문제연구소 기획,『주제와 쟁점으로 읽는 20세기 한일관계사』, 역사비평사, 2014, 34~41쪽; 이동준·장박진 엮음, 앞의 책.

17) 브루스 커밍스, 김동노 외 옮김,『브루스 커밍스의 한국현대사』, 창비, 2001, 244쪽.

18) 리영희,『역설의 변증: 통일과 전후세대인 나(리영희 제5평론집)』, 두레, 1987, 115쪽.

19) 최석영,「반공우익과 기부천사의 두 얼굴, 사사가와 료이치」,『인물과 사상』 168호, 인물과사상사, 2012.4.

20) 다카하시 데쓰야, 이규수 옮김,『일본의 전후 책임을 묻는다』, 역사비평사, 2000.

11장. 부활하는 식민 통치, 박정희의 유신과 그 이후

1) Bruce Comings, *The Korean War*, New York: The Random House, 2010, pp.47~58.

2) 강준식, 「박정희」, 『월간중앙』 201010호, 중앙일보사, 2010.10.

3) http://www.prehistory.co.kr/split99/shh.htm

4) 차영조, 「내가 삼일절 기념식 안 간 이유」, 『오마이뉴스』, 2015.3.2.

5) 함석헌, 「생각하는 백성이라야 산다」, 『사상계』 61호, 1958.8.

6) 진실화해를위한과거사정리위원회, 「긴급조치위반 판결분석보고서」, 『2006년 하반기 조사보고서』, 2007.1.

7) 정진기, 『박정희 대통령의 지도이념과 행동철학』, 매일경제신문사, 1977, 217쪽.

8) 마루야마 마사오, 김석근 옮김, 『일본의 사상』, 한길사, 2012, 50쪽.

9) 코세키 쇼오이찌, 앞의 책 참조.

10) 이태주, 「파월장병의 전쟁담론과 군사문화의 일상화」, 김귀옥 외 지음, 『동아시아의 전쟁과 사회』, 한울, 2009.

11) 박사월, 『김형욱 회고록: 제3권 박정희 왕조의 뒷얘기』, 아침, 1979, 11~23쪽.

12) 김동춘, 『전쟁정치: 한국정치의 메커니즘과 국가폭력』, 도서출판 길, 2013.

13) 대공문제연구소 엮음, 『분단 27년의 증언』, 대공문제연구소, 1973.

14) 허은, 「20세기 총력전하 한국인의 정체성과 식민지주의」, 『한국사연구』 150호, 한국사연구회, 2010.9.

15) 신기욱, 「1930년대 농촌진흥운동과 농촌사회의 변화: 식민조합주의를 중심으로」, 방기중 편, 『일제 파시즘 지배정책과 민중생활』, 혜안, 2004.

16) 이항병, 「모범·농민마을의 성장과 농촌 새마을운동」, 성균관대학교 대학원 사학과 박사학위 논문, 2011, 264~268쪽.

17) 노금노, 『땅의 아들』, 돌베개, 1986, 149쪽.

18) 홍영표, 「농촌은 이대로 좋은가」, 『월간 대화』 80호, 1977.8.

12장. 교육 천국과 교육 지옥

1) 강준식 편, 『다시 읽는 하멜 표류기』, 웅진닷컴, 1995, 289쪽.

2) 「명문대 간다면 月 1,000만 원 아깝지 않아」, 『매일경제』, 2015.9.20.

3) 오천석, 『한국신교육사』, 현대교육총서출판사, 1964, 499쪽.

4) 이사벨라 비숍, 앞의 책, 277쪽.

5) 이만갑, 『한국 농촌사회의 구조와 변화』, 한국연구원, 1959.

6) 아산고희기념출판위원회, 『아산 정주영 연설문집』, 1985, 86~87쪽.

7) 「온고지신이 한국의 미래」, 『아시아투데이』, 2015.9.7.

8) 「좌담: 분단 현실과 민족 교육」, 『창작과 비평』 48호, 창비, 1978.6., 29~30쪽.

9) 위의 글.

10) 김상봉, 『학벌사회』, 한길사, 2004, 49쪽.

11) 김농춘, 「대학에는 대학이 없나」, 『한서데신문』, 2011.12.5.

13장. 왜 대한민국은 '재벌공화국'이 되었나?

1) 공제욱, 「한국전쟁과 재벌의 형성」, 경상대학교 사회과학연구소 엮음, 『한국전쟁과 한국자본주의』, 한울아카데미, 2000, 91~92쪽.

2) 이병철, 『호암자전』, 중앙일보사, 1986, 114쪽.

3) 김기원, 앞의 책.

4) 공제욱, 앞의 글, 87쪽.

5) 박명림, 「헌법, 국가의제, 그리고 대통령 리더십: '건국 헌법'과 '전후 헌법'의 경제조항 비교를 중심으로」, 『국제정치논총』 제48집 1호, 한국국제정치학회, 2008.3., 442쪽.

6) 박병윤, 『재벌과 정치: 한국 재벌성장 이면사』, 한국일보사, 1982, 132쪽.

7) 김정렴, 『한국 경제 정책 30년사』, 중앙일보사, 1991, 172쪽.

8) 정주영, 『이 땅에 태어나서: 나의 살아온 이야기』, 솔출판사, 1998, 246쪽.

9) 위의 책, 280쪽.

10) 「김우중, 세계의 한가운데로 나아가야」, 『월간조선』 1994년 1월호 별책부록, 55쪽.

11) 이재희, 「재벌과 국민경제」, 참여연대 참여사회연구소 기획, 『한국재벌개혁론』, 나남출판, 1999, 41쪽.

12) 이항병, 앞의 논문, 2011.

13) 박태균, 「1960~64년 군사 정부의 경제 개발 계획 수정」, 『사회와 역사』 57집, 한국사회사학회, 2000.3.

14) 김흥기 엮음, 『영욕의 한국경제』, 매일경제신문사, 1999, 23~24쪽.

15) 임혁백, 「박정희 시대 개발독재와 근대화의 해석」, 민주평화복지포럼 펴냄, 『5·16, 우리에게 무엇인가?: 박정희 시대의 실증적 평가』, 2011, 108쪽.

16) 박근호, 김성칠 옮김, 『박정희 경제 신화 해부: 정책 없는 고도성장』, 회화나무, 2017.

17) 정광민, 『김일성과 박정희의 경제전쟁』, 꼬레아, 2012, 332~348쪽.

18) 임혁백, 앞의 글, 120쪽.

19) 윤치영, 『윤치영의 20세기』, 삼성문화사, 1991, 414쪽.

20) 찰머스 존슨, 김태홍 옮김, 『통산성과 일본의 기적: 현대 일본의 경제참모본부』, 우아당, 1983.

21) 김윤태, 『한국의 재벌과 발전국가: 고도성장, 독재, 지배계급의 형성』, 한울, 2012, 217쪽.

22) 「4대 그룹 자산, 한국 GDP의 절반 넘었다」, 『시사저널』, 2018.7.20.

23) 김동춘, 『1997년 이후 한국사회의 성찰: 기업사회로의 변환과 그 과제』, 도서출판 길, 2006.

24) 김용철, 『삼성을 생각한다』, 사회평론, 2010, 241쪽.

25) 「안전조치 미흡 '산안법' 위반에도…2.9%만 징역·금고형」, 『한겨레신문』, 2019.12.10.

26) 「나가모리 시게노부 일본전산 사장 인터뷰」, 『조선일보』, 2009.10.17.

27) 영등포산업선교회 40년사 기획위원회, 『영등포 산업선교회 40년사』, 대한예수교장로회 영등포산업선교회, 1998, 192쪽.

28) 김정남, 『진실, 광장에 서다』, 창비, 2005, 237쪽.

29) 장상환, 「공보다 과가 큰 박정희식 개발독재」, 민주평화복지포럼 펴냄, 『5·16, 우리에게 무엇인가?: 박정희 시대의 실증적 평가』, 2011, 156쪽.

30) 조승혁, 「산업선교와 노동자의 인권」, 『씨알의 소리』 78호, 씨알의소리사, 1978.11.

31) 이것은 원래 1961년 5월 15일 가톨릭 교황 요한 23세가 반포한 회칙 「어머니요 스승 Mater et Magistra」에서 온 구절이다.

32) 조영래, 『전태일 평전』, 돌베개, 1991, 179쪽.

33) 김동춘, 『한국사회 노동자 연구』, 역사비평사, 1995.

14장. 위대한 민주화운동, 왜 절반만 성공했는가?

1) 한국기독교교회협의회 인권위원회, 『1970년대 한국의 민주화운동』 3권, 한국기독교교회협의회(NCC), 1987, 2067~2068쪽.

2) 그레고리 헨더슨, 앞의 책, 319쪽.

15장. 일본에서의 『반일 종족주의』 선풍을 보면서

1) 조경희, 「일본의 역사수정주의·국가주의·백래시의 연동」, 『황해문화』 105호, 새얼문화재단, 2019년 겨울.

2) 「이석현, 日외교관도 '文대통령 종북좌파에 둘러싸여 있나' 질문」, 『연합뉴스』, 2019.12.3.

3) 「[현장에서] 아우슈비츠 간 메르켈, 진주만 침묵 아베」, 『중앙일보』, 2019.12.9.

4) 미국의 서진 정책, 그리고 일본과 조선에 대한 미국의 정책에 대해서는 제임스 브레들리, 송정애 옮김, 『임페리얼 크루즈: 대한제국 침탈 비밀외교 100일의 기록』, 프리뷰, 2010 참조.

5) 이하의 내용은 이영훈 외, 『반일 종족주의: 대한민국 위기의 근원』, 미래사, 2019에 대한 비판이다.

6) 강성현, 「한국 역사수정주의의 현실과 논리: '반일종족주의' 현상을 중심으로」, 『황해문화』 105호, 2019.12.

7) 일본인, 조선인, 만주족, 몽골족, 한족의 협력을 뜻하는 만주국 건국이념이다.

8) 봉오동과 청산리 전투에서 독립군에 연패한 일본군이 1920년 가을부터 이듬해 봄까지 만주 일대의 조선인을 대상으로 벌인 보복 학살 사건이다.

9) 1925년 1월 1일부터 6일까지 『동아일보』에 연재된 서울의 '부호와 극빈자'의 생활을 대비한 기사 내용이다.

10) 미곡 수출론에 대한 비판은 전강수, 『'반일 종족주의'의 오만과 거짓』, 한겨레출판, 2020 참조.

마치며. 반국가, 반의반의 주권국가. 대한민국의 현실을 다시 묻다

1) 김훈,「새해 특별기고 세월호」,『중앙일보』, 2015.1.1.
2) 함석헌, 앞의 글.
3) 이복영,『남유수록』, 갑년칠월(음력 1894년 7월 초5일)의 기사(홍동현,「1894년 '동도東徒'의 농민전쟁 참여와 그 성격」, 역사문제연구소 민중사반,『민중사를 다시 말한다』, 역사비평사, 2014, 198쪽에서 재인용).
4) 신용하,「조선왕조말 일제하 농민의 사회적 지위와 경제적 상태」,『한국사 시민강좌』제6집, 일조각, 1990, 90쪽.
5) 위의 글 중 "1894년 갑오농민전쟁과 농민집강소의 폐정개혁" 참조.
6) 박명규,『한국 근대 국가 형성과 농민』, 문학과지성사, 1997, 264쪽.
7) 전봉준공초全琫準供草(1895.2.8.)(김용섭,「전봉준공초의 분석: 동학란의 성격일반」,『사학연구』2호, 한국사학회, 1958.12.에서 재인용).
8) 황현, 앞의 책, 39쪽.
9) 정태영,『한국 사회민주주의 정당사』, 세명서관, 1995, 476쪽.
10)「한국인의 작년 긍정경험 지수 세계 90위」,『연합뉴스』, 2014.6.3.
11) 김동춘,「국가부재와 감정정치」, 인문학협동조합 기획,『팽목항에서 불어오는 바람: 세월호 이후 인문학의 기록』, 현실문화, 2015.
12)「노재봉 전 총리 세계화·통일논의 등 비판」,『매일경제』, 1995.3.30.
13)「박명림·김대중 전 대통령 인터뷰」,『역사비평』84호, 2008.8., 29쪽.
14) 로버트 라이시, 안진환·박슬라 옮김,『위기는 왜 반복되는가』, 김영사, 2011.
15) 윤사순,「통일의 염원: 길은 어디에 있나?」,『한겨레신문』, 2015.2.2.

찾아보기

대한민국은 왜 1945~2020

2015년 10월 27일   초판 1쇄
2020년 10월 23일   개정판 1쇄
2023년 6월 30일   개정판 2쇄

지은이 김동춘

편집 이진·이창연·홍보람   **디자인** 홍경민
마케팅 이병규·이민정·최다은·강효원   **홍보** 조민희·김솔미   **제작** 박홍기
인쇄 천일문화사   **제본** J&D바인텍

펴낸이 강맑실   **펴낸곳** (주)사계절출판사   **등록** 제406-2003-034호
주소 10881 경기도 파주시 회동길 252
전화 031)955-8558, 8588   **전송** 마케팅부 031)955-8595 편집부 031)955-8596
홈페이지 www.sakyejul.net   **전자우편** skj@sakyejul.com
블로그 blog.naver.com/skjmail   **페이스북** facebook.com/sakyejul   **트위터** twitter.com/sakyejul

ISBN 979-11-6094-688-8 03910